여러분의 학위취득을 응원하는
해커스독학사의 특별 혜택!

한달합격 경영정보론 최신기출 강의 할인 10%

K8131580B317L132

해커스독학사(haksa2080.com) 접속 후 로그인 ▶
[마이클래스] 내 [쿠폰내역] 클릭 ▶ 쿠폰 등록

* 등록 후 7일간 사용 가능(ID당 1회에 한해 등록 가능)

해커스 교육그룹 제휴쿠폰 받는 방법

해커스독학사(haksa2080.com) 접속 후 로그인 ▶
[고객지원] 내 [공지사항] 클릭 ▶ ★해커스교육그룹 제휴쿠폰★ 공지글 확인

* ID당 1회에 한해 등록 가능

* 이 외 쿠폰 관련 문의는 고객센터(1599-3081) 혹은 사이트 내 문의게시판을 이용하시기 바랍니다.

상담 및 문의전화 **1599-3081**   해커스독학사 **haksa2080.com**

해커스독학사의 단기합격 시스템

1 단기합격 가능! 독학사 시험에 특화된 강의
독학사 전문교수진의 고효율 핵심집약 강의
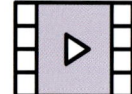

2 이론부터 문제까지 모두 담은 단권화 교재
오랜 기간 독학사 시험 분석을 통해
단기합격에 필요한 요소만 모은 핵심 문제집

3 이론부터 실전까지 효율적인 학습 커리큘럼
이론학습 → 문제풀이 → 핵심요약 → 마무리 모의고사까지!
짧은 기간에도 시험 대비가 가능하도록 최적화된 학습 커리큘럼 제공

4 과목별 담당 교수님의 1:1 학습 Q&A
궁금한 점은 고민하지 말고 바로 교수님께 1:1로 문의하여 해결

5 독학사 전문 학습 플래너의 1:1 맞춤 무료 상담
독학사 전문 학습 플래너가 1:1로 체계적인 맞춤 상담 진행

카톡간편상담 '해커스독학사' 검색
상담 및 문의전화 1599-3081
해커스독학사 haksa2080.com

한 달 합격
해커스독학사
경영학과
최신기출 이론+문제

2단계 | 경영정보론

해커스

저자 최재웅

약력

현 | 해커스독학사 경영학과 경영정보론 교수
부천대학교 IT융합비즈니스과 교수
고려대학교 융합경영학부 객원교수

독학사 경영학과 2단계 **초단기합격**, **해커스독학사**와 함께라면 불가능은 없습니다.

〈한달합격 해커스독학사 경영학과 2단계 경영정보론 최신기출 이론+문제〉는 독학사 경영학과 2단계 시험을 준비하는 여러분들에게 가장 효율적이고 전략적인 접근이 가능하도록 철저하게 계획하여 구성되었습니다.

01. 최신 출제경향 및 국가평생교육진흥원의 평가영역을 완벽히 반영하여 이론을 정리하고, 그 중에서도 중요한 개념만 엄선하여 '핵심 키워드 Top 10'으로 정리하였습니다.

02. '기출개념', '핵심 Check', '개념 Plus' 등의 풍부한 학습장치를 제공하여 효율적인 이론 학습이 가능합니다.

03. '기출개념확인', '실전연습문제', '기출동형모의고사'로 구성된 다양한 문제를 수록하였으며 문제를 풀면서 이론을 습득할 수 있으므로 단기합격이 가능합니다.

04. 모든 문제에 '정답·해설'을 제공하며, '오답분석', '참고' 등의 풍부한 해설 요소를 통해 스스로 부족한 부분을 보완할 수 있습니다.

경영정보론은 정보통신기술(ICT)과 정보시스템(IS)을 다루고 있어 경영학에서도 구별된 분야로, 정보기술은 해마다 더 빠른 속도로 변화하고 있으며, 기술 변화에 대응하는 기업의 요구는 어느 때보다 기민하게 이루어지고 있습니다. 이 때문에 일반인에게는 정보기술 용어와 개념이 낯설고 어려울 수밖에 없습니다.

국가평생교육진흥원이 요구하는 내용은 시장 변화에 대한 통찰과 최신 트렌드에 대한 이해가 아닌, 경영정보론의 원론적 이해를 구하고 있습니다. 따라서 개념 정립을 위한 용어 정리와, 개념 간 관계 파악에 주목해야 합니다. 이를 위해 관련 문제를 간결하게 정리하였으며, 상세 해설을 제공하여 이해를 돕습니다. 주마간산(走馬看山) 형태로 전반적인 내용을 빠르게 살펴본 후, 개별 문제와 해설을 통해 이해도를 증진시킨다면 빠른 합격에 가까이 다가갈 수 있습니다.

아울러 교재 출간까지 작은 것에도 최선을 다한 해커스독학사 편집진을 비롯한 보이지 않는 곳에서 힘써주신 모든 분들께 깊은 감사의 마음을 전하며, 여러분들의 합격을 무엇보다 진심으로 기원합니다.

저자 **최재웅**

목차

빠른 합격의 문을 여는 해커스독학사만의 핵심 비법!   6
초단기합격의 열쇠! 4주/2주 학습 플랜   10
시험 전 꼭 알고 가자! 독학사 시험 안내   12
이제 실전이다! 2단계 시험 미리보기   16
무엇이든 물어보세요! 독학사 10문 10답   18

■ 본 교재의 목차는 '국가평생교육진흥원'에서 제공하는 '과목별 평가영역'을 충실히 반영하여 구성하였습니다.

제1장 | 경영정보시스템의 소개

제1절   정보의 개념   22
제2절   정보와 시스템   29
    ◆ 제1장 실전연습문제   35
    ◆ 제1장 정답·해설   38

제2장 | 정보시스템 인프라스트럭처

제1절   인프라스트럭처 진화과정   42
제2절   컴퓨터 시스템의 구성요소   53
제3절   컴퓨터 소프트웨어   59
    ◆ 제2장 실전연습문제   64
    ◆ 제2장 정답·해설   68

제3장 | 정보시스템의 계획과 개발

제1절   구독/구매/개발   72
제2절   시스템 개발 수명주기   79
제3절   시스템개발 신개념   85
    ◆ 제3장 실전연습문제   90
    ◆ 제3장 정답·해설   94

제4장 | 데이터베이스

제1절   파일처리의 개념   98
제2절   데이터베이스 관리시스템   103
제3절   데이터웨어하우스 및 데이터 마트   109
제4절   비즈니스인텔리전스   114
    ◆ 제4장 실전연습문제   121
    ◆ 제4장 정답·해설   124

제5장 | 엔터프라이즈 시스템

제1절   공급망관리(SCM)   128
제2절   고객관계관리(CRM)   130
제3절   전사적 자원관리(ERP)   132
제4절   지식관리(KMS)   136
제5절   의사결정 지원시스템   138
제6절   협업시스템   140
    ◆ 제5장 실전연습문제   142
    ◆ 제5장 정답·해설   146

한달합격 해커스독학사
경영학과 2단계 경영정보론 최신기출 이론+문제

제6장 | 인공지능

제1절	인공지능 개념	150
제2절	기계학습	155
제3절	자연어처리	161
제4절	인공지능의 비즈니스 응용	165
제5절	인공지능의 윤리적 문제	169
	◆ 제6장 실전연습문제	173
	◆ 제6장 정답·해설	176

제7장 | 통신네트워크

제1절	통신네트워크 개요	180
제2절	무선네트워크	197
제3절	모바일 컴퓨팅	202
	◆ 제7장 실전연습문제	211
	◆ 제7장 정답·해설	214

제8장 | 인터넷과 전자상거래

제1절	인터넷	218
제2절	전자상거래	230
	◆ 제8장 실전연습문제	240
	◆ 제8장 정답·해설	244

제9장 | 정보보호 및 윤리적 이슈

제1절	정보 보안	248
제2절	윤리 문제	253
	◆ 제9장 실전연습문제	258
	◆ 제9장 정답·해설	262

기출동형모의고사

기출동형모의고사 1회	266
기출동형모의고사 2회	272
기출동형모의고사 3회	278
◆ 기출동형모의고사 정답·해설	284

단기합격을 위한 독학사 전문 교수님들의
명품 동영상강의
해커스독학사 haksa2080.com

빠른 합격의 문을 여는 해커스독학사만의 핵심 비법!

학습준비 | 이론 학습 전, 전략적으로 학습 계획 세우기!

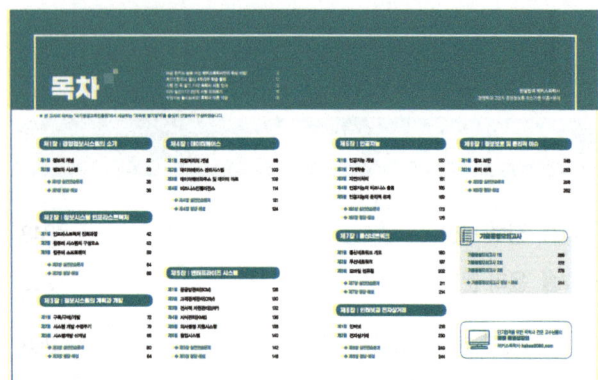

목차
독학사 시험 주관처인 국가평생교육진흥원에서 제공하는 과목별 평가영역을 완벽하게 반영하여 구성한 목차를 통하여 전반적인 흐름을 빠르게 파악할 수 있습니다.

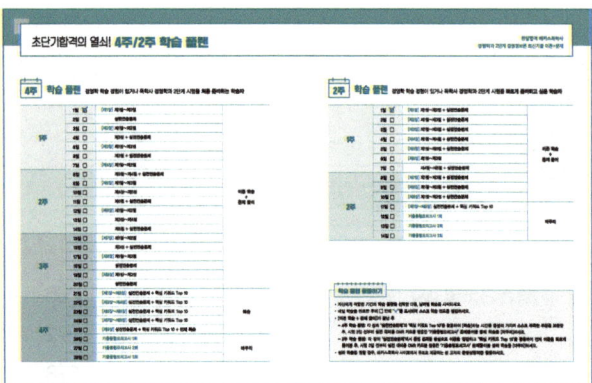

학습 플랜
두 가지로 제공되는 학습 플랜 중 자신의 학습 방법에 맞는 유형을 선택하여 매일 정해진 학습량을 학습하고 체크할 수 있습니다. '학습 플랜 활용하기'를 참고하여 자신에게 맞는 학습 방법을 선택할 수 있습니다.

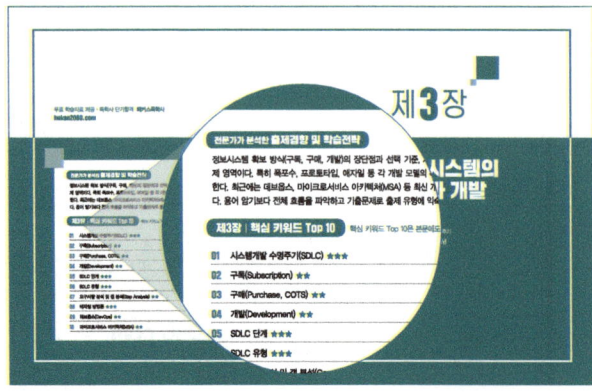

전문가가 분석한 출제경향 및 학습전략
과목별 전문가가 알려주는 시험 출제경향과 이에 대비하기 위한 효과적인 학습 방법을 통해 학습의 방향성을 올바르게 설정할 수 있습니다.

핵심 키워드 Top 10
각 장마다 엄선된 '핵심 키워드 Top 10'을 통하여 중요한 개념을 한눈에 확인할 수 있으며 키워드 옆에 표시된 ★ 개수로 개념의 중요도를 파악하여 단기간에 효율적인 학습이 가능합니다.

한달합격 해커스독학사
경영학과 2단계 경영정보론 최신기출 이론+문제

이론학습 | 다양한 학습장치를 활용하여 효율적으로 이론 학습하기!

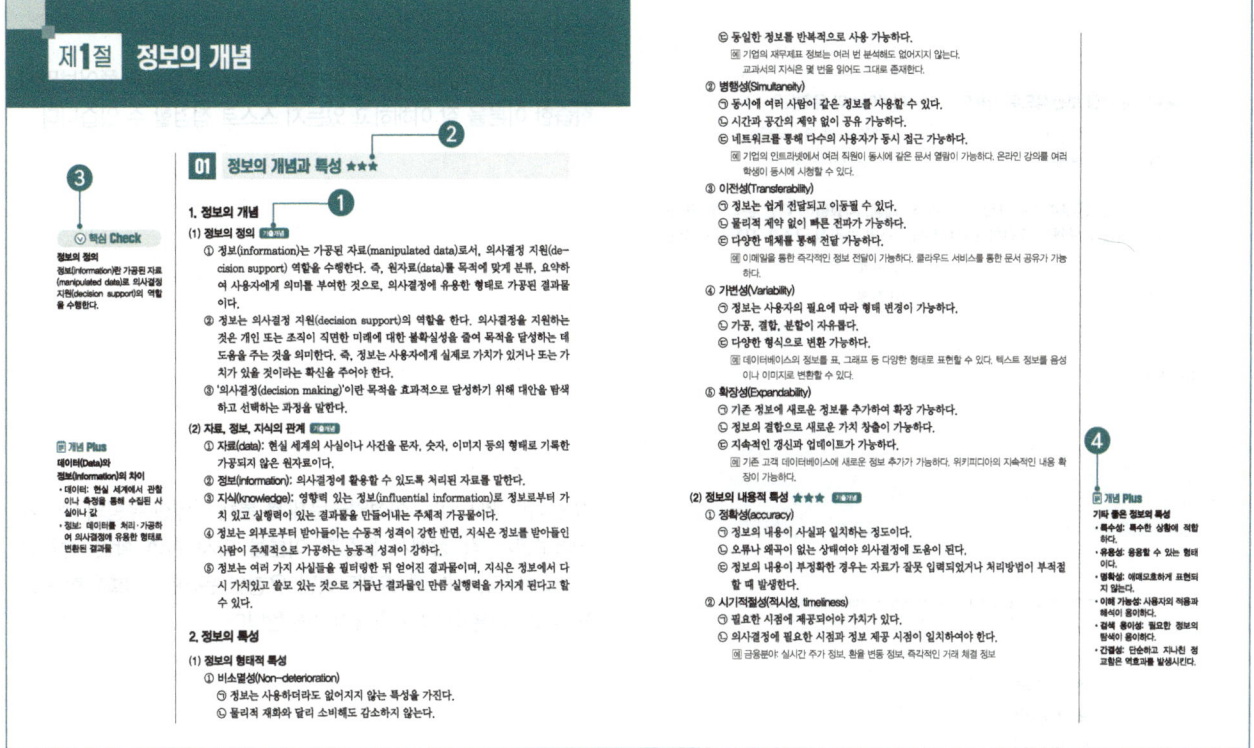

❶ 기출개념
실제로 출제된 이론에는 '기출개념'을 표시하여 출제경향을 파악할 수 있도록 하였습니다.

❷ ★ 표시
'핵심 키워드 Top 10'으로 선정된 키워드에 ★을 표시하여 중요한 개념을 쉽고 빠르게 확인할 수 있도록 하였습니다.

❸ 핵심 Check
중요한 내용을 다시 한번 되짚어 설명하여 핵심개념 위주로 꼼꼼하게 학습할 수 있도록 하였습니다.

❹ 개념 Plus
이론 학습 시 추가로 알아두면 좋은 내용을 '개념 Plus'를 통해 제시하여 이론을 명확하고 폭넓게 학습할 수 있습니다.

빠른 합격의 문을 여는 **해커스독학사만의 핵심 비법!**

문제풀이 | 최신 출제경향이 반영된 문제풀이로 실전감각 키우기!

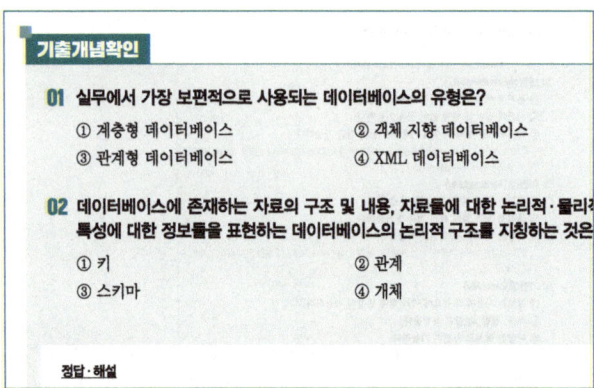

기출개념확인
각 절이 끝날 때마다 제공되는 기출개념확인 문제를 풀어보면서 학습한 이론을 잘 이해하고 있는지 스스로 점검할 수 있습니다.

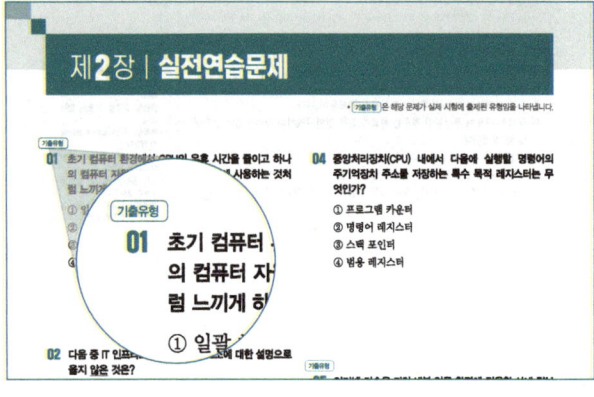

실전연습문제
각 장마다 제공되는 '실전연습문제'를 통해 다양한 유형의 문제를 풀어보면서 각 장에서 등장한 이론을 다시 한번 확인·점검할 수 있습니다. 시험에 출제되었던 유형의 문제는 '기출유형'으로 표시하여 분별력 있는 학습이 가능합니다.

정답·해설
'기출개념확인'과 '실전연습문제'에 수록되어 있는 모든 문제에 '정답·해설'을 제공합니다. 정답표를 통해 빠르게 정답을 확인할 수 있으며, '오답분석', '참고' 등의 해설 요소가 포함된 풍부한 해설은 이론의 복습 및 점검을 돕습니다.

한달합격 해커스독학사
경영학과 2단계 경영정보론 최신기출 이론+문제

최종점검 | '기출동형모의고사'로 마무리하며 실전 대비하기!

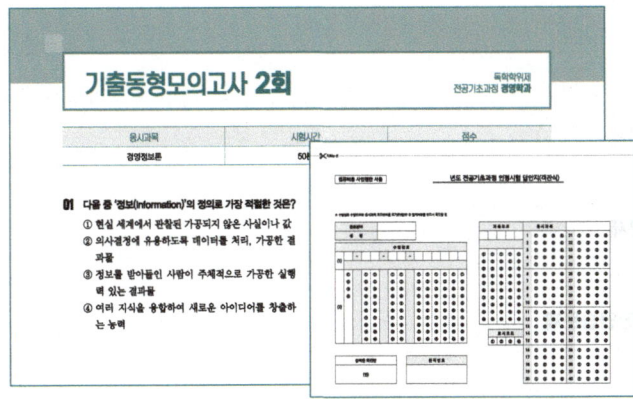

기출동형모의고사 & OMR 카드
최근 독학사 시험을 철저하게 분석하여 실제 시험 유형 및 문제 수와 동일하게 구성한 '기출동형모의고사' 3회분을 수록하였습니다. '기출동형모의고사'와 함께 수록된 'OMR 카드'를 활용한다면 실제 시험과 가장 유사한 환경에서 자신의 실력을 최종 점검할 수 있습니다.

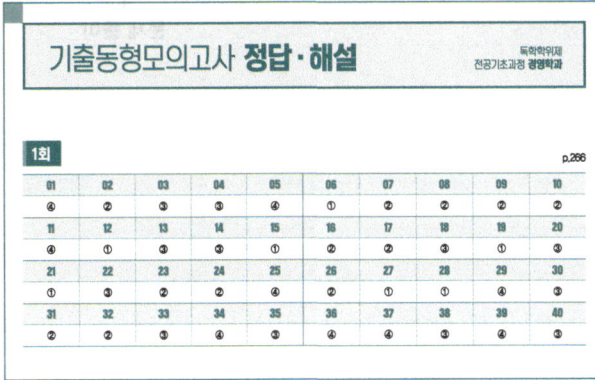

기출동형모의고사 정답·해설
'기출동형모의고사' 문제풀이 후, 꼼꼼한 마무리 학습이 가능하도록 '기출동형모의고사 정답·해설'에도 '오답분석', '참고' 등의 해설 요소를 포함하여 해설을 풍부하게 수록하였습니다.

빠른 합격의 문을 여는 **해커스독학사만의 핵심 비법!** 9

초단기합격의 열쇠! 4주/2주 학습 플랜

📅 4주 학습 플랜
경영학 학습 경험이 없거나 독학사 경영학과 2단계 시험을 **처음 준비하는 학습자**

주	일		내용	구분
1주	1일	✓	[제1장] 제1절~제2절	이론 학습 + 문제 풀이
	2일	☐	**실전연습문제**	
	3일	☐	[제2장] 제1절~제2절	
	4일	☐	제3절 + **실전연습문제**	
	5일	☐	[제3장] 제1절~제2절	
	6일	☐	제3절 + **실전연습문제**	
	7일	☐	[제4장] 제1절~제2절	
2주	8일	☐	제3절~제4절 + **실전연습문제**	
	9일	☐	[제5장] 제1절~제3절	
	10일	☐	제4절~제5절	
	11일	☐	제6절 + **실전연습문제**	
	12일	☐	[제6장] 제1절~제2절	
	13일	☐	제3절~제4절	
	14일	☐	제5절 + **실전연습문제**	
3주	15일	☐	[제7장] 제1절~제2절	
	16일	☐	제3절 + **실전연습문제**	
	17일	☐	[제8장] 제1절~제2절	
	18일	☐	**실전연습문제**	
	19일	☐	[제9장] 제1절~제2절	
	20일	☐	**실전연습문제**	
4주	21일	☐	[제1장~제2장] 실전연습문제 + 핵심 키워드 Top 10	복습
	22일	☐	[제3장~제4장] 실전연습문제 + 핵심 키워드 Top 10	
	23일	☐	[제5장~제6장] 실전연습문제 + 핵심 키워드 Top 10	
	24일	☐	[제7장~제8장] 실전연습문제 + 핵심 키워드 Top 10	
	25일	☐	[제9장] 실전연습문제 + 핵심 키워드 Top 10 + **전체 복습**	
	26일	☐	기출동형모의고사 1회	마무리
	27일	☐	기출동형모의고사 2회	
	28일	☐	기출동형모의고사 3회	

한달합격 해커스독학사
경영학과 2단계 경영정보론 최신기출 이론+문제

 **2주 학습 플랜** 경영학 학습 경험이 있거나 독학사 경영학과 2단계 시험을 **빠르게 준비하고 싶은 학습자**

	1일 ✓	[제1장] 제1절~제2절 + **실전연습문제**	
	2일 ☐	[제2장] 제1절~제3절 + **실전연습문제**	
	3일 ☐	[제3장] 제1절~제3절 + **실전연습문제**	
1주	4일 ☐	[제4장] 제1절~제4절 + **실전연습문제**	이론 학습
	5일 ☐	[제5장] 제1절~제6절 + **실전연습문제**	+
	6일 ☐	[제6장] 제1절~제3절	문제 풀이
	7일 ☐	제4절~제5절 + **실전연습문제**	
	8일 ☐	[제7장] 제1절~제3절 + **실전연습문제**	
	9일 ☐	[제8장] 제1절~제2절 + **실전연습문제**	
	10일 ☐	[제9장] 제1절~제2절 + **실전연습문제**	
2주	11일 ☐	[제1장~제9장] 실전연습문제 + 핵심 키워드 Top 10	
	12일 ☐	기출동형모의고사 1회	마무리
	13일 ☐	기출동형모의고사 2회	
	14일 ☐	기출동형모의고사 3회	

학습 플랜 활용하기

- 자신에게 적합한 기간의 **학습 플랜**을 선택한 다음, **날짜별 학습**을 시작하세요.
- 매일 학습을 완료한 후에 ☐ 안에 '✓'를 표시하며 **스스로 학습 진도**를 점검하세요.
- [이론 학습 + 문제 풀이]가 끝난 후
  - 4주 학습 플랜: 각 장의 '**실전연습문제**'와 '**핵심 키워드 Top 10**'을 활용하여 [복습]하는 시간을 충분히 가지며 스스로 부족한 부분을 보완한 후, 시험 3일 전부터 실전 대비용 OMR 카드를 활용한 '**기출동형모의고사**' 문제풀이를 통해 학습을 [마무리]하세요.
  - 2주 학습 플랜: 각 장의 '**실전연습문제**'에서 틀린 문제를 중심으로 이론을 점검하고 '**핵심 키워드 Top 10**'을 활용하여 전체 이론을 빠르게 훑어본 후, 시험 3일 전부터 **실전 대비용 OMR 카드**를 활용한 '**기출동형모의고사**' 문제풀이를 통해 학습을 [마무리]하세요.
- **심화 학습**을 원할 경우, 해커스독학사 사이트에서 유료로 제공하는 본 교재의 **동영상강의**를 활용하세요.

시험 전 꼭 알고 가자! 독학사 시험 안내

01 독학학위제란?

- 「독학에 의한 학위취득에 관한 법률」에 의거하여 국가에서 실시하는 독학학위취득시험에 합격한 자에게 학사학위를 수여하는 제도입니다.
- 독학학위취득시험은 총 4단계(교양과정 인정시험, 전공기초과정 인정시험, 전공심화과정 인정시험, 학위취득 종합시험)로 이루어져 있으며, 시험은 각 단계별로 1년에 1번 실시됩니다.
- 고등학교 졸업 이상의 학력을 가진 자는 누구나 응시할 수 있으며, 4단계 시험까지 모두 합격한 자는 4년제 대학교 졸업자와 동등한 학력을 가지게 됩니다.

02 독학학위제 전공 소개

- 독학학위제 전공 시험은 2단계(전공기초과정 인정시험)부터 실시되며, 아래 전공은 예외적으로 일부 단계만 실시합니다.
  - 유아교육학 및 정보통신학: 3~4단계(전공심화과정 인정시험, 학위취득 종합시험)만 실시
    ※ 정보통신학은 폐지되었으며, 유예기간을 두되, 전공심화과정 인정시험은 2025년까지, 학위취득 종합시험은 2026년까지 응시할 수 있도록 합니다.
  - 간호학: 4단계(학위취득 종합시험)만 실시

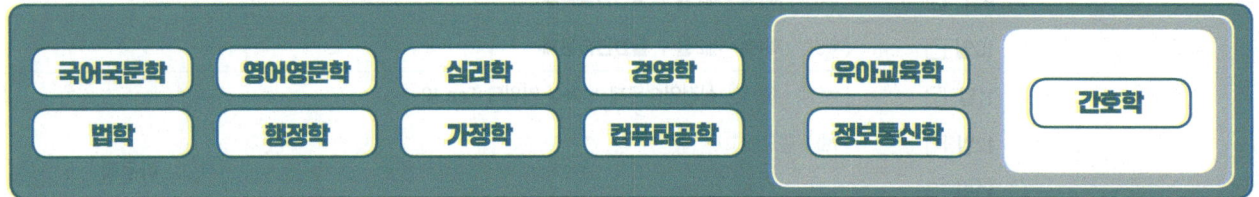

03 원서접수 및 접수 준비물 안내

- 진학어플라이 사이트(www.jinhakapply.com)에서 학교명을 '독학'으로 검색하여 접수가 가능합니다.
- 접수기간 내에는 24시간 접수 가능하며(접수 마감일에는 17:00까지), 접수 마감 전까지 수정 및 취소(환불)가 가능합니다.
  ※ 접수기간 종료 후에는 접수·수정·환불이 불가능합니다.
  참고 원서접수 방법은 변경될 수 있으니 독학학위제 사이트를 꼭 확인하세요.
- 접수 준비물은 다음과 같습니다.

응시자격 증명서류	• 1~3단계 지원자: 고등학교 졸업증명서(고졸 검정고시 합격증명서)
	• 4단계 지원자
	  - 대학교 성적증명서 및 수료(졸업)증명서
	  - 3년제 전문대학 졸업증명서 및 성적증명서
	  - 과정(과목) 면제를 증명할 수 있는 해당 서류
	• 독학학위제 학적보유자: 제출서류 없음
	• 파일은 jpg, jpeg, png, bmp만 등록 가능하며, 파일 사이즈는 5MB 이내여야 함

사진	최근 6개월 이내에 촬영한 3.5cm X 4.5cm의 여권용 사진 파일은 jpg, jpeg, gif만 등록 가능하며, 파일 사이즈는 2MB 이내여야 함
응시료	20,700원(수험료: 18,000원, 인터넷 원서접수 수수료: 2,700원)

한달합격 해커스독학사
경영학과 2단계 경영정보론 최신기출 이론+문제

04 학위 취득 과정 및 시험 일정

※ 시험 일정은 매년 상이하므로, 자세한 일정은 독학학위제 사이트의 [시험안내] – [시험일정]을 참고하세요.

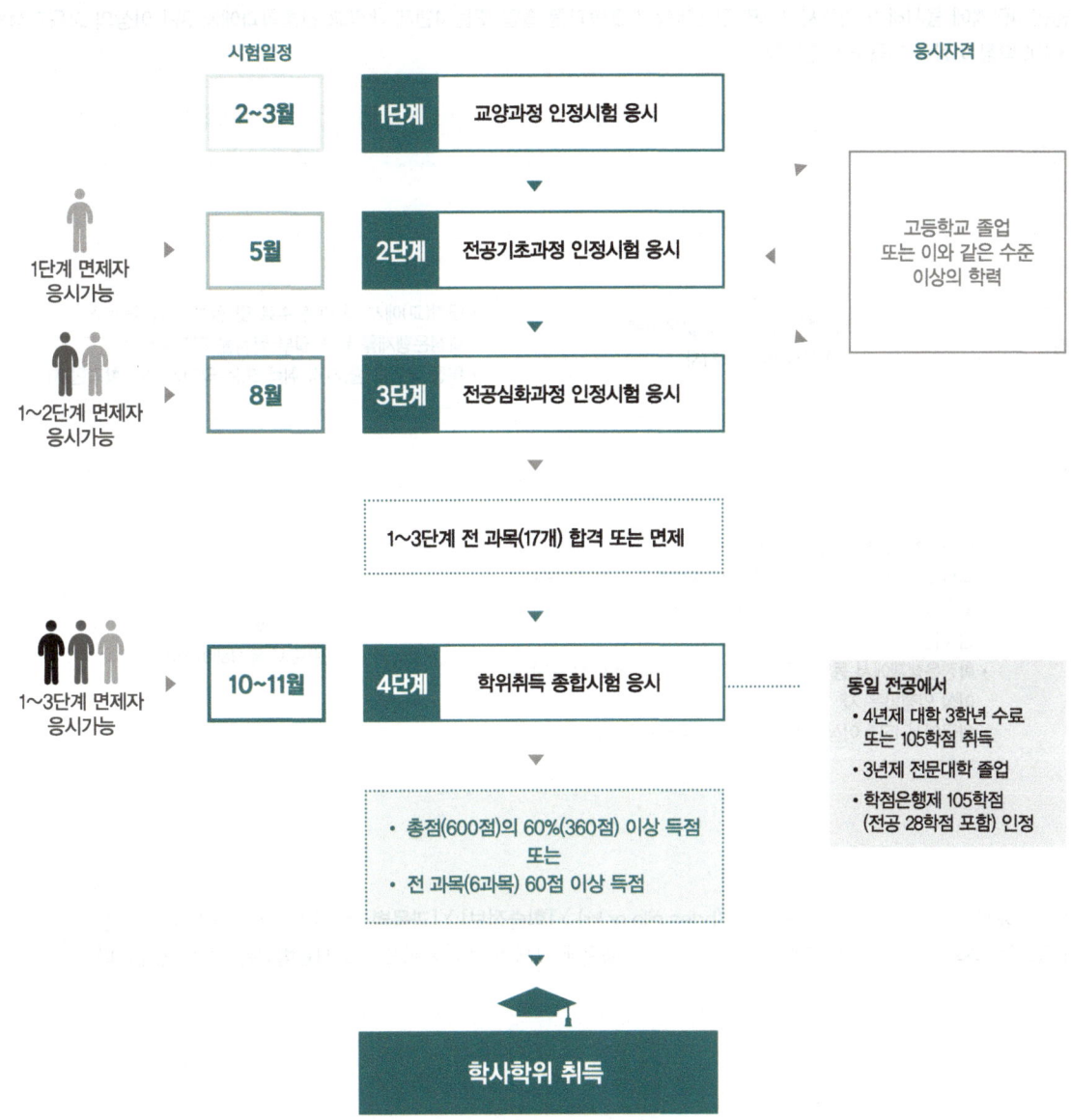

시험 전 꼭 알고 가자! 독학사 시험 안내

05 단계별 응시자격

- 학사학위 소지자는 취득한 학사학위 전공과 동일한 전공 시험에 응시할 수 없습니다.
- 고등학교 졸업자가 3단계에 응시하는 것은 가능하나, 4단계에 응시하기 위해서는 독학사 1, 2단계(교양과정 인정시험, 전공기초과정 인정시험) 면제 조건을 충족하고, 3단계에 합격하거나 4단계 응시자격을 충족해야 합니다.
- 간호학 전공은 4단계에 응시하기 위해서 3년제 전문대학 간호학과를 졸업 또는 4년제 대학교 간호학과에서 3년 이상의 교육과정을 수료하거나 105학점 이상을 취득해야 합니다.

구분	응시자격	단계별 면제 조건
1단계 교양과정 인정시험	고등학교 졸업 또는 이와 같은 수준 이상의 학력 소지자	• 대학(교)에서 각 학년 수료 및 일부 학점 취득자 • 학점은행제를 통해 일부 학점을 인정받은 자 • 특정 국가(기술)자격 취득 또는 국가시험에 합격한 자
2단계 전공기초과정 인정시험		
3단계 전공심화과정 인정시험		
4단계 학위취득 종합시험	• 1~3단계 합격자 또는 면제자 • 대학교 및 이에 준하는 각종 학교의 동일전공 인정학과에서 3년 이상의 교육과정 수료(3년제의 경우 졸업) 또는 105학점 이상 취득한 자 • 학점은행제에서 동일전공으로 105학점(전공 28학점 포함) 이상 인정받은 자 • 외국에서 15년 이상의 학교교육과정을 수료한 자	없음 (반드시 응시해야 함)

06 시험 범위

- 시험의 범위와 예시 문항은 독학학위제 홈페이지(bdes.nile.or.kr) > [학습정보] > [과목별 평가영역]에서 확인할 수 있습니다.
- 본 교재의 목차는 과목별 평가영역을 충실히 반영하고 있기 때문에 교재의 목차를 통해서도 시험범위를 알 수 있습니다.

07 기본 출제 방향 및 단계별 평가 수준

단계	기본 출제 방향	평가 수준
1단계 교양과정 인정시험	• 국가평생교육진흥원에서 고시하는 과목별 평가영역에 준거하여 출제하되 특정 영역이나 분야가 지나치게 중시되거나 경시되지 않도록 함	• 대학 교양과정을 이수한 사람이 일반적으로 갖추어야 할 학력 수준을 평가함
2단계 전공기초과정 인정시험	• 독학자의 취업 비율이 높은 점을 감안하여, 과목의 특성상 가능한 경우에는 학문적·이론적인 문항뿐만 아니라 실무적인 문항도 출제함	• 각 전공영역의 학문을 연구하기 위하여 각 학문 계열에서 공통으로 필요한 지식·기술을 평가함
3단계 전공심화과정 인정시험	• 단편적인 지식 암기로 풀 수 있는 문항의 출제는 지양하고, 이해력·적용력·분석력 등 폭넓고 고차원적인 능력을 측정하는 문항 위주로 출제함	• 각 전공영역에 관하여 보다 심화된 전문적 지식·기술을 평가함
4단계 학위취득 종합시험	• 이설(異說)이 많은 내용의 출제는 지양하고 보편적이고 정설화된 내용에 근거하여 출제하며, 그럴 수 없는 경우에는 해당 학자의 성명이나 학파를 명시함	• 독학사 시험의 최종단계로서, 학위를 취득한 사람이 일반적으로 갖추어야 할 소양과 전문 지식·기술을 종합적으로 평가함

이제 실전이다! 2단계 시험 미리보기

01 경영학과 2단계 전공기초과정 인정시험

- 출제 방법: 4지선다형 객관식 40문항(문항당 2.5점)
- 합격 기준: 전공 8과목 중 60점 이상 득점한 과목이 6과목 이상이면 합격

구분	1교시 09:00~10:40(100분)	2교시 11:10~12:50(100분)	중식 12:50~13:40(50분)	3교시 14:00~15:40(100분)	4교시 16:10~17:50(100분)
경영학	회계원리 인적자원관리	마케팅원론 조직행동론	–	경영정보론 마케팅조사	생산운영관리 원가관리회계

참고 단계별 시험 과목 및 합격 기준은 다음과 같으며, 시험에 대한 전체적인 정보는 해커스독학사 사이트(www.haksa2080.com)의 [독학사 시험안내]에서 확인할 수 있습니다.
- 1단계: 필수 3과목(국어, 국사, 외국어) + 선택 2과목(현대사회와 윤리, 문학개론, 철학의 이해, 문화사, 한문, 법학개론, 경제학개론, 경영학개론, 사회학개론, 심리학개론, 교육학개론, 자연과학의 이해, 일반수학, 기초통계학, 컴퓨터의 이해 중 택2) 합격
- 3단계: 전공 8과목(재무관리론, 경영전략, 투자론, 경영과학, 재무회계, 경영분석, 노사관계론, 소비자행동론) 중 6과목 이상 합격
- 4단계: 교양 2과목(국어, 국사, 외국어 중 택2) + 전공 4과목(재무관리, 마케팅관리, 회계학, 인사조직론) 합격

02 경영학과 2단계 경영정보론 시험 문제 분석

본 교재 〈한달합격 해커스독학사 경영학과 2단계 경영정보론 최신기출 이론+문제〉의 본문에도 실제 독학사 시험과 유사한 유형의 문제와 전문가의 풍부하고 상세한 해설을 수록하여 실전 대비가 가능합니다.

※ 시험 문제 분석은 국가평생교육진흥원 독학학위제에서 제공하는 '시험 문제 예시'를 활용하였습니다.

 문제 예시

트랜지스터 회로소자를 사용하고, 펀치카드의 입력장치를 사용한 컴퓨터는?

① 제1세대　　② 제2세대
③ 제3세대　　④ 제4세대

정답 ②

 해커스독학사 전문가의 해설

제2세대 컴퓨터는 회로소자로 트랜지스터를 이용하여 이전의 컴퓨터들에 비해 소형화, 경량화, 고속처리 등이 가능해졌다.

오답분석
① 제1세대 컴퓨터는 회로소자로 진공관을 사용하였다.
③ 제3세대 컴퓨터는 회로소자로 집적회로(IC)를 사용하였다.
④ 제4세대 컴퓨터는 회로소자로 하나의 칩에 수천~수백만 개의 회로소자를 집적시킨 고밀도/초고밀도 집적회로를 사용하였다.

03 시험 진행 순서 및 유의사항

시험장 가기 전	• 수험표, 주민등록증 또는 본인임을 입증할 수 있는 신분증, 컴퓨터용 사인펜(객관식 답안 마킹용)을 반드시 준비합니다.
시험장(시험실) 도착 및 착석	• 시험 당일에는 반드시 수험표에 표기된 시험장에 입실해야 합니다. • 1교시는 시험 시작 20분 전까지, 2~4교시는 시험 시작 15분 전까지 입실을 완료해야 합니다. 참고 1과목 응시자도 각 교시에 해당하는 입실 시간까지 입실을 완료해야 합니다(시험 시작 후 입실 불가).
답안지 작성 및 시험지 배부	• 답안지 작성은 답안지에 기재되어 있는 '답안 작성 시 유의사항'을 숙지하고 그에 따라야 합니다. • 객관식은 컴퓨터용 사인펜을 사용하여 마킹합니다. • 문제지에도 수험번호와 성명을 기재해야 합니다.
시험 시간	• 총 4교시로 나누어 시험이 진행됩니다. • 시험 시간 중에는 수험표와 신분증을 책상 위 좌측 상단에 놓아야 합니다.
쉬는 시간	• 시험 시간 중 50분(12:50~13:40)의 중식 시간이 있습니다. • 각 교시의 시험이 끝날 때마다 15분의 쉬는 시간이 있으며, 다음 교시의 시험 시작 15분 전까지 착석하여 대기해야 합니다. 참고 3교시는 중식 시간 외 시험 시작 전 별도의 쉬는 시간 없음
시험 종료	• 시험이 시작되고 30분 경과 후 퇴실이 가능합니다. • 1과목 응시자는 시험이 시작되고 50분 경과 후 퇴실 조치됩니다. • 퇴실 시, 문제지와 답안지는 반드시 감독관에게 제출해야 합니다.

무엇이든 물어보세요! 독학사 10문 10답

01 학위 제도 관련

Q1. 독학학위제로 학위를 취득하면 정규대학 졸업자와 동등한 학력으로 인정받을 수 있나요?

A. 네, 동등한 학력으로 인정받을 수 있습니다.

독학학위제로 취득한 학위는 「독학에 의한 학위취득에 관한 법률」 제6조 제1항에 따라 대학에서 학사학위를 취득한 사람과 동등한 학력으로 인정 받을 수 있습니다.

따라서 독학학위제로 학위를 취득한 후, 대학 편입이나 대학원 진학이 가능합니다. 단, 대학 또는 대학원별로 모집요강이 다르기 때문에 지원하고자 하는 학교의 모집요강을 꼭 확인하시기 바랍니다.

Q2. 현재 대학생인데 독학학위취득시험에 응시할 수 있나요?

A. 네, 가능합니다.

독학학위제는 이중 학적에 적용되지 않아 대학 재학 중에도 시험에 응시할 수 있습니다.

Q3. 독학학위제 2단계 시험에 응시하여 합격한 과목은 학점은행제에서 학점으로 인정받을 수 있나요?

A. 네, 학점은행제에서 학점을 인정받는 것이 가능합니다.

2단계 시험의 경우, 합격한 과목에 한해 과목당 5학점씩 최대 6과목(총 30학점)까지 인정받을 수 있습니다. 따라서 학점은행제 학위 취득 예정자의 경우, 독학학위제와 병행한다면 더욱 빠르고 효율적으로 학위를 취득할 수 있습니다.

02 원서접수 및 시험 관련

Q4. 2단계 원서접수 시, 8과목에 지원하였으나 사정상 6과목까지만 응시하려고 합니다. 이 경우, 불이익이 있나요?

A. 아니요, 응시하지 않은 과목에 대한 불이익은 없습니다.

응시하지 않은 과목은 결시 처리됩니다. 따라서 응시한 과목에 대해서만 채점하여 60점 이상 득점할 경우 합격 처리됩니다.

Q5. 독학학위취득시험은 왜 기출문제를 공개하지 않나요?

A. 독학학위취득시험은 대학 교과과정의 일반적이고 공통적인 지식과 기술을 평가할 수 있도록 일정한 수준의 난이도를 유지하는 것이 매우 중요하기 때문입니다.

독학학위취득시험은 경쟁시험이 아닌 독학 후의 학습능력이 대학 졸업학력에 도달하였는지를 측정하는 시험으로 시험의 범위와 수준이 정해져 있는 시험입니다. 그러므로 과목별로 대학 교과과정의 일반적·공통적인 지식과 기술을 평가할 수 있도록 하는 일정 수준의 난이도 유지가 매우 중요하며, 이를 위해 문제를 공개하지 않습니다. 그렇지만 본 교재에 수록되어 있는 '기출개념확인', '실전연습문제'와 '기출동형모의고사'를 활용한다면 철저한 시험 대비가 가능합니다.

03 학습 방법 관련

Q6. 독학학위제 시험을 준비하기 위한 시험 주관처의 교재나 강좌가 별도로 있나요?

A. 아니요, 시험 주관처인 국가평생교육진흥원에서는 교재나 강좌를 제공하지 않습니다.

국가평생교육진흥원에서는 독학학위제 시험 관련 교재 출판 및 강좌 운영을 하고 있지 않습니다. 하지만, 해커스독학사에서는 1단계부터 4단계까지의 다양한 강좌를 제공하고 있으며, 각 강좌에 필요한 교재도 판매하고 있습니다. 해커스독학사와 함께 독학학위제 시험을 준비하신다면, 수준 높은 교육 서비스 및 교재와 함께 합격에 보다 빠르게 도달할 수 있습니다.

04 응시자격 및 시험면제 관련

Q7. 동일전공 인정학과란 무엇인가요?

A. 독학학위취득시험의 전공시험(2~3단계)을 면제받고자 할 때, 지원하고자 하는 독학학위제 전공과 학점을 이수한 대학(또는 학점은행제)의 전공이 동일전공이어야 한다는 것을 의미합니다.

독학학위제 전공별로 동일전공 인정학과로 인정받을 수 있는 전공 현황은 국가평생교육진흥원 독학학위제 사이트에서 확인할 수 있습니다.

Q8. 1단계를 응시 못했는데 바로 2단계 시험에 응시할 수 있나요?

A. 네, 바로 2단계 시험에 응시가 가능합니다.

1단계에 응시하지 않았더라도 바로 2단계 응시가 가능합니다. 고등학교 졸업 이상의 학력 소지자인 경우 1~3단계까지는 누구나 순서에 상관없이 자유롭게 응시할 수 있습니다. 단, 4단계의 경우 1~3단계를 모두 합격 또는 면제받아야만 응시가 가능합니다.

Q9. 4년제 대학교 국문학과를 졸업했습니다. 독학학위제 경영학 학위를 취득하려면 몇 단계까지 면제받을 수 있나요?

A. 이 경우, 1단계(교양과정 인정시험)만 면제받을 수 있습니다.

학위를 취득한 전공과 독학학위제에 지원한 전공이 다를 경우에는 전공과정 면제는 불가능하며 1단계(교양과정 인정시험)만 면제되므로, 지원하고자 하는 독학학위제 전공이 경영학과이고 대학에서 학위를 취득한 전공이 국문학과인 경우에는 2~4단계 시험에 응시하여 합격해야 합니다.

Q10. 대학교에서 '경영학개론' 과목을 이수했는데 1단계 '경영학개론' 과목 면제가 가능한가요?

A. 아니요, 면제 받을 수 없습니다.

독학학위취득시험에서는 대학에서 이수한 과목으로 시험 과목을 면제받을 수 없습니다. 그러나 대학에서 취득한 일정 이상의 학점으로 시험 단계별 면제는 가능합니다.

무료 학습자료 제공 · 독학사 단기합격 **해커스독학사**
haksa2080.com

전문가가 분석한 출제경향 및 학습전략

경영정보시스템의 근간을 이루는 주요 개념과, 특히 정보, 시스템, 경영정보시스템의 개념을 명확히 이해해야 한다. 각 개념 간의 유기적인 관계를 파악하며 학습하는 것이 효과적이다. 데이터와 정보의 차이점을 비교하는 문제는 자주 출제되므로, 두 개념을 명확히 구분해야 한다. 정보는 의사결정에 유용하게 데이터를 가공한 결과임을 인지하고, 데이터, 정보, 지식 간의 관계를 이해하는 것이 중요하다.

제1장 | 핵심 키워드 Top 10
핵심 키워드 Top 10은 본문에도 동일하게 ★로 표시하였습니다.

01	정보 ★★★	p.22
02	좋은 정보의 특성 ★★★	p.23
03	시스템의 구성요소 ★★★	p.30
04	정보시스템의 구성요소 ★★★	p.33
05	정보관리의 필요성 ★★★	p.27
06	정보의 유형 ★★	p.26
07	시스템 ★★	p.29
08	정보시스템 ★★	p.33
09	비즈니스 프로세스 ★★	p.30
10	시스템의 종류 ★	p.32

제1장

경영정보시스템의 소개

제1절 정보의 개념
제2절 정보와 시스템

제1절 정보의 개념

01 정보의 개념과 특성 ★★★

1. 정보의 개념

(1) 정보의 정의 기출개념

① 정보(information)는 가공된 자료(manipulated data)로서, 의사결정 지원(decision support) 역할을 수행한다. 즉, 원자료(data)를 목적에 맞게 분류, 요약하여 사용자에게 의미를 부여한 것으로, 의사결정에 유용한 형태로 가공된 결과물이다.

② 정보는 의사결정 지원(decision support)의 역할을 한다. 의사결정을 지원하는 것은 개인 또는 조직이 직면한 미래에 대한 불확실성을 줄여 목적을 달성하는 데 도움을 주는 것을 의미한다. 즉, 정보는 사용자에게 실제로 가치가 있거나 또는 가치가 있을 것이라는 확신을 주어야 한다.

③ '의사결정(decision making)'이란 목적을 효과적으로 달성하기 위해 대안을 탐색하고 선택하는 과정을 말한다.

(2) 자료, 정보, 지식의 관계 기출개념

① 자료(data): 현실 세계의 사실이나 사건을 문자, 숫자, 이미지 등의 형태로 기록한 가공되지 않은 원자료이다.

② 정보(information): 의사결정에 활용할 수 있도록 처리된 자료를 말한다.

③ 지식(knowledge): 영향력 있는 정보(influential information)로 정보로부터 가치 있고 실행력이 있는 결과물을 만들어내는 주체적 가공물이다.

④ 정보는 외부로부터 받아들이는 수동적 성격이 강한 반면, 지식은 정보를 받아들인 사람이 주체적으로 가공하는 능동적 성격이 강하다.

⑤ 정보는 여러 가지 사실들을 필터링한 뒤 얻어진 결과물이며, 지식은 정보에서 다시 가치있고 쓸모 있는 것으로 거듭난 결과물인 만큼 실행력을 가지게 된다고 할 수 있다.

2. 정보의 특성

(1) 정보의 형태적 특성

① 비소멸성(Non-deterioration)
   ㉠ 정보는 사용하더라도 없어지지 않는 특성을 가진다.
   ㉡ 물리적 재화와 달리 소비해도 감소하지 않는다.

핵심 Check

정보의 정의
정보(information)란 가공된 자료(manipulated data)로 의사결정 지원(decision support)의 역할을 수행한다.

개념 Plus

데이터(Data)와 정보(Information)의 차이
- 데이터: 현실 세계에서 관찰이나 측정을 통해 수집된 사실이나 값
- 정보: 데이터를 처리·가공하여 의사결정에 유용한 형태로 변환된 결과물

ⓒ 동일한 정보를 반복적으로 사용 가능하다.
예 기업의 재무제표 정보는 여러 번 분석해도 없어지지 않는다.
교과서의 지식은 몇 번을 읽어도 그대로 존재한다.

② 병행성(Simultaneity)
㉠ 동시에 여러 사람이 같은 정보를 사용할 수 있다.
㉡ 시간과 공간의 제약 없이 공유 가능하다.
㉢ 네트워크를 통해 다수의 사용자가 동시 접근 가능하다.
예 기업의 인트라넷에서 여러 직원이 동시에 같은 문서 열람이 가능하다. 온라인 강의를 여러 학생이 동시에 시청할 수 있다.

③ 이전성(Transferability)
㉠ 정보는 쉽게 전달되고 이동될 수 있다.
㉡ 물리적 제약 없이 빠른 전파가 가능하다.
㉢ 다양한 매체를 통해 전달 가능하다.
예 이메일을 통한 즉각적인 정보 전달이 가능하다. 클라우드 서비스를 통한 문서 공유가 가능하다.

④ 가변성(Variability)
㉠ 정보는 사용자의 필요에 따라 형태 변경이 가능하다.
㉡ 가공, 결합, 분할이 자유롭다.
㉢ 다양한 형식으로 변환 가능하다.
예 데이터베이스의 정보를 표, 그래프 등 다양한 형태로 표현할 수 있다. 텍스트 정보를 음성이나 이미지로 변환할 수 있다.

⑤ 확장성(Expandability)
㉠ 기존 정보에 새로운 정보를 추가하여 확장 가능하다.
㉡ 정보의 결합으로 새로운 가치 창출이 가능하다.
㉢ 지속적인 갱신과 업데이트가 가능하다.
예 기존 고객 데이터베이스에 새로운 정보 추가가 가능하다. 위키피디아의 지속적인 내용 확장이 가능하다.

(2) 정보의 내용적 특성 ★★★ 기출개념

① 정확성(accuracy)
㉠ 정보의 내용이 사실과 일치하는 정도이다.
㉡ 오류나 왜곡이 없는 상태여야 의사결정에 도움이 된다.
㉢ 정보의 내용이 부정확한 경우는 자료가 잘못 입력되었거나 처리방법이 부적절할 때 발생한다.

② 시기적절성(적시성, timeliness)
㉠ 필요한 시점에 제공되어야 가치가 있다.
㉡ 의사결정에 필요한 시점과 정보 제공 시점이 일치하여야 한다.
예 금융분야: 실시간 주가 정보, 환율 변동 정보, 즉각적인 거래 체결 정보

개념 Plus
기타 좋은 정보의 특성
- **특수성**: 특수한 상황에 적합하다.
- **유용성**: 응용할 수 있는 형태이다.
- **명확성**: 애매모호하게 표현되지 않는다.
- **이해 가능성**: 사용자의 적용과 해석이 용이하다.
- **검색 용이성**: 필요한 정보의 탐색이 용이하다.
- **간결성**: 단순하고 지나친 정교함은 역효과를 발생시킨다.

③ 관련성(relevance) ★★
  ㉠ 의사결정에 실질적으로 도움이 되는 정보의 특성으로, 적합한 정보는 의사결정에 도움을 준다.
  ㉡ 목적에 부합하는 정보가 제공되어야 한다.
④ 완전성(Completeness)
  ㉠ 의사결정에 필요한 모든 정보가 누락 없이 제공되어야 한다.
  ㉡ 정보의 포괄성과 충분성으로 정보의 명확한 수집 체계와 정보의 통합관리를 통해 완전한 정보 확보가 가능하다.

02 정보의 가치 및 중요성

1. 정보의 가치

(1) 정보의 경제적 가치
  ① 경제적 자원으로서의 정보
    정보는 기업의 경영 자원 중 하나로, 가치 창출과 경쟁력 확보에 직결되는 전략적 자산이다.
  ② 정보의 한계비용(marginal cost)
    ㉠ 정보재는 생산 초기 고정비용이 크지만 추가 복제 및 생산에 필요한 한계비용은 거의 0에 가깝다.
    ㉡ 이를 통해 디지털 환경에서 정보 가격은 점점 무료에 가까워지며, 전통적 원가 중심 가격 책정이 어려워진다.
  ③ 비용 대비 효과
    ㉠ 정보의 가치는 활용 시 발생하는 비용과 비교하여 효과가 높을 때 실질적 가치를 지닌다.
    ㉡ 비용 대비 효과가 낮을 경우 활용의 현실성이 떨어질 수 있다.

(2) 정보와 의사결정
  ① 불확실성 감소
    ㉠ 정보의 주요 기능은 의사결정 과정에서 미래의 불확실성을 줄이는 데 있다.
    ㉡ 충분하고 정확한 정보는 대안 탐색과 선택을 최적화하여 의사결정의 질을 개선한다.
  ② 더 나은 의사결정 지원
    ㉠ 정보는 의사결정자가 신속하고 정확한 판단을 내릴 수 있도록 다양한 형태와 시기에 제공되어야 하며, 이를 통해 조직성과와 효율성이 향상된다.

(3) 경쟁우위 확보 수단
① 조직은 효과적인 정보 활용을 통해 경쟁자와 차별화된 전략을 실행할 수 있으며, 정보기술과 정보시스템은 이러한 경쟁우위 창출의 핵심 도구가 된다.
② 정보 기반의 신속한 시장 대응, 고객 맞춤 서비스 제공, 내부 업무 효율화 등이 경쟁력 강화에 직접 기여한다.

(4) 정보 가치의 특징
① **시간 의존성**: 정보의 가치는 시간이 지날수록 감소하며, 정보는 적시에 제공되어야 최적의 가치를 발휘한다.
② **사용자 의존성**: 정보의 가치는 정보를 받는 사용자에 따라 크게 다르며, 사용자가 필요로 하는 정보가 유용하다.
③ **상황 의존성**: 정보의 가치는 특정 상황과 맥락에 따라 변하며, 동일한 정보가 다른 상황에서는 가치가 다를 수 있다.

2. 정보가치의 중요성
① 정보를 활용하거나 정보시스템을 설계하고, 이에 따른 가치와 효과를 평가하는 것은 관리적 차원에서 빼놓을 수 없는 과정이다.
② 정보의 내재적 특성에서 비롯된 정보자원의 전략적 활용 가능성이 높더라도 자원 활용에 수반되는 비용이 효과보다 더 높다면 정보의 실용성과 현실성은 재고되어야 한다.
③ 정보가치의 평가방법

정보가치 평가방법	평가방법의 특징			
정보경제학적 접근법 (information economics approach)	구조화된 대상	정량적 접근	H/W 중심	실무계층 업무
경제적 가치 접근법 (economic value approach)	↕	↕	↕	↕
효용가치 접근법 (utility value approach)				
정보체계 접근법 (information system approach)	비구조화된 대상	정성적 접근	S/W 중심	전략계층 업무

03 정보의 유형 ★★ 기출개념

1. 조직계층에 따른 정보의 유형

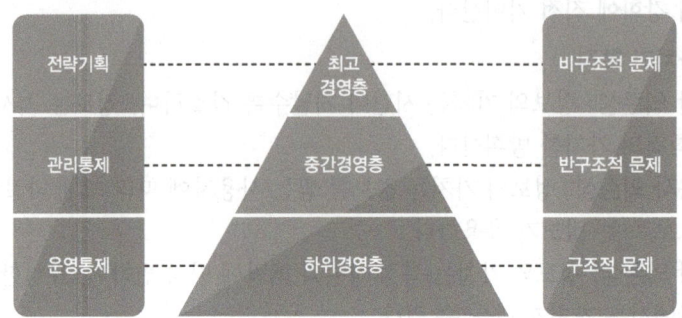

[그림 1-1] 계층별 업무 특성과 정보 성격

① 조직은 계층에 따라 전략기획·관리통제·운영통제 업무를 수행하게 되어 계층별로 요구되는 정보의 특성이 상이하다.
② 전략적 의사결정
  ㉠ 최고경영층은 전략적 의사결정을 수행하며, 전략기획 업무는 절차의 불확실성, 정보의 불확실성·불규칙적·특수적 성격을 가진다.
  ㉡ 기업의 성격이나 외부 적응과 관련된 문제에 대한 의사결정이 이루어진다.
  ㉢ 계량적 기법을 적용하기보다는 경영자의 경험이나 판단에 의하여 이루어진다.
③ 관리적 의사결정
  ㉠ 중간경영층은 관리적 의사결정을 수행하며, 의사결정 방법과 절차의 명백성이 요구된다.
  ㉡ 기업의 외부보다는 내부 문제에 대한 의사결정과 관련이 있다.
  ㉢ 기업의 제반 자원을 최적의 상태로 조직화하는 의사결정과 관련이 있다.
④ 운영적 의사결정
  ㉠ 하위경영층은 일상적이고 반복적인 운영적 의사결정을 수행한다.
  ㉡ 전략적 의사결정과 관리적 의사결정을 보다 구체화하기 위한 의사결정이다.
  ㉢ 기업의 실제적인 활동이 효율적으로 이루어지도록 하기 위한 의사결정이다.

2. 의사결정 문제에 따른 정보의 유형

① 정형적 의사결정
  ㉠ 반복적·일상적인 문제를 다룬다.
    예 제품 발주, 판매, 임금 산정 등
  ㉡ 명확한 절차와 규칙 설정이 요구되는 구조화된 의사결정과 관련이 있다.
② 비정형적 의사결정
  ㉠ 비교적 새롭고 비일상적인 문제를 다룬다.
    예 새로운 사업 시작, 제조공장 이전 등
  ㉡ 창의력, 직관, 판단력(비구조화된 의사결정)이 요구된다.

> **개념 Plus**
> **정보 유형의 결정 기준**
> 조직 경영관리에 필요한 정보는 그 조직구성원이 처한 경영계층 상의 위치에 따라서 달라지는데 이는 경영계층에 따라 수행하는 역할·책임이 달라지기 때문이며, 이를 감안하여 정보시스템의 설계 및 구현이 필요하다.

04 정보관리의 필요성 ★★

1. 정보자원의 전략적 가치
① 정보는 기업 경쟁력을 좌우하는 전략자원으로 자리잡고 있어, 단순한 자산 관리 차원을 넘어 정보를 통한 가치 창출이 조직 경쟁력 강화의 핵심으로 부상하고 있다.
② 정보자원에 대한 체계적인 계획과 운영이 필수적이며, 이를 통한 정보의 정확성, 적시성, 적합성 확보가 곧 조직의 의사결정 품질 향상으로 연결된다.

2. 정보의 질적 관리 필요성 증대
① 정보의 범람: 정보통신기술의 급격한 발달로 정보의 홍수 속에서 정보의 질적 관리가 요구된다.
② 단순히 많은 정보를 수집하는 것만으로는 경쟁력을 확보할 수 없으며, 정보의 질적인 관리, 즉 신뢰성 높은 정보의 선별과 적절한 가공, 체계적인 배포가 중요해졌다.
③ 질 낮은 정보가 오히려 의사결정 오류를 초래할 수 있기 때문에, 정보의 정확성 및 최신성 유지, 불필요한 정보의 필터링, 정보 보안과 개인정보 보호도 관리의 중요한 요소로 자리잡고 있다.

3. 합리적 의사결정 지원
① 정보관리는 조직 내외부에서 발생하는 다양한 정보 요구를 충족시키며, 의사결정 과정이 효과적이고 신속하게 이루어질 수 있도록 지원한다.
② 조직 차원의 정보 거버넌스 체계 구축, 정보 생명주기 관리(획득, 저장, 처리, 배포, 폐기), 그리고 사용자 맞춤형 정보 제공이 필수적이다.
③ 경영진, 관리자, 실무자 등 각 계층별로 필요한 정보의 형태와 성격이 다르므로, 이들을 위한 맞춤형 정보서비스가 제공되어야 한다.

4. 다양한 이해관계자의 정보 요구 충족
① 조직 내부뿐 아니라 외부 이해관계자(고객, 파트너, 규제기관 등)의 정보 요구를 적극적으로 반영하는 것을 의미한다.
② 투명한 정보공개와 신뢰 구축이 가능하며, 궁극적으로 조직의 지속 가능한 성장 및 긍정적 이미지 형성에 기여한다.
③ 표준화된 정보 관리 프로세스와 함께 최신 정보기술 및 보안 시스템 도입이 필요하다.

5. 정보관리의 효과
① 체계적인 정보 관리는 업무 효율성을 높이고 중복과 오류를 줄이며, 조직의 신속하고 정확한 의사결정을 가능하게 한다.
② 정보자원의 올바른 활용은 비용 절감과 경쟁 우위를 창출하며, 변화하는 경영 환경에 유연하게 대응할 수 있는 조직 역량 강화를 지원한다.

기출개념확인

01 다음 중 좋은 정보가 갖추어야 할 특성으로 거리가 먼 것은?

① 정보는 사용자가 필요로 하는 시점에 제공되어야 한다.
② 정보는 사실에 근거하여 오류가 없어야 한다.
③ 정보는 의사결정 목적과 관련이 있어야 한다.
④ 정보는 최대한 많은 양을 상세하게 담고 있어야 한다.

02 다음 〈보기〉와 같은 정보의 특성은 무엇인가?

〈보기〉
여러 사람이 동일한 정보를 동시에 사용해도 정보의 양이나 질이 변하지 않는 특성

① 비소멸성(Non-deterioration)
② 병행성(Simultaneity)
③ 재현성(Reproducibility)
④ 누적성(Accumulation)

정답·해설

01 ④ 좋은 정보는 의사결정에 필요한 만큼의 내용을 담고 있어야 하며, 불필요한 정보가 과도하게 많은 것은 오히려 정보의 가치를 떨어뜨릴 수 있다. 정보의 '경제성', '적절성'과 관련된 내용이다.

02 ② 병행성은 정보가 가진 대표적인 형태적 특성으로, 물리적 재화와 달리 여러 사용자가 한 번에 사용하더라도 정보 자체가 소모되거나 변하지 않는다는 것을 의미합니다.

제2절 정보와 시스템

01 시스템의 개념과 구성요소

1. 시스템의 정의 ★★ 〔기출개념〕
① 공통의 목표나 기능을 달성하기 위해 상호작용하는 요소 또는 실체들로 구성된 집합체를 말한다.
② 하나의 구역 또는 기능 단위로 이루어진 여러 개의 독립된 구성인자 개체가 전체 목표를 달성하기 위해 유기적으로 결합된 하나의 집합체 또는 실체로 정의된다.

2. 시스템의 조건 및 특징

(1) 시스템의 조건
① 뚜렷한 목적(purpose)을 가지고 있어야 한다. 목적은 시스템이 존재하는 이유이며 시스템의 성공 여부를 가늠하는 기준을 제공한다.
② 구성인자가 상호 유기적으로 연결되어야 한다. 시스템의 구성요소로서 시스템의 목적에 맞게 입력을 출력으로 전환하는 데 필요한 기능을 제공하는 하위 시스템(subsystem)이 존재한다.
③ 시스템은 목적을 달성하기 위해 자원, 정보, 에너지를 필요로 한다. 환경(environment)은 시스템의 구성요소에 포함되지 않으며, 외부 환경에서 자원이 투입되고 외부 환경으로 출력물을 제공하게 된다.

(2) 시스템의 특징
① 시스템은 입력, 처리, 출력, 통제, 환류(피드백)를 구성요소로 가진다.
② 시스템을 통제하지 않으면 무질서의 증가(엔트로피)로 시스템이 파괴될 수 있다.
③ 시스템은 하위 시스템으로 분할이 가능하며, 상위 시스템으로 통합 또한 가능하다.

3. 시스템의 구성요소 ★★★

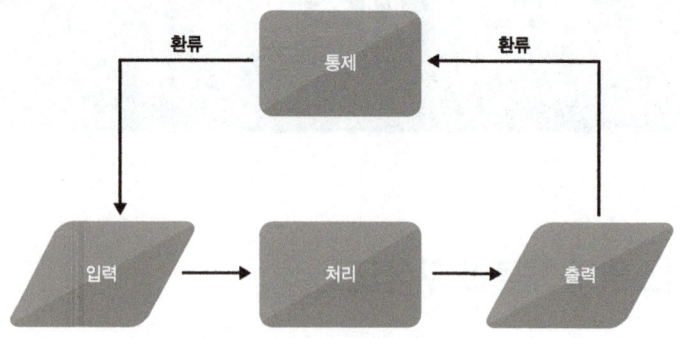

[그림 1-2] 시스템의 구성요소

구분	내용
입력 (input)	• 출력을 성립시키기 위한 제어 조건 및 데이터 • 자원이 환경으로부터 제공됨
처리 (process)	• 입력을 시스템의 목적에 맞게 출력으로 변환하는 기능 • 입력된 자원을 산출물로 변환시킴
출력 (output)	• 입력한 데이터를 지정된 조건과 절차에 따라 처리한 결과 • 투입된 자원을 가공·처리하여 외부 환경으로 전달함
통제 (control)	• 시스템에 부과된 목표를 달성하기 위하여 필요한 처리(변환)과정을 올바르게 유지하도록 하는 행위
환류 (피드백, feedback)	• 입력이 처리되어 출력된 결과를 감지한 후 기대하는 목표와 다르게 나타나면 그 차이를 수정하여 목표를 달성할 수 있도록 하는 행위

02 비즈니스 프로세스 ★★ 기출개념

1. 기능과 프로세스

① 기능(function): 기업의 목적 달성을 위해 관련성이 높은 업무 활동의 집합을 의미한다.
  예 설계관리, 제조관리, 재무관리, 영업관리 등은 기업의 기능을 구분하는 것이다.
② 프로세스(process): 실행할 수 있는 단위로 정의된 업무활동으로, 일의 시작과 끝이 명확하고 여러 부서에 걸쳐서 나타나기도 한다.
  예 신규 품목 주문, 상품 저장, 재고 통제 등은 기업 내 프로세스와 관련이 있다.

2. 프로세스와 절차

① 프로세스는 세부(또는 하부) 프로세스 및 절차를 가지며 활동 간 관계를 가지고 상호작용한다.
② 절차(procedure)는 활동 또는 업무 프로세스를 수행하기 위해 규정한 방식이다.
③ 절차는 작업에 대한 일련의 활동 순서를 의미한다.

④ 프로세스와 절차 비교

프로세스(process)	절차(procedure)
원하는 출력(output) 달성을 목적으로 함	과업(task)의 완수를 목적으로 함
프로세스는 운영됨	절차를 실행함
프로세스의 단계는 같은/단일 목표를 가지고, 다른 구성원에 의해 완성되며, 부서와는 무관함	절차의 단계는 서로 다른 목표를 가지고, 다른 부서에서 다른 구성원에 의해 완성됨
바라는 결과(output)가 나올 때까지 연속 진행됨	불연속적임
고객/이해관계자의 만족에 중점을 둠	기준이나 지침의 준수에 중점을 둠
자원(4M 포함)을 사용하여 입력을 출력으로 변환시키는 과정으로 정의함	과업(task)을 수행하는 연속적인 단계로 정의함
구성원을 포함한 모든 자원에 의해 이행	구성원에 의해 이행(절차서 준수 여부)
동적이며, 변환되어 가는 과정	정적이며, 존재를 의미
정보는 절차를 이용하여 처리됨	정보를 처리하는 데 이용될 수 있음
사람을 포함한 자원에 변화가 생기도록 함. 즉, 상황을 발생시킴	사람들로 하여금 행동을 취하고, 의사를 결정하게 함

3. 비즈니스 프로세스(business process)의 개념

① 비즈니스 프로세스는 주어진 투입에 가치를 부여하여 고객을 위한 산출을 생성하는 일련의 활동이다.
② 하나 혹은 그 이상의 투입을 통해 고객에게 가치 있는 산출물을 창조하는 활동들의 집합체이다.
③ 따라서 산출물의 대상인 (내부 또는 외부) 고객의 정의가 중요하다.
④ 세심하게 정의된 프로세스 설계와 세밀한 프로세스 조정 작업을 통해 프로세스 최적화를 확보해야 한다.
⑤ 비즈니스 프로세스 관리(business process management)나 업무 재설계(business process reengineering)의 주요 대상은 업무의 결과가 아닌 프로세스(process)이다. 즉 프로세스를 최적화하거나 불필요한 과정을 생략하면 업무 결과의 향상을 기대할 수 있다.

개념 Plus

4M
4M이란 생산 시스템의 주요 투입 요소인 인력(Man), 설비(Machine), 재료(Material), 작업 방법(Method)을 의미한다.
- Man: 작업장 내에 설치된 설비를 운전하는 운전요원을 말한다.
- Machine: 제품 생산을 위해 설치한 각종 기계를 말한다.
- Material: 생산하는 제품을 구성하고 있는 각종 원재료(원부자재, 부품)를 말한다.
- Method: 설비 및 공구를 이용하여 요구하는 제품을 생산하기 위해 필요한 검증된 작업기준 및 작업조건을 말한다.

핵심 Check

비즈니스 프로세스
하나 혹은 그 이상의 투입을 통해 고객에게 가치 있는 산출물을 창조하는 활동들의 집합체이다.

03 시스템의 종류 ★

1. 물리적 형태의 존재 여부에 따른 분류
① 추상적(abstract) 시스템: 서로 연관된 개념이나 생각을 체계적으로 배열한 것으로 학문체계, 사고체계 등이 해당한다.
② 물리적(physical) 시스템: 물리적인 형태가 존재하는 시스템으로 병원시스템, 정보시스템 등이 해당한다.

2. 환경과의 상호작용 여부에 따른 분류
(1) 개방적(open) 시스템과 폐쇄적(closed) 시스템
  ① 개방적 시스템
    ㉠ 환경과 정보, 자원, 에너지 등을 상호 교환하는 것으로 정보시스템, 사람, 기업이 해당된다.
    ㉡ 무작위적이고 정의되지 않은 입력을 포함하여 물질, 정보, 에너지 등을 환경과 교환한다.
    ㉢ 자기조직적(self-organizing)이고, 환경의 변화에 적응할 수 있는 형태와 구조를 갖는다.
  ② 폐쇄적 시스템
    ㉠ 자기완비적(self-contained) 시스템으로, 물질, 정보, 에너지를 외부 환경과 교류 없이 자체적으로 운영한다.
    ㉡ 언젠가는 소멸될 시스템이다.

(2) 적응(adaptive) 시스템과 비적응(non-adaptive) 시스템
  ① 적응 시스템: 동적으로 환경 및 시스템의 변화를 감지하고 이에 알맞은 행동을 취함으로써 스스로 적응하는 시스템을 말한다.
  ② 비적응 시스템: 초기에 정의된 속성을 환경 변화에 상관없이 지속적으로 사용하는 시스템을 말한다.

3. 시스템 행태의 규칙성
① 확정적(deterministic) 시스템
  ㉠ 예측이 가능한 방식으로 작동하며 부분 간의 상호작용을 확실하게 알 수 있다.
  ㉡ 불확실성이 없는 시스템으로, 급여시스템이 이에 해당한다.
② 확률적(probabilistic) 시스템
  ㉠ 확률적으로만 알 수 있는 시스템으로 시스템의 상호작용 방식에 따라 오류나 오차가 발생할 수 있다.
  ㉡ 사회적인 현상은 확률적 시스템에 해당한다.

04 정보시스템 ★★★

1. 정보시스템(information system)의 개념 및 특징
① 데이터를 입력받아 이를 정보(information)로 변환시키는 시스템이다.
　㉠ 데이터와 데이터 처리 절차를 입력받아 주어진 절차에 따라 데이터를 처리하며, 처리 결과를 출력하는 '입력-처리-출력'의 과정을 거친다.
　㉡ 조직의 운영, 의사결정, 통제 및 관리 등을 지원한다.
　㉢ 데이터를 수집·저장·검색하고 목적에 맞게 처리한다.
② 필요한 사람에게 정보를 제공하는 요소들의 집합이다.
③ 경영관리나 의사결정에 필요한 데이터를 획득(capturing)·저장(storing)·가공(manipulating)·결과 제시(displaying)·검색(retrieving)한다.
④ 기업의 경영시스템의 관점
　㉠ 경영시스템의 목표인 가치 창출을 위해 사람, 기계, 자금, 원료 등이 서로 효율적으로 작용하도록 지원하는 하위 시스템이다.
　㉡ 정보기술을 이용하여 기업활동을 구성하는 프로세스와, 프로세스를 수행하는 사람(조직구성원)에게 필요한 정보와 정보처리 기능을 제공함으로써 궁극적으로 기업이라는 시스템의 하위 시스템으로서의 기능과 역할을 수행한다.

2. 정보시스템의 구성요소 ★★★

(1) 정보기술
① 하드웨어, 소프트웨어, 데이터베이스, 컴퓨터 네트워크 등과 같은 물리적 구조를 의미한다.
② 하드웨어: 입력, 처리, 출력행위에서 사용되는 모든 물리적 컴퓨터장치들을 포함하는 개념이다.
　㉠ 입력: 키보드, 마우스, 스크린, 마그네틱 읽기 등을 통해 이루어진다.
　㉡ 처리: 중앙처리장치, 주변장치, 주기억장치 등을 통해 이루어진다.
　㉢ 출력: 테이프, 디스크, 프린터, 컴퓨터 스크린 등에 의해서 이루어진다.
③ 소프트웨어: 컴퓨터의 운영을 통제 및 관리하는 컴퓨터 프로그램으로, '시스템 소프트웨어'와 '애플리케이션 소프트웨어'로 구성된다.
④ 데이터베이스: 데이터나 정보의 공동 활용, 통합적 관리 등의 목적으로 개별 업무에서 공동으로 자료를 이용하기 위한 것으로 '데이터베이스 관리시스템', '지식관리시스템' 등이 해당된다.
⑤ 컴퓨터 네트워크: 정보통신기술로 작업이나 프로세스에 대하여 거리의 한계를 극복하는 인터넷, 인트라넷, 엑스트라넷 등이 해당된다.

(2) 프로세스
① 조직의 활동 또는 과업으로, 구매, 생산, 물류, 판매 등이 해당한다.
② 정보시스템을 사용·활용하는 조직의 절차, 방법, 처리과정을 말한다.

(3) 사람
① 데이터 입력, 정보처리 수행, 시스템 조작 등 프로세스의 주체를 말한다.
② 최종 사용자: 내부 조직구성원 + 외부 고객
③ 정보시스템 전문가: 시스템 분석가, 소프트웨어 개발자, 시스템 운영자

3. 정보시스템의 접근 방법

(1) 기술 측면의 접근(technical approach)
시스템적인 모델 또는 기술의 개발, 시스템의 구축 및 설계, H/W·S/W의 효율적·효과적 구현과 관련된 접근방식이다.

(2) 행태적 측면의 접근(behavior approach)
① 최종 사용자의 활용 및 행태적인 특성을 고려한 접근방식으로, 시스템(system), S/W 채택(adoption), 사용(usage), 만족(satisfaction), 의도(intention), e-비즈니스 특성(characteristics of e-business)과 관련된다.
② 정보시스템을 전략적으로 활용하며 시스템 품질(system quality), 정보시스템 성공 모델 개발(model development of IS success)과 관련 있다.
③ 계량경제학적으로 정보시스템을 설명하는 접근방식이다.

(3) 사회·기술적 접근(socio-technical system)
최적의 조직 성과를 내기 위해서는 사회적·기술적 시스템 모두를 활용해야 달성이 가능하다는 접근방식이다.

기출개념확인

01 다음 중 환경과 정보, 자원, 에너지 등을 상호 교환하는 시스템에 해당하는 것은?
① 폐쇄적 시스템　　② 개방적 시스템
③ 적응적 시스템　　④ 확정적 시스템

02 다음 중 일반적으로 시스템의 구성요소에 해당하지 않는 것은?
① 입력　　② 처리
③ 상호작용　　④ 출력

정답·해설
01 ② 개방적 시스템은 물질, 정보, 에너지 등을 환경과 교환하며, 환경의 변화에 적응할 수 있는 형태와 구조를 가지며 자기 조직적으로 상호작용이 나타나는 시스템이다.
02 ③ 시스템의 구성요소는 입력·처리·출력, 통제, 피드백으로 구성되어 있다.

제1장 | 실전연습문제

* 기출유형 은 해당 문제가 실제 시험에 출제된 유형임을 나타냅니다.

기출유형
01 다음 중 데이터와 정보에 관한 설명으로 바르게 연결된 것은?
① 데이터는 분석과 가공을 거친 결과물이며, 정보는 원자료를 그대로 의미한다.
② 데이터는 현실 세계의 사실을 나타낸 것이고, 정보는 데이터를 가공하여 의사결정에 활용할 수 있는 형태로 만든 것이다.
③ 정보와 데이터는 동일한 뜻으로 혼용 가능하다.
④ 정보는 시간이 지나도 그 가치가 변하지 않는다.

기출유형
02 다음 〈보기〉의 경우와 관련이 있는 정보의 특징은?

〈보기〉
회계 감사인에게는 지난해의 공장 일정 계획표가 아닌 재무제표와 관련된 보고서가 필요하다.

① 적시성　　② 정확성
③ 적합성　　④ 유용성

기출유형
03 다음 중 현대 경영 환경에서 정보가 중요한 경영자원으로 평가받는 이유로 가장 거리가 먼 것은?
① 불확실성을 감소시켜 합리적인 의사결정을 가능하게 한다.
② 기업의 생산성을 향상시키고 새로운 경쟁 우위를 창출하는 원천이 된다.
③ 정보 자체는 가치가 고정되어 있어 자산으로 평가하기 용이하다.
④ 노동, 자본과 같은 전통적인 생산요소의 가치를 더욱 높여준다.

04 조직의 계층 중 최고경영층에서 주로 이루어지는 의사결정의 특징으로 올바른 것은?
① 과거의 경험이나 정해진 절차에 따라 반복적으로 수행된다.
② 주로 기업 내부의 데이터를 활용하여 단기적인 성과를 분석한다.
③ 기업의 장기적인 비전과 목표를 설정하는 전략적 성격을 띤다.
④ 구조화되어 있으며, 명확한 해결 방안이 존재한다.

05 사용자에게 의미 있는 형태로 가공되어 제공되는 것을 지칭하는 것은?
① 자료　　② 정보
③ 지식　　④ 지혜

06 특정한 목적을 갖고 이를 성취하기 위해 구성요소들이 서로 유기적으로 상호작용하는 집합체를 뜻하는 개념은?
① 데이터베이스　　② 시스템
③ 정보자원　　④ 지식

07 다음 중 정보시스템의 구성요소에 해당하지 않는 것은?
① 정보기술
② 사람
③ 재무자원
④ 프로세스

08 다음 중 정보시스템에 대한 설명으로 옳지 않은 것은?
① 정보시스템은 조직의 하위 시스템이다.
② 정보시스템의 최종 사용자는 내부 직원만을 의미한다.
③ 프로세스는 정보시스템의 구성요소이다.
④ 정보기술은 하드웨어, 소프트웨어, 데이터베이스, 컴퓨터 네트워크 등의 물리적 구조를 의미한다.

09 다음 중 정보시스템의 접근 방법 중 행태적 접근에 해당하지 않는 것은?
① 시스템 모델 개발
② 최종 사용자의 활용과 만족
③ 시스템 품질
④ 시스템의 성공 모델 개발

10 다음 중 정보시스템의 접근 방법 중 최적의 조직 성과를 내기 위한 접근 방법으로 적절한 것은?
① 기술적 접근
② 행태적 접근
③ 사회·기술적 접근
④ 상황 적합적 접근

11 다음 중 계층별 경영정보시스템 유형에 해당하지 않는 것은?
① 거래처리 시스템
② 의사결정 지원시스템
③ 중역 정보시스템
④ 전사적 정보시스템

12 다음 중 기능별 경영정보시스템 유형에 해당하지 않는 것은?
① 생산 정보시스템
② 회계 정보시스템
③ 중역 정보시스템
④ 마케팅 정보시스템

13 다음 〈보기〉의 경우와 관련 있는 정보시스템에 해당하는 것은?

〈보기〉
관리자들의 정보 요구를 모델과 자료를 활용함으로써 분석·평가를 쉽게 할 수 있도록 하는 대화형 시스템이다.

① 의사결정 지원시스템
② 정보보고 시스템
③ 중역 정보시스템
④ 거래처리 시스템

14 다음 중 표준화된 절차와 규정을 바탕으로 정형화된 업무를 자동화함으로써 지원하는 시스템은?

① 거래처리 시스템　② 의사결정 지원시스템
③ 중역 정보시스템　④ 전사적 정보시스템

15 다음 중 마케팅 정보시스템의 하위 시스템에 해당하지 않는 것은?

① 가치결정 시스템　② 시장분석 시스템
③ 주문처리 시스템　④ 외상매출 처리시스템

[기출유형]
16 다음 〈보기〉의 경우에 해당하는 정보시스템은?

〈보기〉
조직 내부의 통합 데이터베이스를 구축하여 불필요한 정보의 입력이나 불일치를 감소시키는 것을 목적으로 한다.

① 거래처리 시스템　② 전사적 정보시스템
③ 공급사슬관리　　④ 정보보고 시스템

17 다음 중 비정형적 업무 지원과 관련이 있는 정보시스템으로 묶인 것은?

① 거래처리 시스템, 정보보고 시스템
② 정보보고 시스템, 의사결정 지원시스템
③ 의사결정 지원시스템, 중역 정보시스템
④ 중역 정보시스템, 정보보고 시스템

[기출유형]
18 다음 중 의사결정 지원시스템에 관한 설명으로 옳지 않은 것은?

① 의사결정에 필요한 정보를 분석한다.
② 기업의 비정형적 의사결정을 지원하기 위해 외부 데이터베이스를 활용한다.
③ 관리적 수준에 요구되는 업무를 지원한다.
④ 효율성보다 효과성에 비중을 두고 있다.

19 다음 중 의사결정에 있어 정보시스템 의존도가 높아지는 이유로 옳지 않은 것은?

① 대용량의 정보 분석 요구 증가
② 정보처리 비용 증가
③ 의사결정의 신속성 요구 증가
④ 정보자산의 보호 용이

20 다음 중 정보시스템을 도입하는 목적으로 가장 빈도가 높은 것은?

① 비용절감　　② 신시장 창출
③ 경쟁 우위 확보　④ 고객만족 증대

제1장 | 정답·해설

01	02	03	04	05
②	③	③	③	②
06	07	08	09	10
②	③	②	①	③
11	12	13	14	15
④	③	①	①	④
16	17	18	19	20
②	③	②	②	①

01 ②

데이터는 현실 세계에서 수집된 사실이나 값(예 숫자, 문자 등)이며, 정보는 이러한 데이터를 의사결정이나 활용 목적에 따라 가공한 결과물이다. 정보와 데이터의 개념적 차이는 명확히 구분되어야 하며, 정보의 가치는 시간이 지남에 따라 변할 수 있다.

02 ③

적합성이란 필요로 하는 사용자에게 전달되어 도움을 줄 수 있는 정보의 특징을 말한다.

오답분석
① **적시성**: 필요한 때에 적절하게 이용할 수 있어야 한다는 것으로 반도체 개발 기업의 정보를 투자시기에 맞추어 입수하게 되는 경우 등을 말한다.
② **정확성**: 정보는 관심사가 정보에 의해 정확히 묘사될 수 있도록 충분히 자세하게 제공되어야 가치를 가질 수 있다는 것을 뜻한다.
④ **유용성**: 직접 응용할 수 있는 형태로 만들어져야만 가치를 가지게 된다는 것을 뜻한다.

03 ③

정보의 가치는 고정되어 있지 않으며, 누가, 언제, 어떤 목적으로 사용하느냐에 따라 그 가치가 달라지는 상황 의존적 특징을 가진다. 따라서 정보는 물리적 자산처럼 가치를 명확하게 평가하기 어렵다.

04 ③

최고경영층은 기업의 미래 방향성을 결정하는 장기적이고 전략적인 의사결정을 수행한다. 이러한 의사결정은 외부 환경의 변화를 예측하고, 비정형적이며 구조화되어 있지 않은 경우가 많다.

05 ②

정보는 가공된 자료로 의사결정을 지원하는 역할을 수행한다.

06 ②

시스템은 하나의 구역 또는 기능 단위로 이루어진 여러 개의 독립된 구성인자 개체가 전체 목표를 달성하기 위해 유기적으로 결합되어 있는 하나의 집합체 또는 실체로 정의할 수 있다.

오답분석
① **데이터베이스**: 자료의 저장소를 의미한다.
③ **정보자원**: 조직이 투입하는 전략적 경영자원의 하나로 노동, 토지, 자본과 함께 상대적 중요성이 높아지고 있다.
④ **지식**: 영향력 있는 정보로 실행력을 가진다.

07 ③

정보시스템은 정보기술(하드웨어/소프트웨어), 사람(사용자 및 전문가), 프로세스(업무·과업)로 이루어지며, 재무자원은 경영정보시스템 자원 분류에는 포함되나 정보시스템의 필수 구성요소로 분류되지 않는다.

08 ②

최종 사용자는 내부 고객과 외부 고객 모두를 의미한다.

09 ①

시스템 모델 개발은 기술적 측면의 접근에 해당한다. 시스템 구축 및 설계, 정보기술의 효율적·효과적 구현과 관련된 내용은 기술 측면이다.

10 ③

사회·기술적 접근(socio-technical approach)은 최적의 조직 성과를 내기 위해서는 사회적·기술적 시스템 모두를 활용해야 달성 가능하다는 접근이다.

참고 사회·기술적 접근
사회·기술적 접근은 시스템의 기술적 구성요소와 사회적 구성요소의 관계에 의존하는 것으로 시스템의 행동이 사람(human operators)에게 부분적으로 의존하는 경우, 입력이 같아도 시스템이 생성하는 결과가 달라질 수 있다는 주장이다.

11 ④

계층별 경영정보시스템 분류는 거래처리(TPS), 정보보고(MIS/IRS), 의사결정지원(DSS), 중역정보(ESS) 등이며, '전사적 정보시스템(ERP 등)'은 조직구조별 정보시스템 유형에 속한다.

12 ③

중역 정보시스템(EIS)은 경영정보시스템의 계층별 구분 유형에 해당한다.

13 ①

의사결정 지원시스템(DSS)은 표준화된 데이터를 통해 기업의 비정형적 의사결정을 지원한다.

14 ①

거래처리 시스템(TPS)은 일상적인 업무로 표준화된 절차와 규정이 존재하는 정형화된 업무와 운영 수준의 업무를 지원한다.

15 ④

외상매출 처리시스템은 재무·회계 정보시스템에 해당한다. 재무·회계 정보시스템에는 외상매출 처리시스템 외에도 포트폴리오 분석시스템, 예산수립 시스템 등이 포함된다.

16 ②

전사적 정보시스템(ERP)은 조직 내에 운영 중인 다양한 유형의 정보시스템과 데이터의 통합을 해결하기 위한 것으로, 모든 부서의 정보시스템을 통합한다.

17 ③

의사결정 지원시스템(DSS)은 표준화된 데이터를 통하여 기업의 비정형적 의사결정을 지원하며, 중역 정보시스템(EIS)은 전략 수립, 신사업 타당성 조사 등과 같은 비정형적인 업무를 지원한다.

18 ②

의사결정지원시스템(DSS)은 주로 중간관리자를 대상으로, 내부 데이터를 기반으로 한 분석 모델(예 시뮬레이션, 예측 모델)을 활용하여 명확한 정답이 없는 반구조적이거나 비구조적인 문제에 대한 대안 평가 및 선택을 지원한다.

19 ②

정보처리 비용이 점차 감소하면서, 정보시스템을 활용하여 기존 인력 대비 비용절감 효과를 얻을 수 있다.

20 ①

정보시스템은 업무의 자동화, 오류 감소, 시간 단축, 능률 향상 등으로 인한 비용절감 효과가 조직 내 도입 목적 중 가장 빈도가 높고 현실적으로 중요한 요인이다. 물론 경쟁력 강화나 고객만족 등도 중요하지만 비용절감 효과가 가장 주된 이유이다.

무료 학습자료 제공 · 독학사 단기합격 **해커스독학사**
haksa2080.com

전문가가 분석한 출제경향 및 학습전략

정보시스템 인프라스트럭처 파트는 각 구성 요소의 개념, 특징, 그리고 시대별 변화 과정을 정확히 이해하고 있는지를 평가하는 문제가 주로 출제된다. 단순 암기보다는 각 요소 간의 관계와 전체적인 흐름을 파악하는 것이 중요하다. 각 시대를 단편적으로 외우지 말고, '이전 시대의 문제점 → 새로운 기술의 등장 → 새로운 시대의 특징과 장점 → 새로운 시대의 한계점' 순서로 인과관계를 학습하는 것이 필요하다.

제2장 | 핵심 키워드 Top 10

핵심 키워드 Top 10은 본문에도 동일하게 ★로 표시하였습니다.

01	일괄 처리 ★★★	p.44
02	주기억장치 ★★★	p.54
03	엔터프라이즈 컴퓨팅 시대 ★★★	p.48
04	정보의 섬 ★★	p.46
05	입력장치의 종류 ★★	p.56
06	출력장치의 종류 ★★	p.57
07	보조기억장치 ★★	p.55
08	시스템 소프트웨어 ★★	p.59
09	클라우드 서비스 모델 ★★	p.50
10	컴퓨팅 인프라스트럭처의 진화 ★	p.44

제2장

정보시스템 인프라스트럭처

제1절 인프라스트럭처 진화과정
제2절 컴퓨터 시스템의 구성요소
제3절 컴퓨터 소프트웨어

제1절 인프라스트럭처 진화과정

01 정보기술 인프라스트럭처

1. IT 인프라스트럭처 ★★★

(1) IT 인프라스트럭처의 정의
① 기업이 비즈니스 애플리케이션을 운영하기 위해 필요한 물리적 장치와 소프트웨어 애플리케이션의 집합이다.
② IT 인프라스트럭처는 정보기술(IT) 서비스의 운영 및 제공에 필요한 하드웨어, 소프트웨어, 네트워크, 데이터센터, 클라우드 등 기반 자원의 집합을 의미한다.
③ 물리적 요소(서버, 스토리지, 네트워크 장비, 시설)와 소프트웨어(운영체제, 미들웨어, DB 등), 네트워크 환경을 포함하며, 최신 환경에서는 가상화 및 클라우드 기술이 중요하게 적용된다.
④ IT 인프라스트럭처는 기업의 정보 시스템을 운영하고 관리하는 데 필요한 기술적 기반이며, 각 요소는 서로 유기적으로 연결되어 기업의 비즈니스 활동을 지원한다.
⑤ 인프라에는 관련 인력, 프로세스, 문서가 포함되지는 않는다.

2. IT 인프라스트럭처 구성요소 ★★

(1) 컴퓨터 하드웨어(Computer Hardware)
① 컴퓨터 하드웨어는 IT 인프라의 가장 기본적인 물리적 기반을 형성한다.
② 데이터의 입력, 처리, 출력, 저장을 담당하는 모든 전자적, 기계적 장치를 포함한다.
　㉠ 컴퓨팅 플랫폼: 기업의 규모와 목적에 따라 다양한 컴퓨팅 플랫폼이 사용된다.
　㉡ 주변 장치
　　ⓐ 입력 장치: 키보드, 마우스, 스캐너, 마이크 등 데이터를 컴퓨터로 입력하는 장치이다.
　　ⓑ 출력 장치: 모니터, 프린터, 스피커 등 처리된 결과를 사용자에게 보여주는 장치이다.

(2) 소프트웨어(Software)
① 소프트웨어는 하드웨어에게 특정 작업을 수행하도록 지시하는 명령어의 집합이다.
② 크게 시스템 소프트웨어와 응용 소프트웨어로 나뉜다.

개념 Plus

메인프레임, 서버, 개인용 컴퓨터
- 메인프레임(Mainframe): 대규모 기업이나 금융 기관에서 수백만 건의 트랜잭션을 실시간으로 처리하기 위해 사용하는 초대형 고성능 컴퓨터. 극도의 안정성과 보안성을 자랑한다.
- 서버(Server): 네트워크를 통해 다른 컴퓨터(클라이언트)에 데이터나 서비스를 제공하는 고성능 컴퓨터. 웹 서버, 데이터베이스 서버, 애플리케이션 서버 등 목적에 따라 다양하게 활용된다.
- 개인용 컴퓨터(데스크톱, 노트북): 개인의 업무 생산성을 위한 기본적인 장치이다.

⑤ 시스템 소프트웨어(System Software): 컴퓨터 하드웨어를 관리하고 제어하여 응용 소프트웨어가 실행될 수 있는 환경을 제공한다.
  ⓐ 운영체제(Operating System, OS): 컴퓨터의 자원(CPU, 메모리, 저장장치 등)을 관리하는 가장 핵심적인 소프트웨어이다.
    예 Windows, macOS, Linux, Unix)
  ⓑ 유틸리티 프로그램: 압축 프로그램, 백신 소프트웨어, 시스템 관리 도구 등 시스템의 효율적인 운영을 돕는다.
ⓒ 응용 소프트웨어(Application Software): 사용자가 특정 업무를 수행할 수 있도록 설계된 소프트웨어다.
  ⓐ 기업용 애플리케이션: 전사적 자원관리(ERP), 고객관계관리(CRM), 공급망 관리(SCM) 등 기업의 핵심 비즈니스 프로세스를 관리한다.
  ⓑ 사무용 소프트웨어: 워드프로세서, 스프레드시트, 프레젠테이션 도구 등 개인 및 팀의 생산성을 향상시킨다.
    예 Microsoft Office 365, Google Workspace

(3) 네트워크 및 통신 기술(Networking and Telecommunications Technology)

네트워크 및 통신 기술은 다양한 컴퓨터 하드웨어 장치들을 연결하고, 조직 내외부 간에 데이터, 음성, 비디오를 공유할 수 있도록 하는 기반 시설이다.

① 네트워크 하드웨어
  ⑤ 라우터(Router): 서로 다른 네트워크를 연결하고 데이터 패킷이 최적의 경로를 찾도록 안내한다.
  ⓒ 스위치(Switch): 동일한 네트워크 내에서 특정 장치 간의 데이터 전송을 담당한다.
② 네트워크 유형
  ⑤ LAN(Local Area Network): 사무실이나 건물 등 제한된 지역을 연결하는 근거리 통신망이다.
  ⓒ WAN(Wide Area Network): 도시, 국가 등 넓은 지역을 연결하는 광역 통신망으로, 인터넷이 대표적인 사례이다.
③ 통신 프로토콜: TCP/IP(Transmission Control Protocol/Internet Protocol): 인터넷을 포함한 대부분의 네트워크에서 데이터 통신의 표준으로 사용되는 프로토콜을 의미한다.

(4) 데이터 관리 기술(Data Management Technology)

기업의 중요한 자산인 데이터를 효율적으로 저장, 관리, 접근, 분석하기 위한 기술이다.

① 데이터베이스 관리 시스템(DBMS, Database Management System): 데이터를 체계적으로 구성하고 관리하는 소프트웨어이다. 사용자가 데이터를 생성, 수정, 검색할 수 있는 인터페이스를 제공한다.
  예 Oracle, MySQL, Microsoft SQL Server)
② 스토리지 기술(Storage Technology): 대용량의 데이터를 물리적으로 저장하는 기술 및 장치를 의미한다.

㉠ DAS(Direct-Attached Storage): 서버에 직접 연결된 저장 장치
㉡ NAS(Network-Attached Storage): 네트워크를 통해 파일 단위로 데이터를 공유하는 스토리지
㉢ SAN(Storage Area Network): 고속 네트워크를 통해 블록 단위로 데이터를 공유하는 대규모 스토리지 네트워크

(5) IT 서비스(IT Services)
제반 기술 요소들을 통합하고 관리하여 기업의 비즈니스 가치를 창출하는 데 필요한 인적 자원과 지원 활동을 총칭한다.
① IT 컨설팅: 기업의 비즈니스 목표에 부합하는 IT 인프라를 설계하고 구축하는 자문 서비스
② 시스템 통합(System Integration, SI): 다양한 하드웨어와 소프트웨어 구성 요소를 결합하여 하나의 통합된 시스템으로 만드는 서비스
③ IT 교육 및 훈련: 직원들이 새로운 시스템과 기술을 효과적으로 사용할 수 있도록 교육하는 활동
④ 아웃소싱(Outsourcing): IT 인프라의 특정 부분이나 전체 운영을 외부 전문 기업에 위탁하여 비용을 절감하고 핵심 비즈니스에 집중하는 전략

02 컴퓨팅 인프라스트럭처의 진화 ★

IT 인프라스트럭처는 기술의 발전과 비즈니스 환경의 요구에 따라 끊임없이 진화해왔다. 이러한 진화 과정은 크게 5개의 시대로 구분할 수 있으며, 각 시대는 고유한 컴퓨팅 모델과 지배적인 기술을 특징으로 한다.

1. 메인프레임과 미니컴퓨터 시대(1959년~현재)

(1) 중앙 집중 처리 구조와 대량 트랜잭션 처리 [기출개념]
① 메인프레임 및 미니컴퓨터 시대는 모든 컴퓨팅 자원을 중앙에 집중시켜 관리하고 처리하는 중앙 집중식 컴퓨팅(Centralized Computing) 패러다임이 지배했던 시기이다.
② 이 시대의 컴퓨팅은 모든 계산과 데이터 처리가 강력한 성능을 지닌 중앙의 메인프레임에서 독점적으로 수행되는 중앙 집중형 모델이었다. 메인프레임(Mainframe) 컴퓨터는 모든 연산(CPU), 기억(Memory), 저장(Storage) 기능이 하나의 거대한 본체에 통합된 구조였다. 사용자는 키보드와 모니터만 갖춘 '더미 터미널(dummy terminal)'을 통해 중앙의 메인프레임에 접속하여 작업을 요청하고 결과만 화면으로 전송받았다.
③ 이 구조는 특히 대량의 데이터를 안정적으로 처리하는 데 최적화되었다.
㉠ 일괄 처리(Batch Processing): 급여 계산, 월말 결산 등 데이터를 한 번에 모아 일괄적으로 처리하여 시스템 효율을 극대화했다. ★★★

ⓒ **온라인 트랜잭션 처리(OLTP, Online Transaction Processing)**: 은행의 계좌 조회 및 이체, 항공사의 좌석 예약 시스템처럼 수많은 사용자의 요청을 실시간으로 오류 없이 처리하는 데 탁월한 성능을 보였다. 이는 메인프레임이 가진 높은 신뢰성, 가용성, 서비스 용이성(RAS, Reliability, Availability, Serviceability) 특성 덕분이다.

④ 이러한 능력 때문에 메인프레임은 오늘날까지도 금융, 보험, 공공기관 등 다운타임이 치명적인 미션 크리티컬(Mission-Critical) 업무의 핵심 시스템으로 사용된다.

(2) 자원 활용의 혁신: 시분할 시스템(Time-Sharing System)

① 초기 컴퓨터는 한 번에 하나의 작업만 처리하는 일괄 처리(Batch Processing) 방식이어서, CPU가 입출력 장치의 작업이 끝날 때까지 대기하는 비효율이 발생했다. 시분할 시스템(TSS, Time-Sharing System)은 이러한 문제를 해결한 혁신적인 운영 기법이었다.

② TSS는 CPU의 처리 시간을 아주 짧은 단위의 '타임 슬라이스(Time Slice)' 또는 '퀀텀(Quantum)'으로 나눈 뒤, 여러 사용자(프로그램)에게 순차적으로 빠르게 할당한다. 각 사용자는 마치 자신 혼자서 컴퓨터를 사용하는 것처럼 느끼게 되며, 이를 통해 하나의 컴퓨터로 여러 명이 동시에 대화형(Interactive) 작업을 수행하는 것이 가능해졌다. 이는 CPU의 유휴 시간(Idle Time)을 최소화하여 시스템 전체의 자원 활용률과 처리량을 획기적으로 높였다.

(3) 미니컴퓨터의 등장과 역할

① 메인프레임은 강력했지만, 엄청난 비용과 특수 시설을 요구하여 대기업의 전유물이었다. 1960년대 중반에 등장한 미니컴퓨터(Minicomputer)는 이 틈새를 파고들었다.

② 미니컴퓨터는 메인프레임보다 크기가 작고 가격이 저렴하여, 대기업의 특정 부서나 연구소, 중소기업에서도 도입할 수 있었다. 이는 중앙에 집중되었던 컴퓨팅 파워를 각 부서 단위로 분산시키는 부서별 컴퓨팅(Departmental Computing)을 가능하게 하여, 훗날 등장할 분산 컴퓨팅(Distributed Computing)의 기반을 마련하는 역할을 수행했다.

(4) 시대적 제약과 한계: 높은 비용과 전문 인력

① 메인프레임 시대의 가장 큰 제약은 비용과 환경이었다.

ⓐ **고비용 구조**: 수백만 달러에 달하는 하드웨어 구매 비용은 물론, 항온·항습 설비와 이중 마루(raised floor for cooling) 등을 갖춘 특수 전산실, 즉 '유리궁전(Glass House)'을 구축하고 유지하는 데 막대한 비용이 소요되었다.

ⓑ **전문 인력 의존**: 메인프레임을 운영하고 유지보수하기 위해서는 고도로 훈련된 오퍼레이터, 시스템 프로그래머, 관리자 등 다수의 전문 인력이 필수적이었다. 이로 인해 IT 자원에 대한 접근이 소수의 전문가에게 집중되는 결과를 낳았다.

2. 개인용 컴퓨터(PC) 시대(1981년~현재)

(1) 기술적 배경과 발전
　① 마이크로프로세서와 PC의 탄생
　　㉠ 개인용 컴퓨터(PC) 시대는 마이크로프로세서(Microprocessor) 기술의 발전이 촉발한 컴퓨팅의 대중화 혁명기이다.
　　㉡ 이 시대를 기점으로 컴퓨터는 거대 기업의 전유물에서 업무와 일상을 위한 책상 위로 옮겨져 패러다임을 근본적으로 바꾸었다.
　② 개방형 아키텍처와 PC의 대중화
　　㉠ PC 시대의 핵심 동력은 하나의 반도체 칩에 중앙처리장치(CPU)의 모든 기능을 집적한 마이크로프로세서의 발명이었다.
　　㉡ 1971년 인텔(Intel)이 개발한 4004를 시작으로 기술은 급격히 발전했으며, 1981년 출시된 IBM PC에 인텔의 8088 마이크로프로세서가 탑재되면서 본격적인 PC 시대의 막이 올랐다.
　③ 마이크로프로세서는 과거 방 하나를 가득 채웠던 컴퓨터의 연산 장치를 손톱만 한 칩으로 축소시켰다. 이러한 소형화 기술은 컴퓨터의 생산 단가를 획기적으로 낮추었고, 대량 생산을 통해 저렴한 완제품 PC가 시장에 보급되는 길을 열었다. IBM PC는 개방형 아키텍처를 채택하여 수많은 호환 PC 제조업체(Clone)의 등장을 이끌었고, 이는 가격 경쟁을 심화시켜 PC 대중화를 더욱 가속화했다.

(2) 컴퓨팅 환경의 변화
　① 독립 실행 환경(Standalone)의 보편화
　　㉠ PC 시대의 컴퓨팅 환경은 네트워크 연결 없이 각 컴퓨터가 독립적으로 프로그램을 실행하는 독립 실행 환경(Standalone)이 주류였다.
　　㉡ 사용자들은 자신의 PC에 운영체제(예 MS-DOS)를 설치하고, 그 위에 워드 프로세서(워드스타), 스프레드시트(로터스 1-2-3, 비지칼크), 데이터베이스(dBASE) 등 다양한 응용 소프트웨어를 직접 구동했다.
　② 개인 생산성의 비약적 향상
　　㉠ 개인이 컴퓨팅 파워를 독점적으로 사용하게 되면서 개인 생산성이 폭발적으로 증가하는 결과를 낳았다.
　　㉡ 이전까지 수작업이나 전문가에게 의뢰해야 했던 문서 작업, 데이터 분석, 계산 등을 사용자가 직접 쉽고 빠르게 처리할 수 있게 된 것이다. 이는 사무 자동화(Office Automation)의 시발점이 되었다.

(3) 시대적 한계 〔기출개념〕
　① 정보의 섬(Information Island) 현상 ★★
　　㉠ 독립 실행 환경은 개인에게는 자유를 주었지만, 조직 전체적으로는 심각한 문제를 야기했다.
　　㉡ 각 PC가 네트워크로 연결되어 있지 않았기 때문에 데이터 공유가 매우 어려웠다. 중요한 데이터가 개인 PC의 하드디스크나 플로피 디스켓에 흩어져 저장되면서, 조직 전체가 일관된 데이터에 접근하고 활용할 수 없는 '정보의 섬(Information Island)' 현상이 발생했다.

ⓒ 예를 들어, 영업부의 고객 명단과 회계부의 거래처 명단이 각기 다른 PC에 별도로 존재하여 데이터의 중복, 불일치, 최신성 부재 등의 문제가 빈번하게 일어났다. 이러한 한계는 데이터를 중앙에서 통합 관리하고 공유할 필요성을 증대시켰고, 다음 시대인 클라이언트/서버(Client/Server) 컴퓨팅 패러다임의 등장을 촉진하는 직접적인 원인이 되었다.

3. 클라이언트/서버 시대(1983년~현재) ★★

(1) 기술적 배경과 아키텍처
① 클라이언트/서버 시대는 개인용 컴퓨터(PC)의 보급과 네트워크 기술의 발전을 기반으로 등장한 분산 컴퓨팅 모델이다.
② PC 시대의 '정보의 섬' 문제를 해결하기 위해, 독립적으로 운영되던 PC들을 네트워크로 연결하여 서비스를 요청하는 클라이언트(Client)와 서비스를 제공하는 서버(Server)의 역할로 분담한 것이 핵심이다. 이를 통해 기업은 전사적 차원의 데이터 통합과 업무 프로세스 자동화를 이룰 수 있었다.
③ 네트워크 기술의 발전 [기출개념]
  ㉠ 클라이언트/서버 모델의 물리적 기반은 근거리 통신망(LAN, Local Area Network)이다.
  ㉡ 이더넷(Ethernet)과 같은 LAN 기술은 사무실 내의 PC들을 저렴한 비용으로 서로 연결할 수 있게 해주었다.
  ㉢ 인터넷 표준 프로토콜인 TCP/IP가 기업 내부망에도 적용되면서, 서로 다른 종류의 컴퓨터들이 원활하게 통신할 수 있는 표준화된 환경이 마련되었다.

(2) 클라이언트/서버 아키텍처의 구조
① 클라이언트/서버 컴퓨팅은 역할 분담에 따라 처리 구조를 계층화한 것이 특징이다.
  ㉠ **클라이언트(Client)**: 사용자와 직접 상호작용하는 부분을 담당한다. 주로 그래픽 사용자 인터페이스(GUI)를 통해 데이터를 입력받고, 서버로부터 받은 결과를 화면에 표시하는 표현(Presentation) 계층의 역할을 수행한다.
    예 PC, 노트북
  ㉡ **서버(Server)**: 클라이언트의 요청을 받아 데이터를 처리하고, 데이터베이스에 접근하여 결과를 제공하는 역할을 한다. 대용량 데이터 저장, 복잡한 비즈니스 로직 처리, 보안 등 핵심적인 기능을 수행하는 애플리케이션 계층 및 데이터 계층을 담당한다.
② 이 구조는 식당에 비유할 수 있다. 손님(클라이언트)이 주문을 하면, 웨이터를 통해 주방(서버)에 요청이 전달되고, 주방에서 요리를 완성해 손님에게 제공하는 것과 같은 원리다.

(3) 기업에 미친 영향과 주요 시스템
① 정보의 섬 문제 해결 및 데이터 통합
  ㉠ 클라이언트/서버 모델은 여러 사용자가 중앙의 데이터베이스 서버에 동시에 접근할 수 있게 함으로써 PC 시대의 '정보의 섬' 문제를 해결했다.

ⓛ 데이터가 서버 한 곳에서 중앙 집중적으로 관리되므로, 조직 전체가 일관되고 정확한 최신 데이터에 기반한 의사결정을 내릴 수 있게 되었다.
② 전사적 응용 프로그램의 등장
  ㉠ 데이터 통합을 기반으로 기업의 모든 핵심 업무 프로세스를 하나의 시스템으로 통합 관리하는 전사적 자원관리(ERP, Enterprise Resource Planning) 시스템이 등장했다. 회계, 인사, 생산, 물류 등 각 부서에서 개별적으로 관리하던 업무와 데이터를 통합하여 기업 자원의 효율적 배분과 신속한 업무 처리를 가능하게 했다.
  ㉡ 조직 내 의사소통과 협업을 지원하는 그룹웨어(Groupware) 등 다양한 기업용 애플리케이션의 기반이 되었다.

(4) 아키텍처의 심화: 2계층과 3계층 구조
① 초기 클라이언트/서버 모델은 클라이언트와 서버로만 구성된 2계층(2-Tier) 아키텍처가 대부분이었다. 그러나 기업 환경이 복잡해지면서 비즈니스 로직(업무 처리 규칙)을 별도의 미들웨어(Middleware) 서버로 분리한 3계층(3-Tier) 아키텍처가 표준으로 자리 잡았다.
  ㉠ 2계층 구조: 표현 계층(클라이언트) + 데이터 계층(서버)
  ㉡ 3계층 구조: 표현 계층(클라이언트) + 애플리케이션 계층(애플리케이션 서버) + 데이터 계층(데이터베이스 서버)
② 3계층 구조는 업무 로직의 변경이나 확장이 용이하고 서버의 부하를 분산시킬 수 있어, 대규모 시스템의 유연성과 확장성(Scalability)을 크게 향상시켰다.

4. 엔터프라이즈 컴퓨팅 시대(1992년~현재) ★★★

(1) 기술적 배경과 핵심 변화
① 엔터프라이즈 컴퓨팅 시대는 인터넷과 TCP/IP라는 표준 기술을 기업의 핵심 IT 인프라로 채택한 시기이다.
  ㉠ 이전 클라이언트/서버 시대가 LAN이라는 내부망 중심이었다면, 이 시대는 인터넷을 통해 기업 내부 시스템을 외부의 파트너 및 고객과 연결하는 네트워크의 확장이 핵심이다.
  ㉡ 이를 통해 기업은 공급망부터 고객 관계까지 비즈니스 생태계 전체를 아우르는 통합 시스템을 구축하게 되었다.
② TCP/IP의 보편화와 인터넷의 확산 [기출개념]
  ㉠ TCP/IP(Transmission Control Protocol/Internet Protocol)는 특정 하드웨어나 운영체제에 종속되지 않는 개방형 네트워크 프로토콜이다.
  ㉡ 1990년대 초, 이 TCP/IP가 전 세계적인 표준으로 자리 잡으면서, 이전에는 파편화되어 있던 수많은 네트워크(LAN, WAN 등)가 '인터넷'이라는 단일한 글로벌 네트워크로 통합될 수 있었다.
  ㉢ 기업은 이 표준을 채택함으로써 내부망과 외부 인터넷망을 원활하게 연결하는 기반을 마련했다.

③ 웹 브라우저의 등장과 정보 접근의 혁신
  ㉠ 월드 와이드 웹(WWW)과 웹 브라우저(예 넷스케이프, 인터넷 익스플로러)의 등장은 정보 접근 방식을 근본적으로 바꾸었다.
  ㉡ 사용자는 더 이상 특정 업무를 위해 별도의 클라이언트 프로그램을 설치할 필요 없이, 웹 브라우저 하나만으로 기업 내외부의 다양한 정보와 애플리케이션에 접근할 수 있게 되었다.
  ㉢ IT 시스템의 사용 편의성과 접근성을 획기적으로 개선하여 e-비즈니스의 폭발적인 성장을 이끌었다.

(2) 기업 비즈니스의 확장
  ① 기업 내·외부 경계의 파괴: 인트라넷과 엑스트라넷 기업들은 인터넷 기술을 활용하여 네트워크의 활용 범위를 넓혔다.
    ㉠ 인트라넷(Intranet): 인터넷 기술(웹 서버, 브라우저)을 기업 내부 업무 환경에 적용한 것이다. 사내 공지, 업무 매뉴얼, 전자 결재 시스템 등을 웹 기반으로 구축하여 직원 간의 정보 공유와 협업 효율을 높였다.
    ㉡ 엑스트라넷(Extranet): 인트라넷을 협력업체, 공급자, 주요 고객 등 허가된 외부 사용자가 안전하게 접속할 수 있도록 확장한 네트워크다. 이를 통해 기업은 공급사와 실시간으로 재고 정보를 공유하거나(SCM), 고객이 직접 주문 현황을 조회(CRM)하는 등 외부 파트너와의 협업 수준을 높였다.
  ② 공급망 및 고객 관계 관리 시스템의 발전(SCM & CRM)
    인터넷을 통한 실시간 데이터 연동은 기업의 핵심 경영 시스템을 발전시켰다.
    ㉠ 공급망 관리(SCM, Supply Chain Management): 원자재 조달부터 생산, 유통, 판매에 이르는 전 과정을 인터넷으로 연결하여, 공급망 전체의 가시성을 확보하고 재고 비용 절감과 생산 효율성 증대를 꾀했다.
    ㉡ 고객 관계 관리(CRM, Customer Relationship Management): 웹사이트, 이메일 등 인터넷 채널을 통해 고객 정보를 수집하고 분석하여, 고객 개개인에게 맞춤화된 마케팅과 서비스를 제공하는 것이 가능해졌다.

(3) 인프라스트럭처의 변화
  ① 인터넷 데이터 센터(IDC)의 성장
    ㉠ 기업들이 수많은 웹 서버와 네트워크 장비를 직접 운영하는 대신, 전문 시설에 위탁하는 수요가 급증했다. 인터넷 데이터 센터(IDC, Internet Data Center)는 항온·항습, 무정전 전원 공급 장치, 보안 설비, 초고속 네트워크 회선을 갖추고 기업의 서버를 안정적으로 관리해주는 전문 시설로, 이 시기에 본격적으로 성장했다.
  ② 대규모 분산 시스템의 운영
    ㉠ 웹 기반 서비스는 불특정 다수의 사용자가 동시에 접속하므로, 하나의 고성능 서버가 아닌 여러 대의 서버가 부하를 나누어 처리하는 분산 시스템(Distributed System) 구조가 보편화되었다.
    ㉡ 이는 시스템의 안정성과 확장성을 높였지만, 동시에 다수의 서버를 효율적으로 관리하고 운영하는 복잡한 기술적 과제를 낳았다.

5. 클라우드 및 모바일 컴퓨팅 시대(2000년~현재) ★★★

(1) 기술 배경
① 클라우드 및 모바일 컴퓨팅 시대는 IT 자원을 '소유'하는 것에서 '구독'하여 사용하는 서비스 모델로 패러다임이 전환된 시기이다.
② 가상화 기술과 초고속 인터넷을 기반으로, 기업과 개인은 필요할 때마다 컴퓨팅 자원을 유연하게 빌려 쓸 수 있게 되었다.
③ 이와 함께 스마트폰으로 대표되는 모바일 기기의 확산은 언제 어디서나 정보에 접근하는 유비쿼터스(Ubiquitous) 컴퓨팅 환경을 완성했으며, 이는 비즈니스의 민첩성과 비용 효율성을 극대화하는 결과를 낳았다.

(2) 핵심 기술과 서비스 모델
① 가상화(Virtualization) 기술 분할
  ㉠ 가상화는 클라우드 컴퓨팅을 가능하게 한 가장 핵심적인 기반 기술이다. 하나의 물리적 서버를 논리적으로 여러 개의 가상 서버(Virtual Machine, VM)로 분할하여, 마치 여러 대의 독립된 서버처럼 사용할 수 있게 만든다.
  ㉡ 이를 통해 물리적 하드웨어의 자원 활용률을 극대화하고, 서버의 생성·복제·삭제를 신속하게 처리할 수 있어 인프라 관리의 유연성을 획기적으로 높였다.
② 클라우드 서비스 모델(IaaS, PaaS, SaaS) ★★ [기출개념]
  클라우드 컴퓨팅은 제공되는 서비스의 범위에 따라 세 가지 핵심 모델로 분류된다.
  ㉠ IaaS(Infrastructure as a Service, 서비스형 인프라): 서버, 스토리지, 네트워크와 같은 IT 인프라 자원을 가상화하여 인터넷을 통해 제공한다. 사용자는 물리적 하드웨어를 구매할 필요 없이 가상의 컴퓨터를 빌려 운영체제나 애플리케이션을 자유롭게 설치하고 운영할 수 있다.
    [예] Amazon Web Services EC2, Google Compute Engine
  ㉡ PaaS(Platform as a Service, 서비스형 플랫폼): 애플리케이션을 개발하고 실행하는 데 필요한 플랫폼 환경(운영체제, 데이터베이스, 개발 도구 등)을 제공한다. 개발자는 인프라 관리에 신경 쓸 필요 없이 오직 애플리케이션 개발에만 집중할 수 있다.
    [예] Google App Engine, Heroku
  ㉢ SaaS(Software as a Service, 서비스형 소프트웨어): 완성된 소프트웨어 애플리케이션을 인터넷 브라우저나 앱을 통해 제공한다. 사용자는 소프트웨어를 설치하거나 관리할 필요 없이 월간 또는 연간 구독료를 내고 서비스를 이용한다.
    [예] Google Workspace, Microsoft 365, Salesforce

(3) 모바일 컴퓨팅의 확산과 영향
① 유비쿼터스 컴퓨팅 환경의 완성
  ㉠ 스마트폰, 태블릿 등 고성능 모바일 기기의 보급과 무선 네트워크 기술(Wi-Fi, 4G/5G)의 발전은 컴퓨팅 환경을 책상 위에서 개인의 손안으로 이동시켰다.
  ㉡ 사용자들은 시간과 장소에 구애받지 않고 클라우드에 저장된 데이터와 서비스에 실시간으로 접근할 수 있게 되었다. 이는 업무 방식의 유연성을 증대시키고, 모바일 앱을 통한 새로운 비즈니스 모델 창출을 촉진했다.

(4) 비즈니스 환경의 변화와 최신 아키텍처

① 비용 효율성, 민첩성, 확장성 확보
클라우드 컴퓨팅은 기업의 IT 도입 방식을 근본적으로 바꾸었다.
- ⊙ **비용 효율성**: 막대한 초기 투자 비용(CAPEX) 없이 사용한 만큼만 비용을 지불하는 운영 비용(OPEX) 방식으로 전환하여, 특히 자본이 부족한 스타트업의 시장 진입 장벽을 크게 낮추었다.
- ⓒ **민첩성(Agility)**: 서버 구축 시간이 단 몇 분으로 단축되어, 비즈니스 아이디어를 신속하게 시장에 테스트하고 배포할 수 있게 되었다.
- ⓒ **확장성(Scalability)**: 사용량 급증 시 자동으로 자원을 늘리고, 감소 시 줄이는 탄력적인 운영이 가능해져 안정적인 서비스 제공이 용이해졌다.

② 최신 IT 아키텍처의 도입
클라우드 환경의 장점을 극대화하기 위해 새로운 애플리케이션 개발 및 배포 방식이 등장했다.
- ⊙ **컨테이너(Container)**: 가상머신(VM)보다 훨씬 가볍고 빠르게 애플리케이션을 격리하고 배포하는 기술이다. 운영체제 수준의 가상화를 통해 개발과 운영의 효율성을 극대화한다.
  - 예 도커 Docker
- ⓒ **마이크로서비스 아키텍처(MSA, Microservices Architecture)**: 거대한 단일 애플리케이션을 작고 독립적인 기능 단위의 서비스들로 잘게 쪼개어 개발하는 방식이다. 각 서비스는 독립적으로 개발, 배포, 확장이 가능하여 변화에 빠르고 유연하게 대응할 수 있다.

기출개념확인

01 IT 인프라스트럭처의 진화 과정에 대한 설명 중, 개인용 컴퓨터(PC) 시대의 가장 큰 한계점으로 지적되는 현상은 무엇인가?

① 중앙 컴퓨터의 과부하로 인한 시스템 전체의 성능 저하
② 각 PC에 데이터가 분산되어 전사적 공유 및 통합이 어려운 현상
③ IT 자원 도입을 위한 막대한 초기 설비 투자 비용
④ 인터넷을 통한 외부의 악의적인 해킹 및 보안 위협 증가

02 다음 중 클라이언트/서버 시대의 컴퓨팅 모델에 대한 설명으로 가장 적절한 것은?

① 모든 연산과 데이터 저장이 중앙의 고성능 컴퓨터에서만 이루어진다.
② 인터넷 브라우저 하나만 있으면 모든 업무용 애플리케이션에 접근할 수 있다.
③ 서비스 요청(클라이언트)과 서비스 제공(서버)의 역할을 분담하여 데이터의 통합 관리를 구현했다.
④ IT 자원을 소유하지 않고 인터넷을 통해 서비스 형태로 빌려 쓰는 방식이 표준이 되었다.

정답·해설

01 ② 개인용 컴퓨터(PC) 시대는 데이터가 네트워크로 공유되지 않고 개인 PC에 흩어져 저장되면서, 조직 전체가 일관된 데이터에 접근하기 어려운 '정보의 섬(Information Island)' 현상이 대표적인 한계점으로 지적된다.

02 ③ 클라이언트/서버 시대의 핵심은 PC(클라이언트)가 네트워크를 통해 서버에 서비스를 요청하고, 서버는 데이터 처리나 저장과 같은 서비스를 제공하는 역할 분담 구조이다. 이를 통해 분산되어 있던 데이터를 중앙 서버의 데이터베이스에서 통합 관리하여 기업 전체의 데이터 일관성과 확장성을 확보할 수 있었다.

제2절 컴퓨터 시스템의 구성요소

01 중앙처리장치 기출개념

1. 중앙처리장치의 개념

① '중앙처리장치' 또는 'CPU(Central Processing Unit)'는 컴퓨터 시스템을 통제하고 프로그램의 연산을 실행·처리하는 가장 핵심적인 컴퓨터의 제어장치, 또는 그 기능을 내장한 칩을 말한다.
② 컴퓨터 안의 중앙처리장치는 외부에서 정보를 입력받고, 기억하고, 컴퓨터 프로그램의 명령어를 해석 및 연산하고, 외부로 출력하는 역할을 한다.
③ 컴퓨터 부품과 정보를 교환하면서 컴퓨터 시스템 전체를 제어하는 장치이며, 모든 컴퓨터의 작동과정이 중앙처리장치의 제어를 받기 때문에 컴퓨터의 두뇌에 해당한다고 할 수 있다. 실제 CPU칩에는 실행부분뿐만 아니라 캐시 등의 부가 장치까지 통합된 경우가 많다.
④ 프로그램 명령어를 실행하는 일을 담당하는 중앙처리장치는 '제어장치, 연산장치, 레지스터'의 세 부분으로 구성되며, 주기억장치를 비롯한 다른 장치들과는 시스템 버스로 연결되어 있다.
⑤ 중앙처리장치는 세 단계로 구성된 일련의 동작을 반복함으로써 명령어를 실행해 나간다.
　㉠ 인출(fetch) 단계: 주기억장치에 저장된 명령어 하나를 읽어오는 단계이다.
　㉡ 해독(decode) 단계: 읽어온 명령어를 제어 정보로 해독하는 단계이다.
　㉢ 실행(execute) 단계: 해독된 명령을 실행하는 단계이다.

2. 중앙처리장치의 구성

(1) 제어장치(CU; Control Unit)

① 프로세서의 조작을 지시하는 컴퓨터 중앙처리장치의 한 부품으로 입·출력 장치 간 통신 및 조율을 제어하며, 명령어들을 읽고 해석하면서 데이터 처리를 위한 시퀀스를 결정한다.
② 프로그램 명령어를 해석하고, 해석된 명령의 의미에 따라 연산장치, 주기억장치, 입·출력장치 등에 동작을 지시한다.
③ 타이밍과 제어 신호를 제공함으로써 다른 장치의 조작을 지시한다. 모든 컴퓨터 자원들은 제어장치의 관리를 받으며, 중앙처리장치와 다른 장치들 간의 데이터 흐름을 제어한다.

개념 Plus

GPU
- 그래픽 처리 장치 GPU(Graphics Processing Unit)는 영상정보를 처리하고 화면에 출력시키는 일을 한다.
- 메모리를 빠르게 처리하고 바꾸어 화면으로 출력할 프레임 버퍼 안의 영상 생성을 가속하도록 전문적으로 설계된, 전자 회로이다.
- 엔비디아사에서 1999년에 '지포스'라는 이름의 새로운 그래픽 컨트롤러을 내놓으며 처음 제창되었다.

④ 제어장치는 역사적으로 노이만 구조의 1946년 참조 모델의 일부로 정의되었다. 현대의 컴퓨터 설계에서 제어장치는 전반적인 역할과 동작 방식은 변경되지 않은 채 일반적으로 CPU 내부에 포함되어 있다.

(2) 연산장치(ALU; Arithmetic Logic Unit)
① 연산장치(산술·논리장치)는 두 숫자의 산술연산과 논리연산을 계산하는 디지털 회로이다.
② 덧셈, 뺄셈, 곱셈, 나눗셈의 산술연산뿐만 아니라 AND, OR, NOT, XOR와 같은 논리연산을 하는 장치로 제어장치의 지시에 따라 연산을 수행한다.
③ 연산장치는 컴퓨터 중앙처리장치의 기본 설계 블록이다.

(3) 레지스터
① 주기억장치로부터 읽어온 명령어나 데이터 또는 연산 결과를 저장하는 공간이다.
② 레지스터는 '범용 레지스터'와 '특수 목적 레지스터(프로그램 카운터, 명령어 레지스터, 스택 포인터)'로 구성된다.
  ㉠ 범용 레지스터: 명령어 실행 중에 연산과 관련된 데이터를 저장한다.
  ㉡ 프로그램 카운터: 다음에 실행될 명령어가 저장된 주기억장치의 주소를 저장한다.
  ㉢ 명령어 레지스터: 현재 실행 중인 명령어를 저장한다.
  ㉣ 스택 포인터: 주기억장치 스택의 데이터 삽입이나 삭제가 이루어지는 주소를 저장한다.

02 기억장치

> **핵심 Check**
>
> **주기억장치**
> • 컴퓨터 시스템에 프로그램을 적재하는 공간으로, 보조기억장치에서 데이터를 읽어 주기억장치에 적재한다.
> • 주기억장치에는 램(RAM)과 롬(ROM) 등이 있다.

1. 주기억장치 ★★★

(1) 주기억장치의 개념과 특징 [기출개념]
① 프로그램이 실행될 때 보조기억장치로부터 프로그램이나 자료를 이동시켜 실행할 수 있는 기억장소이다.
② 주기억장치의 기억매체로 과거에는 자기 코어(magnetic core)를 사용하여 코어를 통과하는 전선에 전류를 보내 자화된 방향에 따라 0과 1을 기억하게 했던 반면, 현재는 대부분 반도체 기억장치를 사용한다.
③ 반도체 기억장치에는 '롬(ROM)'과 '램(RAM)'이 있다.

(2) 주기억장치의 구성 [기출개념]
주기억장치에는 전원이 끊어져도 기억된 내용이 보존되는 '롬(ROM)'과, 전원이 꺼지면 모든 내용이 지워지는 휘발성 메모리 타입의 '램(RAM)'이 있다.
① 롬(ROM)
  ㉠ 읽기만 하는 기억장치로 전원이 끊어져도 기억된 내용이 지워지지 않는다.
  ㉡ 종류에는 마스크롬, 피롬, 이피롬 등이 있는데, 이때 마스크롬은 제작할 때 내용을 기억하기 때문에 사용자가 임의로 바꿀 수가 없다.

② 램(RAM)
　㉠ 기억된 내용을 사용자가 임의로 변경할 수 있고 프로그램이나 자료를 저장할 수 있으나, 전원이 꺼지면 기억된 내용이 모두 지워지므로 '휘발성 메모리'라고도 한다.
　㉡ 램에는 '에스램(Static RAM)'과 '디램(Dynamic RAM)'이 있다.
　　• 에스램: 전원이 공급되는 동안은 기억된 내용이 유지된다.
　　• 디램: 전원이 공급되어도 주기적으로 충전(refresh)을 해야지만 기억된 자료가 유지되며, 주로 대용량 기억장치에 사용된다.

2. 보조기억장치 ★★

(1) 보조기억장치의 개념과 특징 기출개념
① 컴퓨터의 중앙처리장치가 아닌 외부에서 프로그램이나 데이터를 보관하기 위한 기억장치를 말한다.
② 주기억장치보다 속도는 느리지만 많은 자료를 영구적으로 보관할 수 있다.
③ 반도체로 만들어진 주기억장치는 처리 속도가 빠르기는 하지만, 대부분 전원이 끊어지면 저장된 자료가 소멸되고 가격이 비싸 다량의 자료를 영구적으로 보관할 수가 없다. 그러나 보조기억장치는 속도가 상대적으로 느리기는 하지만, 다량의 자료를 영구적으로 저장할 수 있는 특징이 있다.
④ 자료 접근방식에 따른 분류
　㉠ 순차 접근방식(sequential access): 정보를 순차적으로만 읽고 쓰기를 하는 방식으로 기록 밀도가 좋으나 정보검색에 많은 시간이 걸리고, 자료의 삽입과 삭제 시 재구성해야만 한다.
　　예 자기 테이프
　㉡ 직접 접근방식(direct access): 순차적으로 또는 필요한 위치에서 직접 읽고 쓰기를 하는 방식이다. 이러한 장치를 '직접처리장치(DASD; Direct Access Storage Device)'라고 한다.
　　예 자기 드럼, 자기 디스크

(2) 보조기억장치의 종류
① 자기 디스크: 자기 테이프, 자기 디스크, 플로피 디스크, 하드디스크 등과 같이 자기를 이용하는 보조기억장치이다.
② 광 디스크
　㉠ 레이저 디스크와 같이 빛을 이용하는 것으로, 광 자기 디스크와 같은 CD-ROM 등이 있다.
　㉡ 광 디스크의 종류는 용도에 따라 롬형(ROM type)과 웜형(WORM or DRAW type)이 있다.
　　ⓐ 롬형: 재생만 할 수 있는 것으로 이미 실용화되어 있는 콤팩트 디스크와 비디오 디스크가 이에 속한다.
　　ⓑ 웜형: 1회 기록 후 재생할 수 있는 것으로 데이터의 영구적인 기록을 위해 사용된다.

03 입력장치

1. 입력장치의 개념
① 데이터를 컴퓨터에 입력하도록 고안된 기계적 장치이다.
② 컴퓨터와 이를 사용하는 인간 간의 매개 수단으로, 중앙처리장치가 작업을 할 수 있도록 데이터나 프로그램 등을 전자적인 부호로 변환하여 기계가 해독할 수 있는 기계어로 만들어 주는 장치이다.
③ 입력장치는 사용자가 원하는 문자, 기호, 그림 등의 데이터 또는 명령(프로그램)을 컴퓨터 내부의 메모리에 전달한다.
④ 초기의 컴퓨터에서는 종이 카드 입력장치가 많이 활용되었으나, 최근에는 대표적으로 키보드를 활용한다.

2. 입력장치의 종류 ★★ 기출개념

(1) 위치 지정 도구(pointing device)
① 메뉴 항목의 선택, 스프레드시트 내 셀의 범위나 문서 내 단어 집합의 지정과 같은 조작을 위하여 표시 화면상의 커서 이동을 제어하기 위해 쓰는 입력장치로, 도형이나 그림을 생성하는 데 사용되기도 한다.
② 아이콘에 의한 메뉴의 선택, 도형 표시의 위치나 범위를 설정하기 위해 각종 위치 지정 도구가 필요하게 되었다.
③ 위치 지정 도구 중에서 가장 일반적인 것은 마우스이며 그 밖에 트랙볼, 광 펜, 스타일러스, 조이스틱, 퍽, 도형 처리 평판 등이 있다.

(2) 게임용 입력장치
① 게임용 입력장치는 크게 '위치지정 도구'와 '게임 전용장치'로 나뉜다.
② 위치지정 도구를 게임용으로 쓰기 때문에 겹치는 장치가 있다. 반대로 게임 전용장치도 일정한 설정 작업을 거쳐 컴퓨터의 다른 프로그램에 위치지정 도구로 쓸 수 있기도 하다.
   예 마우스 대신 조이스틱이나 게임패드를 쓸 수도 있다.
③ 게임용 입력장치에는 조이스틱, 게임패드, 아날로그 스틱, 파워패드 등이 있다.

(3) 화상 입력장치(image input equipment)
① 사진, 지도, 도면, 그림 등의 화상정보를 직접 디지털 데이터로 입력하는 장치이다.
② 이미지 스캐너가 대표적이며, 웹캠 같은 카메라에 의한 입력장치도 있다.

(4) 광학 입력장치(optical input device)
① 광 에너지를 전기 에너지로 교환하는 장치이다.
② 광학 마크판독기(OMR), 광학 문자판독기(OCR), 자기 잉크 문자판독기, 바코드 판독기, 디지타이저 등이 있다.

✓ 핵심 Check

입력장치의 종류
- 기본 입력장치: 키보드
- 위치지정 도구: 마우스, 트랙볼, 광 펜, 스타일러스, 조이스틱, 퍽, 도형 처리 평판
- 게임용 입력장치: 조이스틱, 게임패드, 아날로그 스틱, 파워패드
- 화상 입력장치: 스캐너, 웹캠
- 광학 입력장치: 광학 마크판독기, 광학 문자판독기, 자기 잉크 문자판독기, 바코드 판독기, 디지타이저

04 출력장치 ★★

1. 출력장치의 개념
① 컴퓨터에서 외부로 정보를 출력하는 장치이다.
② 정보는 인간이 직접 읽을 수 있는 형식(인쇄 출력)이나 입력장치에 직접 걸 수 있는 형식(테이프 등)으로 출력된다.
③ 컴퓨터의 처리 결과를 사용 가능한 형태나 최종적인 형태로 바꾸어 주는 장치이다.
④ 사람이 읽을 수 있는 빛, 소리, 인쇄 등의 방식으로 컴퓨터의 결과물을 출력하는 역할을 하며, 가끔 입력까지 가능한 장치도 있다.

2. 출력장치의 종류 ★★ 기출개념
① 모니터, 프린터, 스피커 등이 가장 널리 사용된다.
② 플로터, 빔 프로젝터, 그래픽 디스플레이, 재생 가능 점자 디스플레이, 음성 출력장치, 종이테이프 천공장치, 천공카드 등도 사용된다.

> **핵심 Check**
> **출력장치의 종류**
> 모니터, 프린터, 스피커, 플로터, 빔 프로젝터, 그래픽 디스플레이, 점자 디스플레이, 음성 출력장치, 종이테이프 천공장치, 천공카드 등이 있다.

3. 3D 프린터 기출개념

(1) 3D 프린팅의 개념
① 여러 물질을 사용해서 현실 세계에 3차원적으로 물건을 만드는 것으로 3차원의 입체물을 만들어 내는 프린터이다.
② 신속 조형(RP; Rapid Prototyping)을 의미하는 RP가 3D프린팅의 동의어로 사용되기도 한다.
③ 3차원 제품의 디지털화된 정보를 이용하여 2차원 패턴을 연속적으로 적층하면서 최종적으로 제품화하는 기술이다.

(2) 적층 가공(AM; Additive Manufacturing) 기출개념
① 기존 제조방식은 재료를 절삭(subtracting)하여 가공하지만 3D프린팅은 재료를 쌓아 올려서(layer-by-layer) 제품을 제작하는 적층 가공 방식이다.
② 3D프린팅과 적층 가공이 혼용되며 3D프린팅은 시제품 제작 등에 사용하는 기존의 쾌속 조형(rapid prototyping)이 진화하면서 발전한 형태이다.
③ 부품 제조보다는 시제품 제작에 주로 활용되어 왔지만 부품 제조 및 다양한 영역으로 빠른 성장세를 보이고 있다.

> **핵심 Check**
> **3D 프린팅의 특성**
> 기존 제조방식은 재료를 절삭하여 가공하지만 3D프린팅의 제조방식은 재료를 쌓아 올려서 제품을 제작하는 적층가공방식이다.

(3) 3D 프린팅 방식 기출개념
① FDM(Fused Deposition Modeling) 방식
   ㉠ 고체형으로 대부분의 보급형 프린터들이 사용하는 방식이다.
   ㉡ 필라멘트라고 불리는 얇은 플라스틱 실을 녹여서 아래부터 위로 층층이 쌓아가는 방식이다.
   ㉢ SLA나 SLS 방식에 비해 프린터 가격이 저렴하다는 장점이 있다.
   ㉣ 출력물 표면이 거칠다는 단점이 있다.

② SLA(Stereo Lithography Apparatus) 방식
  ㉠ 액체형 재료를 사용한 것으로 광경화조형방식이라고 한다.
  ㉡ 빛을 받으면 고체로 변하는 광경화성수지(photopolymer)가 들어있는 수조에 레이저 빔을 쏘아 필요한 부분만 고체화시키는 방식이다.
  ㉢ FDM 방식에 비해서 제품 표면이 매끄럽고 정밀도가 높으며 소형 제작 및 형상 구현 능력이 뛰어나다는 장점이 있다.
  ㉣ 하드웨어 구매 비용이 높고, 유지보수의 어려움이 있으며 내구성이 약하다는 단점이 있다.
③ SLS(selective Laser Sintering) 방식
  ㉠ 파우더형 재료(미세한 플라스틱 분말, 모래, 금속 가루 등)를 사용하며 제작 원리는 SLA 방식과 비슷하다.
  ㉡ 파우더가 담겨있는 수조에 레이저를 쏴서 얇은 막을 형성하며 레이저를 통해 반복해서 물체를 조형한다.
  ㉢ 제작 속도가 빠르며, 재료도 다양하고, 완제품도 정교하다는 장점이 있다.
  ㉣ 프린터 자체가 고가이며 부피가 크고, 사용을 위해 전문적인 교육이 필요하다는 한계가 있다.

> **개념 Plus**
> **3D 프린팅 방식**
> - 3D프린터는 크게는 절삭형과 적층형으로 구분할 수 있지만, 대부분 적층형 프린트 방식에 해당한다.
> - 적층형 원리를 이용하는 방식도 수십 가지가 있지만, 그중 FDM, SLA, SLS 방식이 대표적이다.

기출개념확인

01 다음 중 3D 프린터에 대한 설명으로 옳지 않은 것은?
① 제작 속도가 매우 빠르며, 절삭 가공하므로 표면이 매끄럽다.
② 컴퓨터로 제어되기 때문에 만들 수 있는 형태가 다양하다.
③ 재료를 한층한층 쌓으면서 3차원 물체를 만들어내는 제조기술이다.
④ 기존 잉크젯 프린터와 유사한 적층 방식으로 입체물을 제작하는 방식도 있다.

02 다음 3D 프린팅 방식 중 SLS의 특징에 해당하지 않는 것은?
① 제작 표면이 매끄럽다.
② 파우더형 재료를 사용한다.
③ 제작 방식이 FDM 방식처럼 사출 방식이다.
④ 사용을 위한 전문적인 교육과 훈련이 필요하다.

정답·해설
01 ① 3D프린팅 방식은 절삭 가공에 비해 제작 속도가 느리며 FDM 방식의 경우 출력물 표면이 거칠다는 단점이 있다.
02 ③ 파우더가 담겨있는 수조에 레이저를 쏴서 얇은 막을 형성하며 레이저를 통해 반복해서 물체를 조형하며, 액체형 재료를 이용하는 SLA 방식과 유사하다.

제3절 컴퓨터 소프트웨어

01 소프트웨어의 종류

1. 소프트웨어의 개념
① 1957년에 터키(Tukey)가 처음 사용한 용어이다.
② 컴퓨터 프로그램과 같은 뜻으로 해석되는 경우도 있으나 프로그램 자신 외에 그 프로그램의 설명서, 프로그램에 의해 업무를 수행할 때 적용되는 사무상 규정이나 절차, 이를 문서화한 설명서나 색인서도 모두 포함한 전체를 가리킨다.
③ 컴퓨터 시스템을 가동하는 데 필수적인 '시스템 소프트웨어(system software)'와 이용자의 업무에 특화된 '응용 프로그램(applications program)'을 구별해 왔으나 현재는 양자를 포함한 모두를 '소프트웨어'라고 하며, '시스템 개발'과 '소프트웨어 개발'은 동의어로 취급되고 있다.

2. 소프트웨어의 유형

(1) **시스템 소프트웨어** ★★ 기출개념
① 응용 소프트웨어를 지원하는 소프트웨어이다.
② 응용 소프트웨어의 실행·개발을 지원하지만, 응용 소프트웨어에 의존적이지 않다.
③ 시스템 소프트웨어의 종류
  ㉠ 운영체제(OS; Operating System): 컴퓨터 하드웨어를 제어하고 응용 소프트웨어를 위한 기반 환경을 제공하여 사용자가 컴퓨터를 사용할 수 있도록 중재 역할을 하는 프로그램을 말한다.
  ㉡ 컴파일러: 고급 언어로 쓰인 프로그램을 의미적으로 동등하면서도 컴퓨터에서 즉시 실행될 수 있는 형태의 프로그램으로 바꾸어 주는 번역 프로그램이다.
  ㉢ 유틸리티: 사용자가 더욱 쉽고 편리하게 컴퓨터를 사용할 수 있도록 도와주기 위해 사용되는 프로그램으로 하드디스크 정리, 프린터 조작, 바탕화면 꾸미기, 화면 해상도 조정, 네트워크 설정, 설치 프로그램 관리, 실행 프로그램 관리, 시작 프로그램 관리 등이 있다.

(2) 응용 소프트웨어
  ① 컴퓨터 시스템을 특징 응용 분야에 사용하기 위하여 특별히 제작된 소프트웨어로 각종 업무의 목적에 따라 사무용, 기술용, OA용 등이 있다.
  ② 특정 분야에서의 응용을 목적으로 사용하며 항해, 포격 제어, 급여 계산용 소프트웨어 등이 있다.

02 프로그래밍 언어의 종류 및 세대별 구분

1. 프로그래밍 언어의 개념
  ① 컴퓨터에서 수행하는 프로그램을 작성하기 위해 사용하는 기호 체계를 의미한다.
  ② 기계어(machine language)만을 이해하는 컴퓨터와 자연어(natural language)를 구사하는 인간 사이의 의사소통 수단으로 작용한다.
  ③ 프로그래밍 언어는 프로그래밍의 방법에 큰 영향을 주고, 컴퓨터에 대한 이해와 활용에 매우 큰 영향을 끼치면서 컴퓨터 하드웨어의 발전과 더불어 꾸준히 발전해왔다.
  ④ 프로그래밍 언어의 분류
    ㉠ 저급 언어(low level language): 하드웨어 지향의 기계중심 언어로 '기계어'와 '어셈블리어'가 있다.
    ㉡ 고급 언어(high level language)
      ⓐ 사람이 이해하고 작성하기 쉬운 사람 중심 언어로 FORTRAN, COBOL, C, C++, JAVA 등이 있다.
      ⓑ 고급 언어는 최초의 구조적 언어로 널리 쓰이진 않았지만 C 등의 언어에 영향을 준 ALGOL, 최초의 고급 언어로 수치 해석에 뛰어난 FORTRAN, 사무처리용 언어인 COBOL, 시분할 개념이 도입 된 베이식(BASIC), 파스칼(Pascal), 에이다(Ada) 등이 있다.

2. 프로그래밍 언어의 종류 `기출개념`

(1) 저급 언어 ★★
  ① 컴퓨터가 이해하기 쉽게 작성된 프로그래밍 언어로, '저급 프로그래밍 언어' 또는 '로우 레벨 프로그래밍 언어(low-level programming language)'로 불린다.
  ② 일반적으로 기계어와 어셈블리어를 일컫는다.
  ③ 실행속도가 매우 빠르지만 배우기가 어려우며 유지·보수가 힘든 것이 단점이다.
  ④ 현재는 특수한 경우가 아니면 사용되지 않는다.

⑤ 저급 언어의 유형별 특성
  ㉠ 기계어
    ⓐ 기계어는 특별한 변환과정 없이 컴퓨터가 직접 처리할 수 있는 유일한 언어이다.
    ⓑ 십진법이나 이진법 형태의 프로그램들은 천공카드 또는 자기 테이프로부터 읽거나 컴퓨터 프론트 패널의 스위치를 켜고 끔으로써 불러들였다.
    ⓒ 현재 프로그래머들은 대개 기계어로 직접 프로그램을 작성하지는 않는데, 그 까닭은 고급 언어가 자동으로 다루는 수많은 세부사항들을 신경써야 하기 때문이다.
    ⓓ 모든 명령마다 수많은 코드를 기억하고 찾아야 하며, 수정하기 또한 매우 어렵다.
  ㉡ 어셈블리어
    ⓐ '기호 언어'라고도 부르며 어셈블리어로 작성된 프로그램은 어셈블러에 의해 기계어로 번역되어야만 실행이 가능하다.
    ⓑ 어셈블리어는 각 명령어가 기계어와 일대일로 대응된다. 즉, 기계어의 명령부와 번지부를 사람이 이해하기 쉬운 기호와 일대일로 대응시켜 기호화한 프로그램 언어이다.
    ⓒ 전자 계산기가 직접 이해할 수 있는 언어로, 이진수 0과 1의 조합으로 구성되어 있는 기계어와는 달리 기호 코드를 사용하므로 프로그램 작성이 용이하고, 프로그램 내용을 이해하기 쉬우며, 수정·삭제·추가가 간편하다는 장점이 있다.
    ⓓ 번지부를 기호로 쓸 수 있기 때문에 번지를 잘못 지정할 가능성이 적다.
    ⓔ 특정 기종이 어셈블리어에 의해 작성된 프로그램은 그 기계에서만 처리될 수 있어 다른 기종에서는 처리될 수 없다는 단점이 있다.
    ⓕ 고급 언어로 작성된 프로그램에 비해 읽고 쓰고 관리하는 면에서 더 어렵다.

(2) 고급 언어 ★★★
  ① 인간이 이해하기 쉬운 프로그래밍 언어로, 자연 언어에 가까운 구문 규칙을 갖추었기 때문에 이식성이 높다.
  ② 하나의 명령이 복수의 기계어로 치환된다.
  ③ 고급 언어로는 과학기술 계산용의 FORTRAN, ALGOL, 사무처리용의 COBOL, PL/I, PC용의 BASIC, 교육용의 Pascal, 인공지능용의 LISP, Prolog 시스템 기술용의 C, 객체 지향의 C++, Objective C, Ada, Sma-llTalk, Delphi 등이 있다.

> **핵심 Check**
>
> **프로그래밍 언어의 세대별 구분**
> - 2세대: 어셈블리어
> - 3세대: C, FORTRAN, COBOL, BASIC
> - 4세대: SQL
> - 5세대: JAVA, C++, C#, ASP, JSP, PHP

3. 프로그래밍 언어의 세대별 구분 ★ 기출개념

(1) 1세대 프로그래밍 언어(1GL)
① 컴퓨터가 인식할 수 있는 기계어를 말한다.
② 0과 1로 구성된 언어를 의미한다.
③ 이때 기계어는 컴퓨터가 사용하는 언어로 이해한다.

(2) 2세대 프로그래밍 언어(2GL)
① 첫 번째 프로그래밍 언어라고 할 수 있지만, 여전히 기계어에 가까운 언어이다.
② 어셈블리어가 개발되었으며, 여전히 특정 컴퓨터의 명령어 집합 구조와 밀접하게 관계되었다.
③ 0과 1로 구성된 기계어의 불편함을 개선하기 위해 기계어를 일부 기호화한 형태이다.
④ 프로그램을 인간이 훨씬 더 읽기 쉽게 만들어 주었을 뿐만 아니라, 주소 계산 및 오류 발생을 감소시켰다.
⑤ 현재는 특수한 분야를 제외하고는 거의 사용되지 않고 있다.

(3) 3세대 프로그래밍 언어(3GL)
① 본격적인 프로그래밍 언어라 할 수 있으며, 주로 절차 지향 중심의 언어가 개발되었다.
② C, FORTRAN, COBOL, BASIC 언어 등이 개발되었으며, C언어는 현재까지도 광범위한 응용 분야에서 많이 사용되고 있다.

(4) 4세대 프로그래밍 언어(4GL)
① 대용량 데이터를 처리하기 위한 데이터베이스 관련 프로그램을 개발할 수 있는 언어이다.
② 비절차적 언어로, 답을 얻기 위한 절차를 명시하지 않고 바라는 결과를 직접 기술하여 답을 얻어낸다.
③ 대표적인 4세대 프로그래밍 언어인 SQL은 컴퓨터의 실행 순서와 관계없이 처리 내용을 기술할 수 있으며, 프로그래머는 무엇을 할 것인가에 대한 기능만을 기술하는 언어이다.
④ 주로 윈도우(Windows)에서 프로그램을 쉽게 개발할 수 있는 환경을 제공한다.
⑤ 3세대 프로그래밍 언어보다 내부 컴퓨터 하드웨어의 상세한 부분을 더욱 추상화시키는 것을 목적으로 한다.
⑥ 현재 4세대 언어의 사용은 5세대 언어의 등장으로 점차 사용이 줄어들고 있다.

(5) 5세대 프로그래밍 언어(5GL)
① 본격적인 객체 지향 언어라고 할 수 있으며, 네트워크 관련 기능이 강화되었다.
② 프로그래머가 작성한 알고리즘을 이용하지 않고, 프로그램에 주어진 제약을 사용하여 문제를 해결하는 언어이다.
③ 대표적인 언어로 JAVA, C++, C# 등이 있다.
④ 웹의 등장으로 인하여 웹과 데이터베이스를 쉽게 연결하여 프로그램을 개발할 수 있는 ASP, JSP, PHP 등의 언어들이 있다.

기출개념확인

01 다음 중 시스템 소프트웨어에 해당하지 않는 것은?
① 운영체제 ② 스프레드시트
③ 컴파일러 ④ 유틸리티

02 다음 중 저급 언어에 해당하는 것은?
① 어셈블리어 ② C
③ COBOL ④ FORTRAN

정답·해설
01 ② 시스템 소프트웨어에는 운영체제(OS), 컴파일러, 유틸리티가 있다.
02 ① 어셈블리어는 기계어와 일대일로 대응하는 언어로, 사람이 이해하기 쉽게 약간 변형시킨 언어이며 저급 언어에 해당한다.

제2장 | 실전연습문제

* 기출유형 은 해당 문제가 실제 시험에 출제된 유형임을 나타냅니다.

기출유형

01 초기 컴퓨터 환경에서 CPU의 유휴 시간을 줄이고 하나의 컴퓨터 자원을 여러 사용자가 동시에 사용하는 것처럼 느끼게 하는 운영 기법은 무엇인가?

① 일괄 처리(Batch Processing)
② 시분할 시스템(Time-Sharing System)
③ 독립 실행 환경(Standalone)
④ 분산 시스템(Distributed System)

02 다음 중 IT 인프라스트럭처의 구성요소에 대한 설명으로 옳지 않은 것은?

① 컴퓨터 하드웨어는 데이터의 입력, 처리, 출력을 담당하는 물리적 기반이다.
② 소프트웨어는 시스템 소프트웨어와 응용 소프트웨어로 나뉜다.
③ 데이터 관리 기술에는 데이터베이스 관리 시스템(DBMS)이 포함된다.
④ IT 인프라에는 관련 인력, 프로세스, 문서 등 비기술적 요소는 포함되지 않는다.

기출유형

03 PC 시대의 가장 큰 한계점인 '정보의 섬' 현상을 해결하기 위해 등장한 컴퓨팅 모델은 무엇인가?

① 메인프레임 모델
② 클라이언트/서버 모델
③ 엔터프라이즈 컴퓨팅 모델
④ 클라우드 컴퓨팅 모델

04 중앙처리장치(CPU) 내에서 다음에 실행할 명령어의 주기억장치 주소를 저장하는 특수 목적 레지스터는 무엇인가?

① 프로그램 카운터
② 명령어 레지스터
③ 스택 포인터
④ 범용 레지스터

기출유형

05 인터넷 기술을 기업 내부 업무 환경에 적용한 사내 정보 시스템을 무엇이라 하는가?

① 엑스트라넷(Extranet)
② 인트라넷(Intranet)
③ 이더넷(Ethernet)
④ 인터넷 데이터 센터(IDC)

06 전원이 공급되더라도 주기적으로 재충전(Refresh)을 해주어야만 데이터가 유지되는 휘발성 메모리는 무엇인가?

① ROM
② SRAM
③ DRAM
④ 마스크롬

기출유형

07 다음 중 클라우드 컴퓨팅의 서비스 모델이 아닌 것은?

① SaaS(Software as a Service)
② PaaS(Platform as a Service)
③ IaaS(Infrastructure as a Service)
④ DaaS(Data as a Service)

08 컴퓨터 소프트웨어의 종류 중, 운영체제(OS), 컴파일러, 유틸리티처럼 응용 소프트웨어를 지원하고 하드웨어를 제어하는 소프트웨어는 무엇인가?

① 응용 소프트웨어
② 시스템 소프트웨어
③ 사무용 소프트웨어
④ 기업용 애플리케이션

기출유형

09 하나의 물리적 서버를 논리적으로 여러 개의 가상 서버(VM)로 분할하여 자원 활용률을 극대화하는, 클라우드 컴퓨팅의 핵심 기반 기술은 무엇인가?

① 가상화(Virtualization)
② 컨테이너(Container)
③ 마이크로서비스(Microservices)
④ 시분할(Time-Sharing)

기출유형

10 프로그래밍 언어에 대한 설명으로 옳지 않은 것은?

① 저급 언어는 하드웨어 지향의 기계 중심 언어이다.
② 고급 언어는 사람이 이해하고 작성하기 쉬운 사람 중심 언어이다.
③ 어셈블리어는 별도의 번역 과정 없이 컴퓨터가 직접 실행할 수 있다.
④ C언어, JAVA 등은 고급 언어에 속한다.

11 클라이언트/서버 아키텍처에서 표현, 애플리케이션, 데이터 계층을 각각 분리하여 유연성과 확장성을 높인 구조는 무엇인가?

① 1계층 구조
② 2계층 구조
③ 3계층 구조
④ 4계층 구조

12 다음 중 데이터를 컴퓨터에 입력하는 장치가 아닌 것은?

① 스캐너
② 마이크
③ 플로터
④ OMR(광학마크판독기)

13 0과 1로 구성되어 컴퓨터가 직접 인식하고 처리할 수 있는 유일한 언어는 무엇인가?
① 기계어
② 어셈블리어
③ C언어
④ JAVA

14 초기 투자 비용(CAPEX) 없이 사용한 만큼만 비용을 지불하는 운영 비용(OPEX) 방식으로 IT 자원을 활용하게 하여 스타트업의 성장을 촉진한 컴퓨팅 시대는 무엇인가?
① 개인용 컴퓨터(PC) 시대
② 클라이언트/서버 시대
③ 엔터프라이즈 컴퓨팅 시대
④ 클라우드 및 모바일 컴퓨팅 시대

15 주기억장치에 대한 설명으로 가장 적절한 것은?
① 전원이 꺼져도 데이터가 영구적으로 보관된다.
② CPU가 직접 접근하여 프로그램이나 데이터를 처리하는 공간이다.
③ 자기 테이프, 자기 디스크 등이 이에 속한다.
④ 주기억장치보다 속도가 느리고 가격이 저렴하다.

기출유형

16 3세대 프로그래밍 언어에 대한 설명으로 옳은 것은?
① 주로 절차지향 중심의 언어들이 개발되었다.
② 0과 1로 구성된 기계어를 의미한다.
③ 데이터베이스 관련 프로그램을 개발하기 위한 언어이다.
④ 네트워크 관련 기능이 강화된 객체지향 언어이다.

기출유형

17 기업들이 서버, 네트워크 장비 등을 직접 운영하는 대신, 전문적인 설비를 갖춘 시설에 위탁하여 관리하는 '인터넷 데이터 센터(IDC)'가 본격적으로 성장한 시대는?
① 개인용 컴퓨터(PC) 시대
② 클라이언트/서버 시대
③ 엔터프라이즈 컴퓨팅 시대
④ 클라우드 및 모바일 컴퓨팅 시대

18 다음 중 성격이 다른 보조기억장치 접근 방식은?
① 자기 테이프
② 자기 디스크
③ 자기 드럼
④ 직접처리장치(DASD)

19 거대한 단일 애플리케이션을 작고 독립적인 기능 단위의 서비스들로 분할하여 개발하는 클라우드 시대의 대표적인 아키텍처는 무엇인가?

① 3계층 아키텍처
② 마이크로서비스 아키텍처(MSA)
③ 개방형 아키텍처
④ 폰 노이만 아키텍처

기출유형

20 다음 〈보기〉에서 저급 언어에 해당하는 것을 모두 고른 것은?

〈보기〉	
가. 기계어	나. 어셈블리어
다. C언어	라. JAVA

① 가
② 가, 나
③ 가, 나, 다
④ 가, 나, 다, 라

제2장 | 정답·해설

01	02	03	04	05
②	④	②	①	②
06	07	08	09	10
③	④	②	①	③
11	12	13	14	15
③	③	①	④	②
16	17	18	19	20
①	③	①	②	②

01 ②

시분할 시스템(Time-Sharing System, TSS)은 CPU의 처리 시간을 짧은 단위로 나누어 여러 사용자에게 순차적으로 할당함으로써, 여러 명이 동시에 컴퓨터를 사용하는 듯한 대화형 작업 환경을 제공하고 CPU의 자원 활용률을 높인 기술이다.

02 ④

제공된 자료에 따르면, IT 인프라스트럭처를 구성하는 요소 중 'IT 서비스'는 기술 요소를 통합하고 관리하는 데 필요한 인적 자원과 지원 활동을 총칭한다고 설명되어 있다. 따라서 비기술적 요소가 포함되지 않는다는 설명은 옳지 않다.

03 ②

클라이언트/서버 모델은 네트워크를 통해 독립된 PC들을 연결하고, 중앙의 서버에서 데이터를 통합 관리함으로써 PC 시대의 '정보의 섬' 문제를 해결했다.

04 ①

프로그램 카운터(Program Counter)는 CPU가 다음 순서에 실행해야 할 명령어가 저장된 주기억장치의 주소를 가지고 있는 레지스터이다.

05 ②

인트라넷(Intranet)은 웹 브라우저, 웹 서버 등 인터넷 기술을 기업 내부 업무 환경에 적용하여 정보 공유와 협업 효율을 높인 내부 정보 시스템이다. 엑스트라넷은 이를 외부 협력사까지 확장한 개념이다.

06 ③

DRAM(Dynamic RAM)은 전원이 공급되더라도 주기적으로 데이터를 재충전(Refresh)해야 내용이 유지되는 휘발성 메모리이다. SRAM은 재충전이 필요 없으나 가격이 비싸다.

07 ④

클라우드 컴퓨팅의 3대 핵심 서비스 모델은 인프라를 제공하는 IaaS, 플랫폼을 제공하는 PaaS, 소프트웨어를 제공하는 SaaS이다. DaaS는 핵심 3대 모델에 포함되지 않는다.

08 ②

시스템 소프트웨어는 컴퓨터 하드웨어를 관리하고 제어하며, 응용 소프트웨어가 실행될 수 있는 환경을 제공한다. 여기에는 운영체제(OS), 컴파일러, 각종 유틸리티가 포함된다.

09 ①

가상화(Virtualization)는 하나의 물리적 하드웨어를 여러 개의 논리적인 단위로 분할하여 사용하는 기술로, 클라우드 컴퓨팅을 구현하는 핵심 기반 기술이다.

10 ③

저급 언어 중 어셈블리어는 기계어와 1:1로 대응되는 기호로 작성된 언어로, 컴퓨터가 직접 실행할 수 없으며 어셈블러라는 번역 프로그램을 통해 기계어로 변환되어야 한다. 기계어만이 유일하게 번역 과정이 필요 없다.

11 ③

해설: 3계층(3-Tier) 아키텍처는 사용자와 상호작용하는 표현 계층(클라이언트), 비즈니스 로직을 처리하는 애플리케이션 계층(애플리케이션 서버), 데이터를 저장하는 데이터 계층(DB 서버)으로 역할을 분리하여 시스템의 유연성과 확장성을 높인 구조이다.

12 ③

플로터(plotter)는 펜을 이용하여 설계 도면 등 복잡한 그래픽 정보를 종이에 인쇄하는 출력장치이다. 나머지는 모두 데이터를 컴퓨터로 입력하는 장치이다.

13 ①

기계어는 0과 1의 2진수로 구성되어 있으며, 컴퓨터가 변환 과정 없이 직접 이해하고 처리할 수 있는 유일한 언어이다.

14 ④

클라우드 및 모바일 컴퓨팅 시대는 IT 자원을 소유하지 않고 필요에 따라 빌려 쓰고 사용한 만큼만 비용을 지불하는 모델을 제시했다. 이는 막대한 초기 투자 비용(CAPEX)을 운영 비용(OPEX)으로 전환하여 자본이 부족한 스타트업의 혁신을 촉진했다.

15 ②

주기억장치는 보조기억장치로부터 프로그램이나 데이터를 이동시켜 CPU가 직접 실행하고 처리할 수 있도록 하는 기억 공간이다. 나머지 항목은 모두 보조기억장치의 특징이다.

16 ①

C, 포트란, 코볼 등이 해당하는 3세대 프로그래밍 언어는 주로 문제 해결의 순서와 절차를 기술하는 절차지향 중심의 언어들이 개발된 시기이다.

17 ③

엔터프라이즈 컴퓨팅 시대에 웹 기반 서비스가 활성화되면서, 기업들은 수많은 서버를 안정적으로 운영하기 위해 전문 시설인 인터넷 데이터 센터(IDC)를 적극적으로 활용하기 시작했다.

18 ①

자기 테이프는 데이터를 처음부터 순서대로 읽고 쓰는 순차접근(sequential access) 방식을 사용한다. 자기 디스크, 자기 드럼 등은 데이터가 있는 위치로 직접 찾아가 읽고 쓰는 직접접근(direct access) 방식을 사용한다.

19 ②

마이크로서비스 아키텍처(MSA)는 하나의 큰 애플리케이션을 작고 독립적으로 배포 가능한 서비스들의 조합으로 설계하는 방식으로, 클라우드 환경에서 변화에 유연하고 신속하게 대응하기 위해 등장했다.

20 ②

저급 언어는 컴퓨터가 이해하기 쉬운 기계 중심 언어로, 기계어와 어셈블리어가 이에 해당한다. C언어와 JAVA는 사람이 이해하기 쉬운 고급 언어에 속한다.

무료 학습자료 제공 · 독학사 단기합격 **해커스독학사**
haksa2080.com

전문가가 분석한 출제경향 및 학습전략

정보시스템 확보 방식(구독, 구매, 개발)의 장단점과 선택 기준, 시스템개발 수명주기(SDLC)는 핵심 출제 영역이다. 특히 폭포수, 프로토타입, 애자일 등 각 개발 모델의 특징과 적용 상황을 명확히 구분해야 한다. 최근에는 데브옵스, 마이크로서비스 아키텍처(MSA) 등 최신 개발 방법론의 개념 이해도 중요해졌다. 용어 암기보다 전체 흐름을 파악하고 기출문제로 출제 유형에 익숙해지는 전략적 학습이 요구된다.

제3장 | 핵심 키워드 Top 10
핵심 키워드 Top 10은 본문에도 동일하게 ★로 표시하였습니다.

01	시스템 개발 수명주기(SDLC) ★★★	p.79
02	구독(Subscription) ★★	p.72
03	구매(Purchase, COTS) ★★	p.74
04	개발(Development) ★★	p.76
05	SDLC의 단계 ★★★	p.80
06	SDLC의 유형 ★★★	p.81
07	요구분석 ★★	p.81
08	애자일 방법론 ★★★	p.86
09	데브옵스(DevOps) ★★	p.88
10	마이크로서비스 아키텍처(MSA) ★★	p.88

제3장

정보시스템의 계획과 개발

제1절 구독/구매/개발
제2절 시스템개발 수명주기
제3절 시스템개발 신개념

제1절 구독/구매/개발

01 정보시스템 확보 방식 ★★

1. 개념
① 기업이 비즈니스 목표를 달성하기 위한 정보시스템 확보 전략은 이제 '자체 개발'에 국한되지 않고, 구독, 구매, 개발 세 가지 주요 방식을 전략적으로 선택하는 다변화된 접근이 필요하다.
② 기업은 정보시스템을 확보할 때 각 방식의 특성과 장단점을 명확히 이해하고, 내부 역량과 외부 환경, 비용, 시간, 기술 지원 등 다양한 요소를 고려해 최적의 방식을 결정해야 한다.
③ 정보시스템의 성격, 사업 목표, 빠른 시장 대응력, 데이터 중요도, 유지보수 여력 등을 종합적으로 평가하여 확보 방식에 대한 의사결정이 이루어져야 한다.

02 구독(Subscription) ★★

1. 구독 비용 지불
① 정보시스템의 구독(Subscription) 방식은 소프트웨어를 소유하는 것이 아니라, 월간 또는 연간 비용을 지불하고 서비스 형태로 빌려 쓰는 모델이다.
② 오늘날 대부분의 구독형 정보시스템은 클라우드 기술을 기반으로 한 SaaS(Software as a Service, 서비스형 소프트웨어) 형태로 제공되며, 소프트웨어와 데이터는 공급업체 서버에 저장되고 사용자는 인터넷을 통해 서비스에 접근한다.
③ 이는 집을 사는 대신 월세를 내고 사는 것과, 음악 CD를 구매하는 대신 스트리밍 서비스를 이용하는 것과 유사한 개념이다.
④ 초기 도입 비용이 낮고, 빠른 배포 및 확장 가능, 업데이트 자동화가 장점이다.

2. SaaS 구독 모델의 핵심 특징

(1) 소유가 아닌 임대
① 기업은 소프트웨어 라이선스를 영구적으로 구매하지 않고, 구독 기간 동안 사용 권한을 가진다.
② 이를 통해 막대한 초기 투자 비용을 절감할 수 있다.

(2) 클라우드 기반
① 모든 소프트웨어와 데이터는 서비스 제공업체의 강력한 서버(클라우드)에 저장되고 운영된다.
② 사용자는 인터넷만 연결되면 PC, 스마트폰 등 다양한 기기로 접속해 언제 어디서든 작업할 수 있다.

(3) 서비스 제공업체의 책임
① 소프트웨어의 설치, 업데이트, 보안, 서버 관리 등 모든 운영 및 유지보수를 서비스 제공업체가 책임진다.
② 기업은 IT 인프라 관리에 대한 부담을 덜고 핵심 비즈니스에 집중할 수 있다.

3. 구독 모델의 장점

(1) 초기 비용 절감(CapEx → OpEx)
① 서버 구축, 소프트웨어 구매 등 막대한 초기 자본 지출(CapEx)이 필요 없다.
② 매월 발생하는 운영 비용(OpEx)으로 처리되므로, 특히 자본이 부족한 중소기업이나 스타트업에 유리하다.

(2) 신속한 도입과 사용
복잡한 설치 과정 없이 가입 즉시 서비스를 이용할 수 있어, 시장 변화에 빠르게 대응해야 하는 프로젝트에 적합하다.

(3) 자동 업데이트 및 유지보수
사용자는 항상 최신 버전의 소프트웨어를 별도의 추가 비용 없이 사용할 수 있으며, 보안 패치나 기능 개선이 자동으로 이루어진다.

(4) 유연한 확장성(Scalability)
비즈니스가 성장하여 사용자 수가 늘어나거나 더 많은 저장 공간이 필요할 때, 간단히 요금제를 변경하여 즉시 자원을 확장할 수 있다.

4. 구독 모델의 단점

(1) 장기적인 총 소유 비용(TCO)
초기 비용은 낮지만, 5년, 10년 이상 장기적으로 사용할 경우 라이선스를 구매하는 것보다 총 소유 비용(TCO, Total Cost of Ownership)이 더 높아질 수 있다.

(2) 제한적인 커스터마이징
모든 사용자가 동일한 소프트웨어를 사용하므로, 우리 회사만의 독특한 업무 프로세스에 맞춰 기능을 수정하거나 개발하는 데 한계가 있다.

(3) 공급자 종속성(Vendor Lock-in)
특정 SaaS 서비스에 데이터와 업무 프로세스가 맞춰지면, 나중에 다른 서비스로 이전하기가 매우 어렵고 비용이 많이 발생할 수 있다.

(4) 데이터 보안 및 통제권

회사의 중요한 데이터가 외부 서버에 저장되므로, 서비스 제공업체의 보안 수준과 정책에 의존해야 한다. 데이터 통제권이 회사 내부에 있지 않다는 점은 중요한 고려사항이다.

5. 구독 시 고려사항

정보시스템 구독을 결정하기 전, 다음과 같은 사항을 반드시 검토해야 한다.

① 총 소유 비용(TCO) 분석: 단기적인 월 비용뿐만 아니라, 3~5년 이상의 장기적인 총비용을 구매 방식과 비교 분석해야 한다.
② 서비스 수준 협약(SLA): 서비스 장애 발생 시 보상 정책, 연간 서비스 가동률(예 99.9%) 보장 등 서비스 품질에 대한 약관을 꼼꼼히 확인해야 한다.
③ 데이터 보안 정책: 데이터 암호화, 접근 제어, 백업 정책 등 서비스 제공업체의 보안 관리 체계를 검토해야 한다.
④ 외부 시스템 연동(API): 현재 사용 중인 다른 시스템(ERP, 그룹웨어 등)과 데이터를 원활하게 연동할 수 있는 API(Application Programming Interface)를 지원하는지 확인해야 한다.
⑤ 출구 전략(Exit Strategy): 향후 서비스 계약을 해지할 경우, 저장된 데이터를 어떻게 안전하고 완전하게 이전받을 수 있는지에 대한 계획을 미리 확인해야 한다.

03 구매(Purchase, COTS) ★★

1. 소프트웨어 패키지 구매

① 정보시스템을 구매하는 방식은 시장에서 이미 개발되어 판매되는 상용 기성 소프트웨어(Commercial Off-the-Shelf, COTS) 패키지의 라이선스를 획득하여 영구적으로 소유하는 모델이다.
② 이는 자동차를 렌트(구독)하는 것이 아니라, 직접 구매하여 내 자산으로 만드는 것과 같다. 구매한 소프트웨어는 기업 내부의 서버(On-premise)나 기업이 직접 계약한 클라우드 공간에 설치하여 운영한다.

2. 개념 및 핵심 특징

① 영구적 소유권: 한번 라이선스를 구매하면 소프트웨어에 대한 영구적인 소유권을 가지며, 비즈니스가 지속되는 한 계속 사용할 수 있다.
② 내부 설치 및 운영: 소프트웨어가 회사가 통제하는 물리적 또는 가상의 공간에 직접 설치되므로, 시스템 운영과 데이터 관리에 대한 모든 책임과 권한은 구매한 기업에 있다.
③ 표준화된 기능: 소프트웨어는 특정 산업이나 업무 영역(예 회계, 생산 관리)에서 공통적으로 요구되는 표준 기능과 '모범 사례(Best Practice)'를 기반으로 개발되었다.

3. 구매 방식의 장점

① **검증된 기능과 안정성**: 이미 많은 기업에서 사용하여 검증이 끝난 제품이므로, 자체 개발 시 발생할 수 있는 치명적인 오류나 프로젝트 실패의 위험이 낮다.

② **완전한 데이터 통제권**: 기업의 민감한 정보나 고객 데이터를 외부 서버가 아닌 내부 인프라에 직접 저장하고 관리하므로, 보안 및 데이터 통제 측면에서 매우 유리하다.

③ **높은 수준의 커스터마이징**: 소유권을 가지고 있기 때문에, 공급업체나 전문 파트너를 통해 기업의 고유한 업무 프로세스에 맞게 기능을 추가하거나 수정하는(커스터마이징) 작업이 구독 모델에 비해 훨씬 자유롭다.

④ **장기적 TCO 절감 가능성**: 초기 투자 비용은 막대하지만, 7~10년 이상 장기적인 관점에서 보면 매년 비용을 지불하는 구독 모델보다 총 소유 비용(TCO)이 저렴해질 수 있다.

4. 구매 방식의 단점

① **높은 초기 투자 비용(CapEx)**: 소프트웨어 라이선스 비용, 서버 등 하드웨어 구매 비용, 초기 설치 및 컨설팅 비용 등 막대한 규모의 자본 지출(Capital Expenditure)이 초기에 집중적으로 발생한다.

② **긴 도입 기간 및 복잡성**: 시스템을 설치하고, 기존 데이터를 이전하며, 기업 환경에 맞게 설정(Configuration)하고, 직원들을 교육하는 데 수개월에서 길게는 수년이 걸릴 수 있다.

③ **지속적인 유지보수 부담**
  ㉠ 숨겨진 비용: 버그 수정, 보안 패치, 기술 지원을 받기 위해 매년 소프트웨어 구매 비용의 일정 비율(보통 15~22%)을 연간 유지보수 비용으로 지불해야 한다.
  ㉡ 내부 자원: 시스템을 안정적으로 운영하기 위한 전담 IT 인력(서버, 네트워크, DB 관리자 등)이 반드시 필요하다.

④ **업무 프로세스의 소프트웨어 종속**: 소프트웨어에 내장된 표준 프로세스에 기업의 기존 업무 방식을 맞춰야 하는 경우가 발생하며, 이는 내부 직원들의 저항을 유발할 수 있다.

5. 구매 시 고려사항

① **면밀한 갭 분석(Gap Analysis)**: 도입하려는 소프트웨어의 표준 기능과 우리 회사가 반드시 필요로 하는 기능 간의 차이(Gap)를 명확히 분석하고, 이 차이를 어떻게 메울 것인지(커스터마이징, 프로세스 변경 등)에 대한 구체적인 계획을 수립해야 한다.

② **총 소유 비용(TCO)의 종합적 산출**: 눈에 보이는 라이선스 비용뿐만 아니라, 향후 5~10년간 발생할 하드웨어 비용, 유지보수 비용, 인건비 등을 모두 포함하여 종합적인 비용을 산출하고 다른 방식과 비교해야 한다.

③ 공급업체(Vendor)의 안정성 평가: 소프트웨어는 한번 도입하면 최소 10년 이상 사용하므로, 공급업체가 장기적으로 안정적인 기술 지원과 업그레이드를 제공할 수 있는 신뢰할 수 있는 기업인지 반드시 평가해야 한다.
④ 변화 관리(Change Management) 계획: 새로운 시스템 도입은 단순히 기술의 변화가 아니라 일하는 방식의 변화이다. 직원들의 저항을 최소화하고 시스템이 성공적으로 정착할 수 있도록 체계적인 교육과 소통 계획을 수립해야 한다.

04 개발(Development) ★★

1. 맞춤형 시스템 개발(Development)
① 정보시스템을 개발하는 방식은 기성 제품이 존재하지 않거나, 기존 제품으로는 만족할 수 없는 기업 고유의 요구사항을 반영하기 위해 처음부터 끝까지 직접 시스템을 설계하고 구축하는 모델이다.
② 이는 기성복(구매)이나 옷 렌탈(구독)이 아닌, 내 몸에 완벽하게 맞는 맞춤 정장을 제작하는 것과 같다. 개발은 기업 내부의 IT 팀이 직접 수행하거나(In-house), 전문 개발사에 의뢰(Outsourcing)하여 진행한다.

2. 개념 및 핵심 특징
① 고유한 요구사항 충족: 기업의 비즈니스 프로세스, 경쟁 전략, 독특한 서비스 모델에 100% 최적화된 시스템을 구현하는 것을 목표로 한다.
② 완전한 소유권과 통제권: 개발된 소프트웨어의 소스코드를 포함한 모든 지적 재산권은 개발을 의뢰한 기업이 소유하며, 기능 추가, 변경, 배포에 대한 모든 권한을 가진다.
③ 높은 위험과 높은 수익(High Risk, High Return): 프로젝트 실패의 위험과 막대한 비용 부담이 따르지만, 성공 시에는 경쟁사가 모방할 수 없는 강력한 경쟁 우위를 확보할 수 있다.

3. 개발의 장점
① 경쟁 우위 확보: 기업의 핵심 비즈니스 로직과 노하우를 시스템에 그대로 녹여내어, 타사가 쉽게 따라올 수 없는 차별화된 서비스를 제공할 수 있다.
② 완벽한 맞춤화 및 최적화: 사소한 업무 방식부터 전체적인 데이터 흐름까지, 모든 것을 기업의 환경에 완벽하게 맞춰 개발하므로 업무 효율성을 극대화할 수 있다.
③ 자유로운 통합 및 확장성: 기존에 사용하던 다른 시스템들과의 유연한 연동이 가능하며, 향후 비즈니스 변화에 따른 기능 확장을 자유롭게 설계할 수 있다.
④ 라이선스 비용 불필요: 초기 개발 비용 외에 별도의 사용자당 라이선스 비용이 발생하지 않아, 기업 규모가 크고 사용자가 많을수록 유리할 수 있다.

4. 개발의 단점

① **막대한 비용과 시간**: 개발자 인건비, 프로젝트 관리 비용, 인프라 구축 등 초기 투자 비용이 세 가지 방식 중 가장 높으며, 개발 기간 또한 최소 수개월에서 수년까지 소요될 수 있다.
② **매우 높은 실패 위험**: 프로젝트의 범위가 불명확해지거나(Scope Creep), 예산이 초과되거나, 일정이 지연될 위험이 매우 크다. 최종 결과물이 사용자의 기대를 충족시키지 못할 가능성도 상존한다.
③ **전적인 유지보수 책임**: 시스템 오픈 이후 발생하는 모든 오류 수정, 보안 업데이트, 기능 개선에 대한 책임은 전적으로 기업에 있으며, 이를 위한 지속적인 유지보수 인력과 비용이 요구된다.
④ **요구사항 정의의 어려움**: 사용자가 원하는 바를 명확하고 구체적인 시스템 요건으로 정의하는 과정이 매우 복잡하고 어려우며, 이 단계에서의 불통은 프로젝트 실패의 직접적인 원인이 된다.

5. 성공적인 개발시 고려사항

① **명확한 목표 및 범위(Scope) 설정**: 프로젝트를 통해 달성하고자 하는 명확한 비즈니스 목표를 설정하고, '무엇을 개발하고, 무엇은 개발하지 않을지'에 대한 범위를 초기에 명확히 합의해야 한다.
② **체계적인 프로젝트 관리(PM) 방법론 적용**: 폭포수 모델, 애자일 등 프로젝트의 특성에 맞는 개발 방법론을 적용하여 일정, 예산, 자원, 위험 등을 체계적으로 관리해야 한다.
③ **사용자와의 긴밀한 협업**: 프로젝트 초기부터 최종 단계까지 실제 시스템을 사용할 현업 사용자를 적극적으로 참여시켜 지속적으로 피드백을 받고 검증하는 과정이 필수적이다.
④ **역량 평가 및 파트너 선정**: 자체 개발 역량이 충분한지 객관적으로 평가해야 하며, 외주 개발을 선택할 경우 해당 분야에 대한 기술력과 경험이 풍부하고 신뢰할 수 있는 파트너사를 선정하는 것이 매우 중요하다.

기출개념확인

01 정보시스템 확보 방식인 구독, 구매, 개발에 대한 설명으로 가장 적절하지 <u>않은</u> 것은?

① 구독(SaaS) 방식은 초기 자본 지출(CapEx)이 거의 없고 운영 비용(OpEx)으로 처리되어, 자본이 부족한 스타트업에 유리하다.
② 구매(COTS) 방식은 기업 내부 서버에 직접 설치하므로 데이터 통제권 확보에 유리하며, 구독 방식에 비해 높은 수준의 커스터마이징이 가능하다.
③ 개발 방식은 기업 고유의 비즈니스 프로세스를 완벽하게 반영하여, 경쟁사가 모방하기 어려운 전략적 경쟁 우위를 확보하는 것을 목표로 한다.
④ 구매 방식은 연간 유지보수 비용이 발생하지 않아 장기적 총 소유 비용(TCO)이 항상 낮고, 구독 방식은 초기 도입 비용이 가장 높다.

02 한 중견기업이 전사적 자원관리(ERP) 시스템을 도입하기 위해 시장에서 검증된 A사의 소프트웨어 패키지를 '구매'하기로 결정했다. 이 기업이 프로젝트를 성공적으로 이끌기 위해 가장 우선적으로 수행해야 할 활동으로 가장 적절한 것은?

① 시스템의 안정적 운영을 위해 서버 및 네트워크 관리자 등 내부 IT 전문 인력을 채용한다.
② 프로젝트의 실패 위험을 줄이기 위해 스크럼(Scrum)과 같은 애자일 개발 방법론을 적용한다.
③ A사 소프트웨어의 표준 기능과 자사의 업무 프로세스 간의 차이(Gap)를 분석하고 해결 방안을 수립한다.
④ 공급업체(A사)의 서비스 장애 발생 시 보상 정책이 담긴 서비스 수준 협약(SLA)을 면밀히 검토한다.

정답·해설

01 ④ 구매(COTS) 방식은 초기 라이선스 비용 외에도 버그 수정, 기술 지원 등을 위해 매년 소프트웨어 구매 비용의 일정 비율(15~22%)을 연간 유지보수 비용으로 지불해야 한다. 구독(SaaS) 방식은 초기 도입 비용이 낮으며, 초기 도입 비용이 가장 높은 방식은 개발 방식이다.

02 ③ 상용 기성 소프트웨어(COTS)를 구매하여 도입할 때 가장 중요한 것은 갭 분석(Gap Analysis)이다. 갭 분석은 구매하려는 소프트웨어가 제공하는 표준 기능과 우리 회사가 실제로 필요로 하는 기능 및 업무 프로세스 간의 차이를 명확히 파악하는 활동이다. 이 분석을 통해 차이를 메우기 위해 커스터마이징을 할 것인지, 아니면 회사의 업무 프로세스를 소프트웨어에 맞게 변경할 것인지를 결정하게 되므로 가장 우선적으로 수행해야 한다.

제2절 시스템 개발 수명주기

01 시스템 개발 수명주기 ★★★

1. 시스템 개발 수명주기(SDLC; System Dvelopment Life Cycle)의 개념
① 시스템을 개발하는 과정에서 거치는 분석·설계·구현·시험의 개발 방법론을 말한다.
② 소프트웨어의 개발부터 폐기까지 전 과정을 하나의 생명주기로 정의하고 단계별 공정을 체계화한 모델이다.
③ 소프트웨어 제품의 개념 형성에서 시작하여 운용·유지·보수에 이르기까지 변화의 전 과정을 의미한다.
④ 대상이 되는 소프트웨어의 규모, 종류, 개발 방법론에 따라서 단계의 구분 방법이나 명칭이 다르다.
⑤ 각 단계는 중복되거나 반복되기도 한다.

2. SDLC의 등장 배경
① 소프트웨어(SW)의 규모가 커진 후로 소프트웨어 위기(전체 SW 프로젝트의 60% 가량 실패)에 대한 대처법이 필요하게 되었다.
② SW의 고품질 보증을 위한 생산성 확보가 필요하게 되었다.
③ SW 개발을 효과적으로 수행하기 위한 방안이 필요하게 되었다.

3. SDLC의 특징 ★★★
(1) 효율적인 자원 사용
① 프로젝트 비용의 산정이 가능하며, 프로젝트 개발계획 수립을 지원할 수 있다.
② 고품질의 소프트웨어를 획득하는 데 일정 수준 이상의 생산성 확보가 가능하다.

(2) 산출물 표준화
① 효과적인 소프트웨어 개발을 위한 표준화된 수행 방법과 절차를 제공할 수 있다.
② 용어, 산출물 등에 일관성이 있도록 산출물 표준화가 이루어진다.

(3) 프로젝트 관리
① 원활한 프로젝트 수행을 위한 프로젝트 관리가 가능하다.
② 프로젝트 공정관리 대상을 명확히 구분할 수 있다.
③ 개발 및 진행 단계를 명확하게 파악하여 효율적인 프로젝트 관리가 가능하다.

개념 Plus

소프트웨어 위기
소프트웨어 위기는 시스템의 대규모화에 따라 소프트웨어의 신뢰성 저하, 개발비의 증대, 계획의 지연 등의 현상이 현저하게 발생하여 소프트웨어 개발계획의 수행을 매우 어렵게 만드는 상황을 지칭하는 용어이다.

4. SDLC의 필요성

① 수명주기는 논리적으로 연결된 다양한 활동으로 구성되며, 정보시스템의 개발은 일련의 조직화된 활동으로써 작은 업무로 세분된다.
② 개별 활동은 정보 분석자, 시스템 설계자, 프로그래머, 사용자 등에 의해 수행된다.
③ 개별 단계의 개발과정에서 직면하게 되는 기본적인 문제로 한 사람에서 다른 사람에게로 책임이 이전되는 활동 간의 접속(interface)이 있다.
④ 이러한 문제해결을 위하여 프로젝트 관리자는 전반적으로 접속이 순탄하게 진행되고, 정보가 가능한 한 문서화된 형태로 상호 교환되도록 조정할 필요가 있다.
⑤ 경영자는 개발과정을 각 단계별 활동으로 나눔으로써 개발과정의 통제, 적절한 전문 실행자에게로 권한 이양, 필요한 반복과정의 최적 수행, 개발된 시스템의 계속적인 경제성 평가 등의 효과를 볼 수 있다.

5. SDLC의 단계 ★★★

(1) SDLC의 4단계 구분 [기출개념]

① 정의 단계: 예비 분석, 타당성 조사, 정보 분석, 시스템 설계 등이 진행된다.
② 구축 단계: 프로그래밍, 절차 개발이 진행된다.
③ 이행 단계: 전환 활동이 진행된다.
④ 운영 단계: 운영 및 유지·보수, 사후 감사, 폐기 활동이 진행된다.

(2) SDLC의 3단계 구분

구분	절차	내용	산출물
정의 단계	계획·수립	• 사용자의 요구사항 정의 • 시스템 기본 기능 및 성능 요건 파악 • SDLC 선정 및 추진 계획	• RFP • 수행 계획서
개발 단계	분석	사용자 요구사항 분석	요구사항 명세서
	설계	시스템 개념 설계, 상세 설계	설계문서
	개발(구현)	SW 구현을 위한 코딩	실행코드
	시험(테스트)	• SW 오류 탐지 및 수정 • 단위·통합·시스템·인수·설치테스트	• 테스트 계획서 • 테스트 결과서
지원 단계	운영 및 유지·보수	• SW 운영, 유지·보수, 기능 개선 • SW 대체 등에 따른 폐기 처리	• 유지·보수 계획서 • 폐기 승인서

① 정의 단계
  ㉠ 계획·수립: 시스템이 갖추어야 할 기능을 파악하고 비즈니스 타당성을 검토한다.
② 개발 단계
  ㉠ 분석: 사용자의 요구사항을 구체적으로 분석 및 파악한다.
  ㉡ 설계: 시스템 골격을 형성하는 모듈 간의 구조 및 인터페이스를 설계한다.
  ㉢ 개발(구현): 정해진 설계내용을 프로그래밍 언어로 표현하는 단계이다.
  ㉣ 시험(테스트): 실행 프로그램의 오류를 발견하고 수정하는 테스트 단계이다.

③ 지원 단계
    ㉠ 운영 및 유지·보수: 사용자가 프로그램을 직접 운영하고, 운영 시 발생 가능한 문제점을 수정·보완하는 단계이다.

02 SDLC의 유형 ★★★

1. 폭포수 모델(waterfall model) 기출개념

(1) 개념
① '워터폴 모델', '폭포수 모형', '선형순차 모형', '단계적 생명주기'라고도 한다.
② 한번 떨어지면 거슬러 올라갈 수 없는 폭포수와 같이 소프트웨어 개발도 각 단계를 확실히 매듭짓고 다음 단계로 넘어간다는 의미에서 붙여진 명칭이다.
③ 전통적인 시스템 생명주기 모델로 소프트웨어를 개발할 때 가장 널리 사용된다.

(2) 개발 단계
① 계획(planning) 단계
    ㉠ 문제를 정의한 후 프로젝트 영역을 결정한다.
    ㉡ 작업 분할 구조도(WBS; Work Breakdown Structure)를 통해 세부 작업을 결정한다.
    ㉢ CPM(Critical Path Method)을 이용하여 작업 순서를 결정한다.
    ㉣ 간트 차트(Gantt chart)를 이용하여 일정표를 작성한다.
    ㉤ 기능점수(FP; Function Point)를 이용하여 프로젝트에 소요되는 비용을 산정한다.
    ㉥ 계획 단계의 최종 산출물인 '개발 계획서'를 작성한다.
② 요구분석(requirement analysis) 단계 ★★
    ㉠ 기존 시스템을 분석하고, 인터뷰 등을 통해 사용자의 요구사항을 수집한다.
    ㉡ 사용자가 요구하는 기능적 요구사항과 비기능적 요구사항을 파악한다.
    ㉢ 각 방법론에 따른 표기법을 이용하여 정리된 요구사항을 표현한다.
    ㉣ 객체 지향 방법론에서는 유스케이스 다이어그램을 작성한다.
    ㉤ 요구분석 단계의 최종 산출물인 '요구분석 명세서'를 작성한다.
③ 설계(design) 단계
    ㉠ 크게 전체적인 시스템 구성을 나타내는 '상위 설계(아키텍처 설계)'와 각 모듈 (컴포넌트, 자료 구조, 알고리즘)의 세부 내용을 설계하는 '하위 설계'로 나뉜다.
    ㉡ 상위 설계: 개발하려는 소프트웨어의 전체 구조를 볼 수 있는 아키텍처를 설계한다.
    ㉢ 하위 설계: 모듈 간의 결합도와 모듈 내의 응집력을 고려하여 각 모듈의 세부 내용을 설계한다.

📖 **개념 Plus**

아키텍처 설계(architecture design)
컴퓨터 시스템의 개발을 위한 모체를 마련하기 위하여 하드웨어 및 소프트웨어의 구성요소와 그들 사이의 인터페이스를 정의하는 과정이다.

④ 구현(implementation) 단계
  ㉠ 코딩을 하는 단계이다.
  ㉡ 코딩을 할 때에는 되도록 표준 코딩스타일을 지키는 것이 좋다.
⑤ 테스트(test) 단계: 개발자 또는 사용자의 시각, 사용되는 목적, 프로그램의 실행 요구 여부, 품질 특성, 소프트웨어 개발 단계에 따라 분류하여 테스트한다.
⑥ 유지·보수(maintenance) 단계
  ㉠ 사용 중인 소프트웨어를 문제없이 잘 유지하고, 문제가 있는 곳은 보수하면서 사용하는 단계이다.
  ㉡ 수정(correction) 유지·보수, 적응(adaption) 유지·보수, 기능 보강(enhancement) 유지·보수, 예방(prevention) 유지·보수가 있다.

2. 프로토타입 모델(원형 모델, prototype model) 기출개념

(1) 개념
① 프로토타입(prototype): '원래의 형태', '전형적인 예', '기초', '표준'이라는 뜻을 지닌 개념이다.
② 대량생산에 앞서 미리 제작해보는 원형 또는 시제품으로, 제작물의 모형이라 할 수 있다.
③ 소프트웨어 개발에서는 정식 절차에 따라 완전한 소프트웨어를 만들기 전에 사용자의 요구를 반영해 임시로 모형을 만들고, 해당 모형을 사용자와 의사소통하는 도구로 활용한다.
④ 폭포수 모델의 단점을 보완하여 점진적으로 시스템을 개발해 나가는 모델이다.

(2) 프로토타이핑(prototyping)
① 개발 초기에 시스템 모형을 간단히 만들어 사용자에게 보여주고 사용자가 기기나 시스템을 직접 사용해보게 한 다음, 기능의 추가·변경·삭제 등을 요구하면 이를 즉각 반영하여 정보시스템 설계를 다시 진행하고, 프로토타입을 재구축하는 과정을 사용자가 만족할 때까지 반복해 나가면서 시스템을 개선하는 방식을 말한다.
② 개발자와 사용자 간의 의사소통 채널 역할을 하며, 개발자와 사용자 간 상호 이해와 지식 교환을 위한 작업이라는 점에서 의의가 있다.

(3) 프로토타이핑의 과정 기출개념
① 1단계
  ㉠ 사용자의 기본적인 요구사항을 분석한다.
  ㉡ 시스템 설계자는 기본 요구사항이 도출될 때까지 사용자와 함께 작업한다.
② 2단계
  ㉠ 시스템 설계자가 위의 단계에서 도출된 요구사항을 만족시키는 프로토타입을 프로그래밍 언어 또는 알고리즘 도구를 이용하여 개발한다.
  ㉡ 프로토타입은 앞으로 개발될 시스템의 가장 핵심적인 기능 위주로 개발된다.
③ 3단계
  ㉠ 사용자가 개발된 프로토타입을 실제로 사용함으로써 요구사항이 잘 이행되고 있는지를 확인한다.

ⓛ 이 과정에서 프로토타입 보완을 위한 여러 가지 제안을 하게 된다.
④ 4단계
　㉠ 프로토타입의 수정 및 보완이 이루어진다.
　㉡ 시스템 설계자는 사용자가 요구한 모든 제안사항에 대한 보완작업을 진행한다.
　㉢ 프로토타입이 수정된 후에는 3단계로 돌아간다.
　㉣ 사용자가 만족할 때까지 3단계와 4단계는 계속 반복된다.
⑤ 5단계: 가장 중요한 평가가 시행되며, 평가 결과는 사용자와 개발자가 함께 개발될 소프트웨어에 대한 요구사항을 정제하는 데 중요한 정보로 활용된다.

3. 나선형 모델(spiral model)

(1) 개념
① 폭포수 모델과 프로토타입 모델의 장점에 '위험 분석'을 추가한 반복적인(iterative) 개발 모델이다.
② 점진적으로 프로토타입을 발전시켜 나가면서 완벽한 시스템으로 개발하는 방식이기 때문에 진화적 프로토타입 모델의 한 형태로 볼 수 있다.
③ 고비용·대규모 시스템 개발에 적합하다.
④ 나선형 모델의 위험 요소
　㉠ 빈번하게 변경되는 요구사항
　㉡ 팀원들의 경험 부족
　㉢ 결속력이 떨어지는 팀워크
　㉣ 프로젝트 관리의 부재
⑤ 사용자가 만족할 때까지 지속적으로 반복하며, 더이상 추가·수정 요구사항이 없을 때 최종 제품을 만든다.

(2) 개발 절차
① 계획 및 요구사항 분석(planning and requirement analysis) 단계
　㉠ 사용자의 개발 의도를 파악하여 해당 프로젝트의 목표를 명확하게 하고, 여러 제약 조건의 대안을 고려한 계획을 수립한다.
　㉡ 사용자의 요구를 통해 파악한 기능적 요구사항과 성능과 같은 비기능적 요구사항을 정의 및 분석한다.
② 위험 분석(risk analysis) 단계
　㉠ 프로젝트 수행에 방해되는 위험 요소를 찾아 목록을 작성하고 위험에 대한 예방 대책을 논의한다.
　㉡ 위험 요소를 평가하여 개발에 얼마나 영향을 주는지 또는 대안은 없는지 등을 분석하며, 심각한 위험이 존재하는 경우에는 해당 프로젝트를 계속 진행해도 되는지를 결정한다.
③ 개발(engineering) 단계: 프로토타입을 만드는 단계로, 다른 소프트웨어 개발 프로세스의 '설계'와 '구현'에 해당된다.
④ 사용자 평가(users evaluation) 단계: 진화적 프로토타입 모델에서 매우 핵심적이고 중요한 단계이다. 개발이 반복적으로 이루어지는 이유는 사용자 평가 단계가 존재하기 때문이다.

기출개념확인

01 다음 중 SDLC를 정의·개발·지원 단계로 구분할 때 정의 단계에 해당하는 것은?

① 계획　　　　　　② 분석
③ 설계　　　　　　④ 시험

02 다음 SDLC 유형 중 요구사항이 비교적 명확히 정의되어 있는 경우 적용 가능한 모델은?

① 점진적 모델　　　② 나선형 모델
③ 프로토타이핑　　④ 폭포수 모델

정답·해설

01 ① 정의 단계는 계획 수립 절차가 포함되며 사용자의 요구사항을 정의하는 단계이다.
02 ④ 폭포수 모델은 기존에 진행된 유사 사례가 많고, 자원이 한정적일 때 사용되는 방법이다.

제3절 시스템개발 신개념

01 정보시스템 개발 패러다임의 변화

1. 시스템 개발 패러다임 개요
① 과거의 정보시스템은 기업 내부 데이터를 관리하고 업무 절차를 정형화하는 '기록 시스템(System of Records)'의 역할이 강했다. 회사의 재무 정보나 인사 기록을 정확하게 저장하고 관리하는 시스템이 여기에 해당한다. 이 시대의 시스템 개발은 안정성과 정확성이 최우선 가치였다.
② 인터넷과 모바일 기술이 발전하면서, 정보시스템은 고객과 직접 소통하고 실시간으로 상호작용하는 '참여 시스템(System of Engagement)'으로 진화했다. 소셜 미디어, 전자상거래 플랫폼처럼 고객의 반응에 따라 끊임없이 변화하고 새로운 가치를 만들어내는 시스템이 중요해진 것이다.
③ 예측이 어렵고 변화가 잦은 시장 환경에 민첩하게 대응하기 위해, 과거의 방식과는 다른 새로운 개발 패러다임이 필요해졌다.

2. 전통적 개발 방법론: 폭포수 모델
① 폭포수 모델(Waterfall Model)은 가장 대표적인 전통적 개발 방법론이다. 폭포수가 한 방향으로만 떨어지듯, 개발 과정을 여러 단계로 나누어 순차적으로 진행하는 것이 핵심이다.
② 주요 단계
　㉠ 요구분석: 시스템이 어떤 기능을 해야 하는지 모든 요구사항을 정의한다.
　㉡ 설계: 요구사항을 바탕으로 시스템의 구조와 세부 사양을 설계한다.
　㉢ 구현: 설계도에 따라 실제 코드를 작성하여 프로그램을 만든다.
　㉣ 테스트: 구현된 시스템이 요구사항대로 정확히 작동하는지 검증한다.
　㉤ 배포 및 유지보수: 완성된 시스템을 사용자에게 전달하고, 이후 발생하는 문제를 수정하고 관리한다.
③ 이 모델은 각 단계가 끝나면 보고서나 설계도 같은 문서를 통해 결과물을 명확히 하고, 프로젝트 시작 전에 전체 범위를 확정하는 초기 계획을 매우 중요하게 생각한다. 집을 짓기 전에 완벽한 설계도를 완성해야만 다음 단계로 넘어갈 수 있는 것과 같다.

3. 전통적 방법론의 한계

폭포수 모델은 요구사항이 명확하고 변하지 않는 경우에 효과적이지만, 오늘날의 소프트웨어 개발 환경에서는 여러 한계를 보인다.

① 변화 대응의 어려움

개발이 한참 진행된 후에 고객의 요구사항이 바뀌면, 이전 단계로 돌아가 설계부터 다시 변경해야 한다. 이는 짓고 있던 건물의 구조를 바꾸는 것처럼 엄청난 비용과 시간의 증가를 초래한다.

② 느린 결과물 확인

고객은 모든 개발이 끝나는 프로젝트 막바지에 가서야 완성된 결과물을 볼 수 있다. 만약 결과물이 고객의 기대와 다를 경우, 이를 바로잡기 매우 어렵고 고객 만족도가 떨어질 수밖에 없다.

③ 높은 실패 위험

프로젝트 초기에 미래의 모든 상황을 예측하여 완벽한 요구사항을 정의하는 것은 사실상 불가능하다. 만약 초기의 요구사항 분석이 불완전했다면, 그 문제는 프로젝트의 마지막 단계에서야 발견되어 프로젝트 전체의 실패로 이어질 위험이 크다.

02 애자일 방법론 ★★★

1. 애자일의 등장 배경과 철학

① '기민한, 민첩한'이라는 뜻의 애자일(Agile)은 폭포수 모델의 한계를 극복하기 위해 등장한 새로운 개발 철학이다.

② 애자일의 핵심은 반복적·점진적 개발이다. 즉, 전체 시스템을 한 번에 완성하는 것이 아니라, 1~4주 정도의 짧은 개발 주기를 반복하면서 실제 작동하는 작은 기능들을 계속해서 만들어 나간다.

③ 완벽한 초기 계획을 고집하기보다, 매 주기마다 고객의 피드백을 받아 방향을 수정하고 지속적으로 개선하는 것을 더 중요하게 생각한다. 이는 안갯속을 항해하는 배가 완벽한 항해 지도를 믿기보다, 가까운 등대를 보며 계속해서 경로를 수정해 나가는 것과 같다.

2. 애자일 선언문의 4대 핵심 가치

① **개인과 상호작용** > 프로세스와 도구: 훌륭한 도구나 정해진 절차보다, 팀원 간의 원활한 소통과 협력이 더 중요하다.

② **작동하는 소프트웨어** > 포괄적인 문서: 수백 페이지의 보고서보다, 고객이 직접 사용해 볼 수 있는 실제 작동하는 제품이 더 가치 있다.

③ **고객과의 협력** > 계약 협상: 고객과 엄격한 계약 조건을 따지기보다, 프로젝트 전 과정에서 긴밀하게 협력하며 함께 최고의 제품을 만들어나간다.

④ 변화에 대응 > 계획 준수: 초기에 세운 계획을 맹목적으로 따르기보다, 시장과 고객의 변화를 긍정적으로 수용하고 유연하게 대응하는 것이 중요하다.

3. 폭포수와 애자일 비교

구분	폭포수 모델(Waterfall)	애자일 모델(Agile)
접근 방식	순차적, 선형적(한 방향 진행)	반복적, 점진적(짧은 주기 반복)
계획	프로젝트 초기에 전체 계획 수립	반복 주기(스프린트)별로 계획 수정 및 조정
요구사항	초기 단계에 고정, 변경 어려움	개발 과정에서 지속적으로 반영 및 변경
고객 참여	주로 초기와 최종 단계에만 참여	프로젝트 전 과정에 걸쳐 지속적으로 참여
산출물	프로젝트 종료 시점에 한 번에 완성	매 반복 주기마다 작동하는 부분 기능 완성
핵심 가치	계획 준수, 예측 가능성	변화 대응, 고객 만족

4. 주요 애자일 프레임워크

애자일 철학을 실제로 구현하는 구체적인 방법들을 프레임워크라고 한다.
① 스크럼(Scrum): 정해진 팀 역할(제품 책임자, 스크럼 마스터, 개발팀)과 행사(스프린트 계획, 일일 스크럼, 스프린트 리뷰, 회고)를 중심으로 짧은 주기의 개발을 반복한다. 목표 지향적인 협업을 통해 복잡한 문제를 해결하는 데 효과적이다.
② 칸반(Kanban): '해야 할 일', '진행 중인 일', '완료된 일'처럼 작업 단계를 시각화한 보드를 사용한다. '진행 중인 일(WIP)'의 개수를 제한하여 병목 현상을 막고, 작업 흐름을 원활하게 만드는 데 중점을 둔다.
③ XP(eXtreme Programming): 소프트웨어의 품질과 개발 생산성을 높이기 위한 기술적인 실천법을 강조한다. 두 명의 개발자가 함께 코드를 짜는 '짝 프로그래밍', 코드를 짜기 전에 테스트부터 만드는 '테스트 주도 개발(TDD)' 등이 대표적이다.

5. 애자일 도입 장점

① 빠른 시장 출시: 핵심 기능부터 빠르게 만들어 시장에 선보일 수 있다.
② 고객 만족도 향상: 고객의 요구를 지속적으로 반영하므로 만족도가 높다.
③ 품질 향상: 잦은 테스트와 피드백으로 제품의 품질이 높아진다.
④ 팀 동기 부여: 팀원들에게 자율성이 주어져 주인의식을 갖고 일하게 된다.

6. 애자일 도입 시 고려사항

① 조직 문화 변화: 상명하복의 수직적인 문화가 아닌, 수평적이고 개방적인 소통 문화가 필요하다.

② **경영진의 지원**: 단기 성과에 집착하기보다, 팀을 믿고 권한을 위임하는 경영진의 이해와 지지가 필수적이다.
③ **고객의 적극적 참여**: 고객 또한 프로젝트의 일원으로서 피드백 제공에 적극적으로 참여해야 한다.
④ **숙련된 팀 구성**: 스스로 문제를 해결하고 협업할 수 있는 역량 있는 팀원들이 필요하다.

03 최신 개발 동향과 클라우드 컴퓨팅

1. 데브옵스(DevOps) 개념 ★★

① 데브옵스(DevOps)는 개발(Development)과 운영(Operations)을 결합한 말로, 소프트웨어 개발부터 배포, 운영까지의 전 과정을 통합하고 자동화하여 더 빠르고 안정적으로 서비스를 제공하려는 문화이자 방법론이다.
② 애자일이 '제품을 빠르게 만드는 것'에 집중한다면, 데브옵스는 '만든 제품을 사용자에게 빠르고 안정적으로 전달하는 것'까지 책임진다. 이를 위해 CI/CD(지속적 통합과 지속적 배포)라는 자동화된 파이프라인을 구축하여, 개발자가 코드를 수정하면 자동으로 테스트와 배포가 이루어지도록 한다. 즉, 애자일의 가치를 실현시켜주는 강력한 엔진 역할을 한다.

2. 서비스형 소프트웨어(SaaS)

① SaaS(Software as a Service)는 과거처럼 소프트웨어를 CD로 구매하여 PC에 설치하는 것이 아니라, 인터넷을 통해 구독료를 내고 빌려 쓰는 서비스 모델이다. 우리가 흔히 사용하는 Google Workspace(G-Mail, 구글 드라이브 등)나 Salesforce 같은 서비스가 대표적인 예이다.
② SaaS 기업들은 수많은 고객에게 항상 최신 버전의 서비스를 제공해야 하므로, 새로운 기능을 추가하거나 버그를 수정하는 업데이트를 매우 빠르고 빈번하게 해야 한다. 이를 위해 고객 피드백을 반영하며 짧은 주기로 개발하는 애자일 방식과, 개발 결과를 즉시 자동으로 배포하는 데브옵스 문화가 필수적이다.

3. 마이크로서비스 아키텍처(MSA) ★★

① 과거의 시스템은 모든 기능이 하나의 거대한 덩어리로 뭉쳐있는 '모놀리식(Monolithic) 아키텍처'로 만들어졌다. 이는 하나의 작은 기능을 수정해도 시스템 전체를 새로 테스트하고 배포해야 하는 불편함이 있었다.
② 마이크로서비스 아키텍처(Microservices Architecture, MSA)는 이러한 문제를 해결하기 위해, 하나의 큰 시스템을 독립적인 기능을 수행하는 작은 서비스들의 조합으로 분리하여 개발하는 방식이다. 예를 들어, 온라인 쇼핑몰을 '회원 관리 서비스', '상품 조회 서비스', '주문 처리 서비스', '결제 서비스' 등으로 잘게 나누는 것이다.

③ 이렇게 하면 각 서비스는 독립적으로 개발, 수정, 배포가 가능해져 애자일 방식의 빠른 개발에 매우 적합하다. 또한, 특정 서비스에 문제가 생겨도 다른 서비스에 영향을 주지 않아 안정성이 높고, 각 서비스를 담당하는 작은 팀들이 자율적으로 일하는 애자일 조직 구조와도 잘 맞는다.

기출개념확인

01 다음에서 설명하는 애자일 프레임워크는 무엇인가?

> 정해진 팀 역할(제품 책임자, 스크럼 마스터, 개발팀)과 행사(스프린트 계획, 일일 스크럼 등)를 중심으로, 1~4주의 짧은 개발 주기를 반복하여 복잡한 문제를 해결하는 데 중점을 둔다.

① 칸반(Kanban)
② 스크럼(Scrum)
③ XP(eXtreme Programming)
④ 데브옵스(DevOps)

02 애자일 선언문이 제시하는 핵심 가치로 옳지 않은 것은?

① 프로세스와 도구보다 개인과 상호작용을 중시한다.
② 포괄적인 문서보다 작동하는 소프트웨어를 중시한다.
③ 고객과의 협력보다 상세한 계약 협상을 중시한다.
④ 계획 준수보다 변화에 대한 대응을 중시한다.

정답·해설

01 ② 정해진 역할(Role), 행사(Event), 산출물(Artifact)을 바탕으로 짧은 주기(스프린트)를 반복하는 것은 스크럼(Scrum) 프레임워크의 핵심적인 특징이다. 칸반은 작업 흐름의 시각화, XP는 기술적 실천법, 데브옵스는 개발과 운영의 통합 문화라는 점에서 차이가 있다.

02 ③ 애자일 선언문의 핵심 가치 중 하나는 '계약 협상보다 고객과의 협력'을 더 중요하게 여기는 것이다. 고객과 긴밀하게 협력하며 함께 가치 있는 제품을 만들어가는 것을 강조한다.

제3장 | 실전연습문제

* 기출유형 은 해당 문제가 실제 시험에 출제된 유형임을 나타냅니다.

01 정보시스템 확보 방식에 대한 설명으로 가장 적절하지 않은 것은?

① 구독(SaaS) 방식은 초기 자본 지출(CapEx)이 적고 월별 운영 비용(OpEx)으로 처리되어 자본이 부족한 스타트업에 유리하다.
② 구매(COTS) 방식은 기업 내부 서버에 직접 설치하여 데이터 통제권을 확보할 수 있고, 일반적으로 구독 방식보다 높은 수준의 커스터마이징이 가능하다.
③ 개발 방식은 기업 고유의 비즈니스 프로세스를 완벽하게 반영하여 경쟁사가 모방하기 어려운 전략적 경쟁 우위를 확보하는 것을 목표로 한다.
④ 모든 정보시스템은 장기적 관점에서 볼 때, 구독하는 것보다 구매 후 영구적으로 소유하는 것이 총 소유 비용(TCO) 측면에서 항상 유리하다.

기출유형

02 클라우드 기반의 SaaS(서비스형 소프트웨어)를 구독하여 정보시스템을 도입할 때의 장점으로 보기 어려운 것은?

① 신속한 도입과 사용
② 유연한 확장성
③ 자동 업데이트 및 유지보수
④ 기업 고유 프로세스에 맞춘 완벽한 커스터마이징

기출유형

03 상용 기성 소프트웨어(COTS)를 구매하여 도입할 때, 성공적인 프로젝트를 위해 가장 우선적으로 수행해야 할 활동은?

① 서비스 수준 협약(SLA) 검토
② 갭 분석(Gap Analysis)
③ 출구 전략(Exit Strategy) 수립
④ 애자일(Agile) 개발 방법론 적용

04 다음 중 정보시스템을 '자체 개발' 방식으로 구축할 때 얻을 수 있는 가장 큰 장점은?

① 검증된 기능으로 인한 프로젝트 실패 위험 감소
② 낮은 초기 투자 비용
③ 신속한 시스템 도입
④ 경쟁 우위 확보

기출유형

05 소프트웨어의 개발부터 폐기까지 전 과정을 체계화한 모델을 의미하는 용어는?

① API(Application Programming Interface)
② SDLC(System Development Life Cycle)
③ TCO(Total Cost of Ownership)
④ SLA(Service Level Agreement)

06 시스템 개발 수명주기(SDLC)의 단계 중, 사용자의 요구사항을 파악하고 시스템이 갖추어야 할 기능을 정의하며 타당성을 검토하는 단계는?

① 정의 단계
② 구축 단계
③ 이행 단계
④ 운영 단계

07 전통적인 시스템 개발 방법론으로, 각 단계를 확실히 매듭짓고 다음 단계로 넘어가는 순차적인 접근 방식을 취하는 모델은?

① 나선형 모델
② 프로토타입 모델
③ 폭포수 모델
④ 애자일 모델

08 폭포수 모델에 대한 설명으로 옳지 <u>않은</u> 것은?

① 개발 과정 중 사용자의 요구사항 변경에 유연하게 대처하기 용이하다.
② 한번 다음 단계로 넘어가면 이전 단계로 돌아가기 어렵다.
③ 요구사항이 명확하고 변하지 않는 프로젝트에 효과적이다.
④ 각 단계별 결과물이 명확하게 문서화되는 특징이 있다.

09 사용자의 요구사항이 불명확할 때, 시스템의 주요 기능을 시제품(모형)으로 만들어 사용자에게 직접 사용하게 한 후 피드백을 받아 시스템을 개선해 나가는 개발 모델은?

① 폭포수 모델
② V 모델
③ 프로토타입 모델
④ 정보공학 모델

10 프로토타입 모델의 가장 큰 장점은?

① 개발자와 사용자 간의 원활한 의사소통
② 프로젝트 관리의 용이성
③ 문서화의 충실성
④ 대규모 시스템 개발의 안정성

11 폭포수 모델과 프로토타입 모델의 장점을 결합하고, 여기에 '위험 분석' 단계를 추가하여 대규모 시스템 개발에 적합하도록 만든 모델은?

① 애자일 모델
② 나선형 모델
③ RAD 모델
④ XP 모델

12 나선형 모델의 개발 절차에 포함되지 <u>않는</u> 것은?
① 계획 및 요구 분석
② 위험 분석
③ 개발
④ 동시 병행 처리

13 시스템 개발이 완료된 후, 기존 시스템에서 새로운 시스템으로 전환하는 유형에 해당하지 <u>않는</u> 것은?
① 직접 전환
② 병행 전환
③ 순환 전환
④ 단계적 전환

14 시스템 운영 및 유지보수 활동의 유형 중, 법률이나 제도 변경, 하드웨어 교체 등 외부 환경 변화에 대응하기 위해 시스템을 수정하는 활동은?
① 수정(Corrective) 유지보수
② 적응(Adaptive) 유지보수
③ 기능 보강(Enhancement) 유지보수
④ 예방(Preventive) 유지보수

15 [기출유형] 폭포수 모델과 같은 전통적 개발 방법론의 한계점으로 가장 적절한 것은?
① 변화에 대한 대응이 어렵다.
② 프로젝트 초기에 결과물을 확인할 수 있다.
③ 소규모 프로젝트에 적용하기 어렵다.
④ 사용자와의 의사소통이 너무 빈번하다.

16 SDLC의 '정의' 단계를 4가지 절차로 구성할 때, 이에 해당하지 <u>않는</u> 것은?
① 예비 분석
② 타당성 조사
③ 프로그래밍
④ 시스템 설계

17 [기출유형] 폭포수 모델의 개발 단계 순서가 올바르게 나열된 것은?
① 계획 → 설계 → 요구 분석 → 구현 → 테스트
② 요구 분석 → 계획 → 설계 → 구현 → 테스트
③ 계획 → 요구 분석 → 설계 → 구현 → 테스트
④ 요구 분석 → 설계 → 계획 → 구현 → 테스트

기출유형

18 정보시스템 개발을 위한 '요구 분석' 단계에서 수행하는 활동으로 보기 어려운 것은?

① 사용자와의 인터뷰를 통해 요구사항 수집
② 모듈 간의 결합도와 응집력을 고려한 설계
③ 기능적 요구사항과 비기능적 요구사항 파악
④ 요구분석 명세서 작성

기출유형

19 다음 중 '구독' 방식으로 정보시스템을 도입할 때 반드시 고려해야 할 '서비스 수준 협약'의 영문 약어는?

① TCO
② API
③ SDLC
④ SLA

20 기업의 고유한 요구사항을 반영하고 경쟁 우위를 확보하기 위해 정보시스템을 직접 '개발'하기로 결정했다. 성공적인 프로젝트를 위해 가장 중요하게 고려해야 할 사항은?

① 공급업체의 안정성 평가
② 명확한 목표 및 범위(Scope) 설정
③ 서비스 가동률 보장 약관 확인
④ 연간 유지보수 비용 산출

제3장 | 정답·해설

01	02	03	04	05
④	④	②	④	②
06	07	08	09	10
①	③	①	③	①
11	12	13	14	15
②	④	③	②	①
16	17	18	19	20
③	③	②	④	②

01 ④

정보시스템의 총 소유 비용(TCO)은 시스템 특성, 사용 기간, 규모 등에 따라 달라진다. 장기적으로 사용하더라도 구독 방식이 더 저렴할 수 있으며, 구매 방식이 항상 유리하다고 단정할 수 없다.

02 ④

SaaS 구독 모델은 모든 사용자가 동일한 소프트웨어를 사용하는 것을 전제로 하므로, 기업 고유의 독특한 업무 프로세스에 맞춰 기능을 수정하거나 개발하는 '커스터마이징'에 한계가 있다.

03 ②

상용 기성 소프트웨어(COTS) 구매 시 가장 우선적으로 수행할 활동은 '갭 분석(Gap Analysis)'이다. 이는 소프트웨어의 표준 기능과 기업이 필요로 하는 기능 간의 차이를 분석하여 커스터마이징 또는 프로세스 변경에 대한 계획을 수립하는 과정이다.

04 ④

자체 개발 방식은 기업의 핵심 비즈니스 로직과 노하우를 시스템에 반영하여, 경쟁사가 쉽게 모방할 수 없는 차별화된 서비스를 통해 강력한 경쟁 우위를 확보할 수 있다.

05 ②

SDLC(System Development Life Cycle)는 소프트웨어의 개발부터 폐기까지 전 과정을 하나의 생명주기로 정의하고 단계별 공정을 체계화한 모델을 의미한다.

06 ①

'정의 단계'에서는 시스템이 갖추어야 할 기능을 파악하고(계획), 사용자의 요구사항을 정의하며(분석), 비즈니스 및 기술적 타당성을 검토한다.

07 ③

폭포수 모델(Waterfall Model)은 폭포수가 거슬러 올라갈 수 없듯이, 개발 단계를 순차적으로 진행하며 한 단계가 완전히 끝나야 다음 단계로 넘어가는 전통적인 개발 방법론이다.

08 ①

폭포수 모델의 가장 큰 단점은 개발 과정 중 요구사항이 변경되었을 때 이전 단계로 돌아가기 어려워 유연한 대처가 불가능하다는 점이다.

09 ③

프로토타입 모델은 사용자의 요구가 불명확할 때 시제품을 만들어 사용자로부터 피드백을 받아 요구사항을 명확히 하고 시스템을 개선해 나가는 개발 방식이다.

10 ①

프로토타입 모델은 개발 초기부터 사용자가 실제 동작하는 모형을 보며 의견을 제시할 수 있으므로, 개발자와 사용자 간의 오해를 줄이고 원활한 의사소통을 가능하게 한다.

11 ②

나선형 모델(Spiral Model)은 폭포수 모델의 순차성과 프로토타입 모델의 반복적인 특징을 결합하고, 매 단계마다 '위험 분석'을 수행하여 프로젝트의 불확실성을 관리하는 데 중점을 둔다.

12 ④

나선형 모델의 개발 절차는 '계획 및 요구 분석 → 위험 분석 → 개발 → 사용자 평가'의 과정을 나선형으로 반복하며 시스템을 완성해 나간다. '동시 병행 처리'는 해당 모델의 절차에 포함되지 않는다.

13 ③

시스템 전환 유형에는 기존 시스템을 즉시 중단하고 새 시스템으로 바꾸는 '직접 전환', 두 시스템을 함께 운영하는 '병행 전환', 특정 단위부터 점진적으로 전환하는 '단계적 전환' 등이 있다. '순환 전환'은 일반적인 전환 유형이 아니다.

14 ②

'적응(Adaptive) 유지보수'는 법, 제도, 정책 등 외부 경영 환경의 변화나 새로운 하드웨어 및 운영체제 도입에 따라 소프트웨어를 수정하는 활동을 의미한다.

15 ①

폭포수 모델은 프로젝트 초기에 모든 요구사항을 확정하고 순차적으로 개발을 진행하므로, 개발 도중에 발생하는 비즈니스 환경이나 사용자 요구사항의 변화에 대응하기 어렵다.

16 ③

SDLC의 '정의 단계'는 예비 분석, 타당성 조사, 정보 분석, 시스템 설계 등으로 구성된다. '프로그래밍'은 '구축 단계'에 해당한다.

17 ③

폭포수 모델은 '계획 → 요구 분석 → 설계 → 구현 → 테스트 → 유지보수'의 순서로 진행되는 선형 순차 모델이다.

18 ②

모듈 간의 결합도와 응집력을 고려하는 것은 시스템의 전체적인 구조를 잡는 '설계' 단계에서 수행하는 활동이다. '요구 분석' 단계는 사용자의 요구를 파악하고 명세화하는 데 집중한다.

19 ④

SLA(Service Level Agreement, 서비스 수준 협약)는 서비스 제공업체와 사용자 간에 서비스의 가용성, 성능, 장애 시 보상 정책 등을 명시한 계약이다.

20 ②

자체 개발 프로젝트는 실패 위험이 매우 높기 때문에, 프로젝트를 통해 무엇을 얻고자 하는지(목표), 무엇을 개발하고 무엇은 개발하지 않을지(범위)를 초기에 명확히 설정하는 것이 프로젝트 성공의 가장 중요한 요소이다.

무료 학습자료 제공 · 독학사 단기합격 **해커스독학사**
haksa2080.com

전문가가 분석한 출제경향 및 학습전략

'데이터베이스' 장에서는 각 절의 핵심 개념과 기술이 등장한 배경을 정확히 이해하는 것이 중요하다. 파일 처리 방식의 문제점과 이를 해결하는 DBMS의 장점은 반드시 연결해서 학습해야 한다. 또한, 데이터웨어하우스와 데이터마트의 차이점, 빅데이터의 3V와 같은 특징, 데이터마이닝의 여러 기법(분류, 군집, 연관분석 등)을 실제 사례와 함께 구분하는 문제가 자주 출제된다.

제4장 | 핵심 키워드 Top 10
핵심 키워드 Top 10은 본문에도 동일하게 ★로 표시하였습니다.

01	DBMS(데이터베이스 관리시스템) ★★★	p.103
02	데이터 종속성 & 중복성 ★★	p.100
03	관계형 데이터베이스(RDB) ★★★	p.106
04	SQL(Structured Query Language) ★	p.107
05	데이터웨어하우스(DW) ★★★	p.109
06	데이터마트(Data Mart) ★★	p.111
07	빅데이터(3V: Volume, Velocity, Variety) ★★★	p.114
08	데이터마이닝(Data Mining) ★★	p.116
09	분류(Classification) vs. 클러스터링(Clustering) ★★★	p.117, p.118
10	연관분석(Association Analysis) ★★	p.116

제4장

데이터베이스

제1절 파일처리의 개념
제2절 데이터베이스 관리시스템
제3절 데이터웨어하우스 및 데이터마트
제4절 비즈니스인텔리전스

제1절 파일처리의 개념

01 자료의 표현

1. 비트(bit)
① 컴퓨터에서 자료를 표시(표현)할 때 사용하는 최소 단위이다.
② 이진법을 사용하기 때문에 1비트로 표현할 수 있는 수는 0과 1이다.

2. 바이트(byte)
① 문자를 표현하는 최소 단위이자 컴퓨터가 처리하는 정보의 기본 단계이다.
② 비트 8개를 묶어 1바이트를 구성한다(1바이트 = 8비트).
③ 한 바이트로 나타낼 수 있는 정보는 0~255까지 총 256개이며, 보통 로마글자 한 글자에 대응되고 숫자와 특수 문자를 표현하기 위해서도 사용된다.

3. 워드(word)
① 컴퓨터 내부에서 취급되는 정보 단위이다.
② 컴퓨터가 한 번에 처리할 수 있는 데이터 단위이다.
③ 1워드의 크기는 각각의 컴퓨터에 정해져 있으며, 8비트, 16비트, 32비트 등 여러 가지 길이가 있다(32비트 CPU의 1워드 = 32비트).

4. 필드(field)
파일을 구성하는 기억 영역의 최소 단위로 특정한 한 종류의 데이터를 포함한다.
예 학생 파일을 예로 들 때 학번, 학과명, 전공, 이름 등이 각각 하나의 필드로 취급된다.

5. 레코드(record)
파일을 액세스할 때 실제로 읽고 쓰는 단위로서 사용되는 데이터 단위이다.

6. 파일(file)
① 하나의 목적을 갖춘 기록의 집합이다.
② 한 단위로서 처리되는 상호 관련이 있는 레코드의 집합을 가리킨다.
③ 데이터가 기록되어 있는 파일의 기록 매체(rocording media) 자체를 가리키는 경우도 있다.
④ 파일은 사용 목적에 따라서 분류할 수 있다.

02 파일처리의 개념 ★★

1. 파일처리(file processing)
① 대량의 기록을 여러 가지로 처리하는 작업을 말한다.
② 파일의 생성·비교·수집·순서·배열·합병 등을 포함한 파일에 관한 모든 작업이다.
③ 대량의 데이터를 컴퓨터로 기록한 후, 그것을 관리하고 필요한 데이터를 검색하여 필요한 형식으로 출력하는 작업이다.

2. 파일 시스템(파일체계, file system)
① 컴퓨터에서 파일이나 자료 등을 쉽게 발견 및 접근할 수 있도록 보관·조직하는 체제이다.
② 각각의 응용 프로그램이 독립적으로 자료를 파일 형태로 배치·관리하는 전통적인 데이터 처리시스템이다. 응용 프로그램마다 별도로 독립된 파일을 가지기 때문에 자료가 중복될 수 있다.
③ 데이터 파일과 응용 프로그램이 일대일로 대응되기 때문에 상호 간의 의존성이 높다.

03 파일의 구성 ★

1. 파일 구성의 필요성
① 데이터 집합을 파일로 구성하는 주된 이유는 주기억장치(main memory)에 전부 적재하기에는 데이터의 양이 너무 많고 크기 때문이다.
② 프로그램은 특정 시간에 데이터 집합의 일부에만 접근한다.
③ 자원 이용의 효율성을 위해 데이터 전부를 주기억장치에 한꺼번에 저장시킬 필요가 없다.
④ 데이터를 특정 프로그램의 수행에 따라 독립적으로 보관시켜 데이터의 독립성을 유지함으로써 여러 응용 프로그램에서 공용하기 쉽다.

2. 파일의 기능별 분류

(1) 마스터 파일(master file)
① 어느 한 시점에서 조직체의 업무에 관한 정적인 면을 나타내는 데이터의 집합이다.
　예 제조기업의 급여 마스터 파일, 고객 마스터 파일, 인사 마스터 파일, 재고 마스터 파일, 자재 요청 마스터 파일 등
② 현재 시점의 정보를 표현하는 파일(레코드의 집합)로 볼 수 있다.
③ 사전과 같은 비교적 영구적인 데이터를 포함하기도 한다.

> **핵심 Check**
> **파일의 기능별 분류**
> 마스터 파일, 트랜잭션 파일, 작업 파일, 프로그램 파일, 보고서 파일, 텍스트 파일 등이 있다.

(2) 트랜잭션 파일(transaction file)
① 마스터 파일의 변경 내용을 모아 둔 파일 또는 마스터 파일을 변경(update)하기 위한 데이터 파일을 말한다.
② 새로운 레코드의 삽입(insert), 기존 레코드의 삭제(delete), 기존 레코드의 내용 수정(modify, replace)이 '변경'에 포함될 수 있다.
③ 트랜잭션
   ㉠ 논리적인 작업 단위를 말한다.
   ㉡ 일련의 조회 및 변경 연산으로 구성된다.
   예 입학 처리 트랜잭션, 이자율 계산 트랜잭션 등
   ㉢ 하나의 건수로 처리되어야 하며 분리될 수 없는 단일 작업이다.

(3) 작업 파일(work file)
① 한 프로그램에서 생성한 출력 데이터를 다른 프로그램의 입력 데이터로 사용하기 위하여 임시로 만든 파일이다.
② '임시 파일(temporary file)'이라고도 하며, 프로그래밍 과정에서 자연스럽게 자주 사용하는 기법이다.

(4) 프로그램 파일(program file)
① 데이터를 처리하기 위한 명령어들을 저장하고 있는 파일이다.
② 고급 언어(C, JAVA 등), 어셈블리어, 데이터베이스 질의어(SQL) 등이 있다.

> **개념 Plus**
> **사용 목적에 따른 파일 분류**
> - 입력 파일(input file): 프로그램의 입력으로 사용되는 파일로, 프로그램이 읽기(read)만 수행하는 파일이다.
> - 출력 파일(output file): 프로그램이 출력에 사용하는 파일로, 프로그램이 쓰기(write)만 수행하는 파일이다.
> - 입·출력 파일(input & output file): 프로그램에서 입력 및 출력의 두 목적으로 사용하는 파일로서 읽기연산, 쓰기연산이 모두 적용되는 파일이다.

04 파일처리 방식의 문제점

1. 데이터의 중복성과 비일관성(data redundancy and inconsistency) ★★
① 응용 프로그램마다 별도의 파일을 유지하기 때문에 같은 내용의 데이터가 여러 파일에 중복 저장될 수 있다.
② 데이터가 중복되면 저장 공간이 낭비되고 데이터를 저장·수정하는 비용도 증가한다.
③ 내용이 변경되었을 때 중복된 데이터를 모두 수정하지 않으면 데이터 불일치로 인해 일관성이 유지되지 못할 수 있다.

2. 데이터 종속성(data dependency) ★★
① 파일 구조가 바뀐다면 응용 프로그램도 함께 수정해야 하는 데이터 종속 문제가 발생한다.
② 데이터에 접근하는 방법이나 저장 구조가 변경되는 경우는 발생할 수밖에 없는 상황이므로, 응용 프로그램을 수정해야 하거나 새로 작성해야 할 때 큰 부담으로 작용한다.

> **핵심 Check**
> **파일처리의 주요 문제점**
> - 데이터 중복성: 같은 내용의 데이터가 여러 파일에 중복 저장된다.
> - 데이터 종속성: 응용 프로그램이 데이터 파일에 종속적이다.

3. 데이터 고립(data isolation)
① 정보가 서로 다른 파일에 서로 다른 형식으로 여기저기 흩어져서 존재한다.
② 흩어진 정보를 이용하기 위해서는 재구성 비용이 발생한다.
③ 흩어진 정보를 재구성할 경우 오랜 시간이 소요될 수 있다.
④ 데이터가 여러 파일에 흩어져 있고, 형식이 서로 다르기 때문에 검색 프로그램을 작성하는 것이 어렵다.

4. 무결성문제(integrity problems)
① 데이터베이스 내에 저장된 데이터 값들은 어떤 형식의 일관성 제약 조건을 만족해야 한다.
② 정확하지 않은 값이나 허용되지 않은 값이 저장되어 있으면 잘못된 처리 결과를 유도하므로 올바른 의사결정이 어려워진다.
③ 새로운 데이터가 입력되거나 기존 데이터가 변경될 때마다 유효성을 검사할 필요가 있는데, 유효성 검사는 데이터 중복이 존재하는 파일 시스템에서는 쉽지 않다.

5. 원자성 문제(atomicity problems)
① 시스템 장애 시 발생하는 문제이다.
② 프로그램이 수행 중인 작업은 전부 완료되어 저장되어야 한다. 만약 완료하지 못할 경우 저장이 이루어져서는 안 된다.
③ 수행 중인 작업이 컴퓨터 고장이나 기타 의도치 않은 이유로 중단될 경우, 작업을 전부 완료하지 못했으므로 저장하지 않고 이전 데이터를 복원한다.

6. 보안
① 중복된 모든 파일의 보안을 같은 수준으로 유지하기 어렵다.
② 일부 내용만 필요하더라도 모든 파일을 전부 제공해야 한다는 점에서 비효율적이다.
③ 사용 권한을 파일 단위로 제한하기 때문에 더욱 구체적이고 다양한 접근 제어를 제공하지 않는다.

기출개념확인

01 다음 중 파일처리 분류 기준이 <u>상이한</u> 것은?
① 마스터 파일　　② 트랜잭션 파일
③ 입력 파일　　④ 작업 파일

02 다음 중 파일처리 방식의 문제점에 해당하지 <u>않는</u> 것은?
① 무결성 문제　　② 원자성 문제
③ 데이터 독립성　　④ 데이터 고립

> **정답·해설**
> **01** ③ 파일을 기능별로 분류하면 마스터 파일(master file), 트랜잭션 파일(transaction file), 작업 파일(work file), 프로그램 파일(program file), 보고서 파일(report file), 텍스트 파일(text file) 등이 있다. 입력 파일(input file)은 사용 목적에 따른 파일 분류이다.
> **02** ③ 파일처리 방식은 파일의 구조가 바뀌면 응용 프로그램도 함께 수정해야 하는 데이터 종속 문제가 존재한다.

제2절 데이터베이스 관리시스템

01 데이터베이스 관리시스템의 구조

1. 데이터베이스 관리시스템(DBMS; DataBase Management System) ★★★ 기출개념
① 파일 시스템의 문제(종속성, 중복성)를 해결하기 위해 제시된 소프트웨어이다.
② 데이터베이스 관리시스템은 데이터베이스를 구축하는 틀을 제공하고, 효율적으로 데이터를 검색·저장하는 기능을 제공한다.
③ 조직에 필요한 데이터를 데이터베이스에 통합하여 저장·관리한다.
④ 응용 프로그램들이 데이터베이스에 접근할 수 있는 인터페이스를 제공하고, 장애에 대한 복구 기능, 사용자 권한에 따른 보안성 유지 기능 등을 제공한다.
⑤ 대표적인 데이터베이스 관리시스템: 오라클, 인포믹스, 액세스 등이 있다.

2. DBMS의 주요 기능
① 정의 기능: 데이터베이스 구조를 정의하거나 수정할 수 있다.
② 조작 기능: 데이터를 삽입·삭제·수정·검색하는 연산을 수행할 수 있다.
③ 제어 기능: 데이터를 항상 정확하고 안전하게 유지할 수 있다.

3. DBMS의 장·단점 기출개념
(1) DBMS의 장점
① 데이터 중복의 통제
  ㉠ DBMS는 데이터베이스에 데이터를 통합하여 관리하므로 데이터 중복 문제를 해결할 수 있다.
  ㉡ 효율성 때문에 데이터 중복을 허용하는 경우에도 중복을 최소화하도록 통제하므로 데이터 일관성도 유지할 수 있다.
② 데이터 독립성 확보
  ㉠ 응용 프로그램과 DB 사이에 독립성이 확보된다.
  ㉡ DBMS는 응용 프로그램을 대신해서 데이터베이스에 접근하고 이를 관리하는 모든 책임을 지기 때문에 데이터베이스 구조가 변경되어도 응용 프로그램이 영향을 받지 않는다.

③ 데이터 동시 공유
　㉠ DBMS는 데이터베이스에 통합된 데이터를 여러 응용 프로그램이 공유하여 같은 데이터에 동시 접근할 수 있도록 지원한다.
　㉡ 동일한 데이터를 각 응용 프로그램의 요구에 따라 다양한 구조로 제공해줄 수 있으며, 동시 공유를 지원하기 때문에 불필요한 데이터 중복을 제한할 수 있다.
④ 데이터 보안 향상
　㉠ 데이터베이스를 이용하여 데이터를 중앙 집중식으로 관리하므로 데이터에 대한 효율적인 접근 제어가 가능하다.
　㉡ 권한 없는 사용자의 접근, 허용되지 않은 데이터와 연산에 대한 요청을 사전에 차단할 수 있어 철저한 보안이 가능하다.
　㉢ 사용자별로 접근 가능한 데이터베이스 영역을 제한하거나 접근 수준을 차별화할 수 있다.
⑤ 데이터 무결성 유지
　㉠ 데이터 무결성은 저장된 데이터 값의 정확성(accuracy)을 의미한다.
　㉡ DBMS는 데이터에 대한 관리를 집중적으로 수행하면서 데이터에 대한 연산이 수행될 때마다 유효성을 검사하여 데이터 무결성을 유지할 수 있다.
⑥ 표준화 용이
　㉠ 데이터에 대한 모든 접근이 DBMS를 통해 이루어지기 때문에 데이터에 접근하는 방법, 데이터 형식과 구조 등에 대한 표준화가 용이하다.
　㉡ 모든 응용 프로그램은 DBMS에서 사전에 정한 표준화 방식을 통하여 데이터베이스에 접근한다.
⑦ 장애 발생 시 복구 가능: 장애가 발생하더라도 데이터 일관성과 무결성을 유지하면서 데이터를 장애가 발생하기 이전 상태로 복구하는 회복 기능을 지원한다.
⑧ 응용 프로그램 개발 비용 감소
　㉠ 데이터에 대한 모든 관리를 응용 프로그램 대신 DBMS가 담당하기 때문에 파일 시스템을 사용할 때보다 응용 프로그램 개발 비용이 적게 든다.
　㉡ 데이터베이스의 구조가 변경되어도 응용 프로그램은 변경할 필요가 없어 유지·보수 비용이 파일 시스템 대비 감소한다.

(2) DBMS의 단점
① 많은 초기 비용
　㉠ 파일 시스템은 운영체제와 함께 설치되어 별도의 구입 비용이 들지 않지만, DBMS는 별도 구입 비용이 많이 든다.
　㉡ 동시 허용 사용자 수에 따라 제품 가격도 증가한다.
　㉢ 복잡하고 다양한 기능을 제공하기 위해 컴퓨터 자원을 많이 사용하고 더 많은 컴퓨터 자원의 요구로 비용이 증대되며, DBMS 자체가 고가의 제품이므로 많은 비용이 부담된다.

핵심 Check

데이터베이스의 장·단점
- 장점
  - 데이터의 중복을 통제할 수 있다.
  - 데이터의 독립성이 확보된다.
  - 데이터를 동시에 공유할 수 있다.
  - 데이터 보안이 향상된다.
  - 데이터 무결성을 유지한다.
  - 표준화가 용이하다.
  - 장애 발생 시 복구 가능하다.
  - 응용 프로그램 개발 비용이 감소한다.
- 단점
  - 초기비용이 많이 든다.
  - 백업과 회복 방법이 복잡하다.
  - 중앙 집중 관리방식으로 인한 취약점이 존재한다.

② 복잡한 백업과 회복 방법
  ㉠ 전문적인 기술이 필요하기 때문에 DB 전문가가 필요하다.
  ㉡ 시스템(구조)이 매우 복잡하여 문제가 일어났을 때 문제점을 파악하기가 어렵고, 장애가 발생했을 때 자료 백업과 복구, 원인과 상태를 정확히 파악하는 것이 어렵다.
  ㉢ 정리하자면, 장애 발생 전에 데이터를 미리 백업해놓고 장애 발생 후 데이터를 원래의 일관된 상태로 회복하는 방법이 복잡하다.
③ 중앙 집중 관리방식으로 인한 취약점 존재
  ㉠ 모든 데이터가 데이터베이스에 통합되어 있고 이에 대한 관리 책임이 DBMS에 집중되므로, 데이터베이스나 DBMS에 장애가 발생한다면 전체 시스템의 업무 처리가 중단된다.
  ㉡ 데이터베이스에 대한 의존도가 높은 시스템일수록 가용성과 신뢰성에 치명적 영향을 받을 수 있다.

4. DBMS의 세대별 특징 기출개념

(1) 1세대 DBMS
① 1960~1970년대에 사용된 '네트워크 DBMS'와 '계층형 DBMS'가 1세대에 속한다.
② 네트워크 DBMS: 데이터베이스를 노드와 간선을 이용한 그래프 형태로 구성하는 '네트워크 데이터 모델'을 사용한다.
③ 계층형 DBMS: 데이터베이스를 트리 형태로 구성하는 '계층 데이터 모델'을 사용한다.

(2) 2세대 DBMS
① 1980년대 초반부터 계속 사용되어 온 '관계형 DBMS'가 2세대에 속한다.
② 관계형 DBMS: 데이터베이스를 테이블 형태로 구성하는 '관계 데이터 모델'을 사용한다.
③ 대표적인 관계 DBMS: 오라클(Oracle), MS SQL 서버, 액세스(Access), 인포믹스(Informix), MySQL 등이 있다.

(3) 3세대 DBMS
① 1980년대 후반에 등장한 '객체 지향 DBMS'와 1990년대 후반에 등장한 '객체 관계 DBMS'가 3세대에 속한다.
② 객체 지향 DBMS: 객체 지향 프로그래밍 개념에서 도입한 객체를 이용해 데이터베이스를 구성하는 '객체 지향 데이터 모델'을 사용한다.
③ 객체 관계 DBMS: 관계 데이터 모델에 객체 지향 개념을 도입한 '객체 관계 데이터 모델'을 사용한다.

02 관계형 데이터베이스 ★★★

1. 관계형 데이터베이스(RDB; Relational DataBase)의 개념과 특징

(1) 관계형 데이터베이스의 개념
① 데이터를 단순한 표(table) 형태로 표현하는 데이터베이스로, 데이터를 행(row)과 열(column)를 이루는 하나 이상의 릴레이션(relation)으로 정리한다. 이때 표는 키(key)와 값(value)의 관계를 나타낸다.
② 사용하기 편리하고 유연성을 추구하는 데이터베이스 시스템으로, 물리적 구조의 표현과 색인 등을 이용자가 의식하지 않고 사용할 수 있는 데이터베이스이다.
③ RDB는 IBM연구소의 코드(Codd)가 1970년 초에 논문에서 처음 제안한 것으로, 계층구조보다 사용자와 프로그래머 간의 의사소통을 원활하게 할 수 있는 구조이다.
④ 관계형 데이터베이스는 만들거나 이용하기가 비교적 쉬우며, 무엇보다도 확장이 용이하다.

(2) 관계형 데이터베이스의 특징 `기출개념`
① 데이터의 분류·정렬·탐색 속도가 빠르다.
② 오랫동안 사용된 만큼 신뢰성이 높고, 어떤 상황에서도 데이터의 무결성을 보장한다.
③ 기존에 작성된 스키마를 수정하기가 어렵다.
④ 데이터베이스의 부하를 분석하는 것이 어렵다.

2. 관계형 데이터베이스의 주요 용어

(1) 열(column)
① 각각의 열은 유일한 이름을 가지고 있으며, 자신만의 타입을 가지고 있다.
② 열은 '필드(field)' 또는 '속성(attribute)'이라고도 한다.

(2) 행(row)
① 행은 관계된 데이터의 묶음을 의미한다.
② 한 테이블의 모든 행은 같은 수의 열을 가지고 있다.
③ 행은 '튜플(tuple)' 또는 '레코드(record)'라고도 불린다.

(3) 값(value)
① 테이블은 각각의 행과 열에 대응하는 값을 가지고 있다.
② 이러한 값은 열의 타입에 맞는 값이어야 한다.

(4) 키(key)
① 테이블에서 행의 식별자로 이용되는 열을 '키' 또는 '기본키(primary key)'라고 한다.
② 테이블에 저장된 튜플을 고유하게 식별하는 후보키(candidate key) 중 데이터베이스 설계자가 지정한 속성을 의미한다.

(5) 관계(relationship)
① 테이블 수에 따른 테이블 간의 관계 구분
  ㉠ 일대일(one – to – one) 관계
  ㉡ 일대다(one – to – many) 관계
  ㉢ 다대다(many – to – many) 관계
② 관계형 데이터베이스는 관계를 나타내기 위해 외래키(foreign key)를 사용한다.
③ 외래키: 한 테이블의 키 중에서 다른 테이블의 행(row)을 식별할 수 있는 키이다.

(6) 스키마(schema)
① 테이블을 디자인하기 위한 청사진이라고 할 수 있다.
② 스키마는 테이블의 각 열에 대한 항목과 타입뿐만 아니라 기본키와 외래키도 나타내야 한다.
③ 개체 – 관계 다이어그램(E – R 다이어그램)이나 문자열로 나타낸다.

03 SQL ★

1. SQL(Structured Query Language)의 개념
① SQL은 관계 데이터베이스를 위한 표준 질의어로 많이 사용되는 언어이다.
② SQL은 사용자가 처리를 원하는 데이터가 무엇인지만 제시하고 데이터를 어떻게 처리해야 하는지는 언급하지 않아도 되어 비절차적 데이터 언어에 해당한다.

2. SQL의 발전 배경

(1) 최초의 SQL: SEQUEL
① SQL은 1974년에 개발된 SEQUEL(Structured English QUEry Language)에서 유래되었다.
② SEQUEL은 IBM연구소에서 개발한 연구용 관계 데이터베이스 관리시스템인 'SYSTEM R'을 위한 언어다.
③ 다양한 회사에서 상용 RDBMS(Relational DataBase Management System)를 개발하면서 서로 다른 질의어를 제공하거나, SQL을 변형한 형태로 제공하는 경우가 많았다.
④ 새로운 RDBMS를 사용하려면 그에 맞는 질의어를 다시 학습해야 해서, RDBMS를 다양하게 함께 사용하는 경우에 불편함이 가중되었다.

(2) SQL의 표준화
① 1986년 RDBMS의 대중화로 인한 문제를 해결하기 위해 미국 표준 연구소인 ANSI와 국제 표준화 기구인 ISO에서 SQL을 RDBMS의 표준 질의어로 채택하고 표준화 작업을 진행하였다.
② 1986년에 제안된 표준 SQL을 'SQL-86' 또는 'SQL 1'이라고도 하며, 1992년에는 'SQL-92' 또는 'SQL 2'가 제안되었다.
③ 1999년에 'SQL-99' 또는 'SQL 3'까지 표준화 작업이 완료되었다.

3. SQL 적용 방식
① SQL은 DBMS에 직접 접근해 질의를 대화식으로 작성하는 방식으로 사용한다.
② C, C++, JAVA와 같은 언어로 작성한 응용 프로그램에 삽입하여 사용할 수 있다.

기출개념확인

01 실무에서 가장 보편적으로 사용되는 데이터베이스의 유형은?
① 계층형 데이터베이스   ② 객체 지향 데이터베이스
③ 관계형 데이터베이스   ④ XML 데이터베이스

02 데이터베이스에 존재하는 자료의 구조 및 내용, 자료들에 대한 논리적·물리적 특성에 대한 정보들을 표현하는 데이터베이스의 논리적 구조를 지칭하는 것은?
① 키   ② 관계
③ 스키마   ④ 개체

정답·해설
01 ③ 관계형 데이터베이스(RDB)는 만들거나 이용하기가 비교적 쉬워 실무 현장에서 가장 보편적으로 사용되고 있으며, 특히 확장이 용이하다는 특징이 있다.
02 ③ 스키마는 물리적인 장치로부터 논리적인 데이터베이스 레코드를 매핑(mapping)하는 데 사용되는 정의 정보를 말한다.

제3절 데이터웨어하우스 및 데이터 마트

01 데이터웨어하우스 ★★★

1. 데이터웨어하우스(Data Warehouse, DW)의 등장 배경과 정의

(1) 데이터웨어하우스의 등장배경
① 과거 기업들은 일상적인 거래를 처리하고 기록하는 운영 시스템(Operational System)에 데이터를 축적했다.
  ㉠ 데이터는 분산되어 있고, 실시간으로 변화하며, 분석보다는 처리에 최적화되어 있어 기업의 전략적 의사결정에 활용하기 어려웠다.
  ㉡ 이러한 문제를 해결하기 위해 등장한 것이 바로 데이터웨어하우스다.

(2) 데이터웨어하우스의 정의
① 데이터웨어하우스란 기업의 의사결정 과정을 지원하기 위해, 다양한 운영 시스템에 흩어져 있는 데이터들을 주제 중심적으로 통합하고, 시간의 흐름에 따라 변화하는 내용을 시계열적으로 축적하여 관리하는 데이터베이스 시스템이다.
② 이는 단순히 데이터를 저장하는 창고를 넘어, 사용자가 정보에 기반한 합리적인 결정을 내릴 수 있도록 돕는 정보의 보고(寶庫)라 할 수 있다.

2. 데이터웨어하우스의 핵심 특징

데이터웨어하우스는 일반적인 데이터베이스와 구별되는 네 가지 핵심적인 특징을 가진다.

① **주제 지향성(Subject-Oriented)**: 데이터웨어하우스는 고객, 제품, 판매 등과 같은 명확한 주제를 중심으로 데이터를 분류하고 통합한다. 이는 특정 거래나 프로세스 중심의 운영 시스템과 달리, 전사적 관점에서 데이터를 분석하고 이해하는 데 도움을 준다.
② **통합성(Integrated)**: 여러 운영 시스템(예 생산, 판매, 인사 관리 시스템)에 흩어져 있는 데이터들을 일관된 형식으로 변환하여 통합한다. 이 과정에서 데이터의 불일치나 오류를 바로잡는 정제(Cleansing) 작업이 이루어진다.
③ **시계열성(Time-Variant)**: 데이터웨어하우스의 데이터는 특정 시점의 스냅샷이 아니라, 과거부터 현재까지의 이력 데이터를 포함한다. 이를 통해 사용자는 시간의 흐름에 따른 비즈니스 변화 추이를 분석하고 미래를 예측할 수 있다.

④ **비휘발성(Non-Volatile)**: 한번 저장된 데이터는 원칙적으로 삭제되거나 수정되지 않는다. 새로운 데이터가 지속적으로 추가될 뿐, 과거의 기록은 그대로 보존되어 데이터의 안정성과 신뢰성을 보장한다.

3. 데이터웨어하우스 아키텍처의 구성 요소

데이터웨어하우스는 여러 구성 요소가 유기적으로 결합하여 작동하는 시스템이다.

① **데이터 소스(Data Sources)**: 데이터웨어하우스에 저장될 원천 데이터가 발생하는 곳으로, 기업 내부의 관계형 데이터베이스, ERP, CRM 시스템은 물론 외부 데이터까지 포함한다.
② **ETL(Extract, Transform, Load) 프로세스**: 데이터웨어하우스 구축의 핵심 과정이다.
③ **추출(Extract)**: 데이터 소스로부터 필요한 데이터를 가져온다.
④ **변환(Transform)**: 가져온 데이터를 주제 중심으로 통합하고, 일관된 형식으로 변환하며, 오류를 수정하는 정제 작업을 수행한다.
⑤ **적재(Load)**: 변환된 데이터를 데이터웨어하우스에 저장한다.
⑥ **ODS(Operational Data Store)**: 운영 데이터 저장소는 데이터 소스와 데이터웨어하우스 사이의 중간 영역 역할을 한다. 여러 운영 시스템의 데이터를 통합하여 최신 상태의 데이터를 유지하며, 데이터웨어하우스로 데이터를 전송하기 전 준비 단계로 활용된다.
⑦ **데이터웨어하우스(Data Warehouse)**: ETL 과정을 거친 대용량의 정제된 데이터가 시계열적으로 저장되는 중앙 저장소이다.
⑧ **메타데이터(Metadata)**: '데이터를 위한 데이터'로, 데이터웨어하우스에 저장된 데이터의 출처, 형식, 변환 규칙, 이력 등 모든 정보를 담고 있다. 메타데이터를 통해 사용자는 데이터의 의미를 정확히 파악하고 효율적으로 활용할 수 있다.
⑨ **분석 도구(Analysis Tools)**: 최종 사용자가 데이터웨어하우스에 접근하여 정보를 분석하고 활용할 수 있도록 돕는 도구다. 대표적으로 OLAP(Online Analytical Processing), 데이터 마이닝, 보고(Reporting) 도구 등이 있다.

02 데이터마트 ★★

1. 데이터마트(Data Mart)의 정의와 필요성

(1) 데이터마트의 필요성

전사적인 데이터를 모두 담고 있는 데이터웨어하우스는 규모가 방대하고 복잡하여 특정 부서나 팀의 사용자가 필요한 정보에 신속하게 접근하기 어려울 수 있다. 이러한 한계를 극복하기 위해 등장한 것이 데이터마트이다.

(2) 데이터마트의 정의

① 데이터마트는 데이터웨어하우스의 일부로서, 특정 사용자 그룹이나 부서(예 재무, 마케팅, 영업)의 요구에 맞춰 필요한 데이터만을 추출하여 구성한 소규모의, 주제 중심적인 데이터베이스다.

② 전사적 관점의 데이터웨어하우스를 특정 목적에 맞게 작게 나누어 놓은 '미니 데이터웨어하우스'라고 할 수 있다.

③ 이를 통해 사용자는 방대한 데이터 속에서 헤매지 않고, 자신들의 업무와 관련된 데이터에 빠르고 쉽게 접근하여 분석을 수행할 수 있다.

2. 데이터마트의 종류

데이터마트는 데이터웨어하우스와의 관계에 따라 세 가지 유형으로 나뉜다.

① **종속형 데이터마트(Dependent Data Mart)**: 중앙 데이터웨어하우스로부터 필요한 데이터를 추출하여 구축하는 방식으로, 하향식(Top-down) 접근법에 해당한다. 데이터의 일관성을 유지하기 쉽고, 전사적 데이터 관리 측면에서 가장 이상적인 형태이다.

② **독립형 데이터마트(Independent Data Mart)**: 데이터웨어하우스 없이, 운영 시스템이나 외부 데이터 소스에서 직접 데이터를 추출하여 구축하는 방식이다. 상향식(Bottom-up) 접근법으로, 특정 부서의 긴급한 요구를 신속하게 해결할 수 있지만, 여러 독립형 데이터마트가 난립할 경우 데이터의 불일치 문제가 발생할 수 있다.

③ **혼합형 데이터마트(Hybrid Data Mart)**: 데이터웨어하우스와 다른 운영 시스템 모두로부터 데이터를 가져와 구축하는 유연한 방식이다. 하향식과 상향식 접근법의 장점을 결합한 형태이다.

3. 데이터웨어하우스와 데이터마트의 차이점

구분	데이터웨어하우스(Data Warehouse)	데이터마트(Data Mart)
범위	전사적(Enterprise-wide)	특정 부서 또는 주제 중심
데이터	여러 주제 영역의 상세하고 통합된 데이터	특정 주제에 대한 요약되거나 일부 상세 데이터
규모	매우 큼(수백 GB ~ TB 이상)	상대적으로 작음(수십 GB 이하)
사용자	경영진, 전략 분석가 등 소수	특정 부서의 실무 분석가, 관리자 등 다수
구축 방식	하향식(Top-down) 접근	상향식(Bottom-up) 또는 하향식 접근
목적	전사적 관점의 전략적 의사결정 지원	부서 단위의 전술적, 운영적 의사결정 지원

4. 데이터웨어하우스와 데이터마트의 상호 보완적 관계

① 데이터웨어하우스와 데이터마트는 대립적인 개념이 아니라 상호 보완적인 관계에 있다. 이상적인 데이터 아키텍처에서는 먼저 전사적 데이터를 통합 관리하는 데이터웨어하우스를 구축한 후, 각 부서의 필요에 따라 데이터웨어하우스로부터 데이터를 공급받는 종속형 데이터마트를 구축하여 운영한다.
② 이러한 구조를 통해 기업은 전사적 데이터의 일관성을 유지하면서도, 각 부서 사용자들은 자신들의 필요에 맞는 데이터에 신속하고 편리하게 접근할 수 있게 되어 데이터 활용의 효율성을 극대화할 수 있다.
③ 즉, 데이터웨어하우스는 '중앙 공급 창고'의 역할을, 데이터마트는 각 부서에 위치한 '편의점'의 역할을 수행하는 것과 같다.

기출개념확인

01 다음 중 데이터웨어하우스(Data Warehouse)의 특징으로 가장 거리가 먼 것은?

① 고객, 제품 등 명확한 주제를 중심으로 데이터를 통합한다.
② 여러 운영 시스템의 데이터를 일관된 형식으로 변환하여 저장한다.
③ 데이터의 추가, 수정, 삭제가 실시간으로 자유롭게 발생한다.
④ 과거부터 현재까지의 데이터를 축적하여 시간의 흐름에 따른 변화를 분석할 수 있다.

02 데이터마트(Data Mart)에 대한 설명으로 옳지 않은 것은?

① 전사적 관점의 데이터웨어하우스와 달리 특정 부서나 주제 중심으로 구성된다.
② 중앙 데이터웨어하우스 없이 운영 시스템에서 직접 데이터를 가져와 구축하는 데이터마트를 '종속형 데이터마트'라고 한다.
③ 데이터웨어하우스에 비해 규모가 작고, 특정 목적을 가지므로 신속한 분석과 의사결정에 유리하다.
④ 데이터웨어하우스와 데이터마트는 상호 보완적인 관계로, 데이터웨어하우스를 중앙 공급 창고, 데이터마트를 편의점에 비유할 수 있다.

정답·해설

01 ③ 데이터웨어하우스의 핵심 특징 중 하나는 비휘발성(Non-Volatile)이다. 이는 한 번 저장된 데이터는 원칙적으로 수정되거나 삭제되지 않고, 새로운 데이터가 계속 추가(적재)만 되는 특성을 의미한다. 데이터의 추가, 수정, 삭제가 실시간으로 빈번하게 발생하는 것은 일반적인 운영 시스템(Operational System)의 특징이다.

02 ② 중앙 데이터웨어하우스 없이 운영 시스템 등에서 직접 데이터를 추출하여 구축하는 방식은 '독립형 데이터마트(Independent Data Mart)'에 해당한다. '종속형 데이터마트(Dependent Data Mart)'는 중앙 데이터웨어하우스로부터 필요한 데이터를 추출하여 구축하는 방식으로, 데이터의 일관성을 유지하는 데 유리하다.

제4절 비즈니스인텔리전스

01 빅데이터 개념과 특징

1. 빅데이터(Big Data) 정의 및 중요성

(1) 빅데이터의 정의

기존의 데이터 처리 방법으로는 수집, 저장, 관리, 분석하기 어려울 정도로 거대한 규모와 빠른 생성 속도, 다양한 형태를 가진 데이터. 단순히 양만 많은 데이터가 아니라, 그 속에서 의미 있는 가치를 추출하는 것이 핵심이다.

(2) 빅데이터의 중요성

기업의 경쟁력을 좌우하는 핵심 자산으로 부상했다. 데이터를 기반으로 한 객관적인 의사결정, 미래 예측, 새로운 비즈니스 모델 창출이 가능해졌기 때문이다.

(3) 3V(빅데이터의 핵심 특징) ★★★

① Volume(규모): 데이터의 물리적인 양으로, 과거 기가바이트(GB) 단위를 넘어 테라바이트(TB), 페타바이트(PB) 수준의 방대한 데이터를 의미한다.

② Velocity(속도): 데이터가 생성되고 처리되는 속도로, 소셜 미디어, 사물인터넷(IoT) 센서 등에서 실시간으로 쏟아지는 데이터를 빠르게 수집하고 분석하는 능력이 요구된다.

③ Variety(다양성): 데이터의 형태가 다양함을 의미한다.
  ㉠ 정형 데이터: RDBMS의 테이블처럼 구조가 명확한 데이터
    [예] 판매 기록, 고객 정보
  ㉡ 반정형 데이터: XML, JSON처럼 구조에 대한 메타데이터를 포함하는 데이터
  ㉢ 비정형 데이터: 텍스트, 이미지, 동영상, 음성 등 정해진 구조가 없는 데이터. 빅데이터의 80% 이상을 차지함

(4) 빅데이터의 가치

데이터 자체보다는 데이터를 분석하여 얻는 통찰력(Insight)에 있다. 숨겨진 패턴, 새로운 상관관계 등을 발견하여 비즈니스 가치를 창출한다.

(5) 빅데이터 활용 사례

① OTT 서비스: 사용자 시청 기록을 분석하여 콘텐츠 추천 및 자체 제작 드라마 흥행 예측
② 금융: 신용카드 부정 사용 탐지 시스템(FDS)을 통해 사기 거래를 실시간으로 차단
③ 제조: 공장 설비에 부착된 센서 데이터를 분석하여 고장을 사전에 예측하는 '예지보전'

2. 빅데이터 기술과 플랫폼

(1) 빅데이터 저장 기술
① 하둡(Hadoop): 대용량 데이터를 분산된 컴퓨터 클러스터에 저장하고 처리하는 오픈소스 프레임워크로. 핵심 구성 요소는 다음과 같다.
② HDFS(Hadoop Distributed File System): 대용량 파일을 여러 서버에 나누어 저장하는 분산 파일 시스템
③ 맵리듀스(MapReduce): 분산 저장된 데이터를 병렬로 처리하는 프로그래밍 모델
④ NoSQL: 'Not Only SQL'의 약자로, 관계형 모델에 국한되지 않는 유연한 데이터 모델을 지원하는 데이터베이스. 비정형 데이터 저장, 수평적 확장에 용이하다.
  예 MongoDB, Cassandra

(2) 데이터 처리 기술
① 맵리듀스(MapReduce): 데이터를 'Map(분류/정렬)' 단계와 'Reduce(집계)' 단계로 나누어 병렬 처리한다.
② 스파크(Spark): 하둡의 맵리듀스보다 빠른 인메모리(In-memory) 기반의 데이터 처리 기술이다. 실시간 스트리밍 데이터 처리에도 강점을 보인다.
③ 클라우드 기반 빅데이터 플랫폼
  ㉠ 물리적인 서버 구축 없이 클라우드 환경에서 빅데이터를 저장, 처리, 분석할 수 있는 서비스
    예 AWS, Google Cloud Platform, Microsoft Azure
  ㉡ 장점: 초기 투자 비용 절감, 필요에 따른 유연한 자원 확장, 관리 부담 감소

3. 빅데이터 분석과 활용

(1) 빅데이터 분석 프로세스
① 수집: 웹 크롤링, 로그 수집기, IoT 센서 등을 통해 다양한 원천 데이터를 수집
② 저장: 수집된 대용량 데이터를 HDFS, NoSQL 등 분산 저장 시스템에 저장
③ 처리: 저장된 원시 데이터를 분석 가능한 형태로 정제하고 가공
④ 분석: 데이터마이닝, 머신러닝 등의 기법을 적용하여 패턴과 통찰력을 발견
⑤ 시각화: 분석 결과를 차트, 그래프, 대시보드 등으로 표현하여 사용자가 쉽게 이해할 수 있도록 전달

(2) 비즈니스 의사결정에서의 활용 사례
① 고객 이탈 예측: 고객의 서비스 이용 패턴을 분석하여 이탈 가능성이 높은 고객을 미리 파악하고 대응
② 수요 예측: 과거 판매 데이터와 외부 요인(날씨, 이벤트 등)을 결합하여 미래 수요를 예측하고 재고를 최적화

(3) 빅데이터와 인공지능, 머신러닝의 관계
① 빅데이터는 '연료', 인공지능/머신러닝은 '엔진'에 비유할 수 있다.
② 머신러닝은 대량의 데이터를 학습하여 스스로 패턴을 찾아내고 예측 모델을 만드는 기술이며, 인공지능은 이를 포함하는 더 넓은 개념이다.
③ 방대한 양의 빅데이터가 있어야 머신러닝 모델의 정확도가 높아지므로, 세 기술은 상호 보완적인 관계에 있다.

02 데이터마이닝 ★★

1. 데이터마이닝 개요

(1) 데이터마이닝(Data Mining) 정의와 목적
  ① 정의: 대규모 데이터베이스에서 통계적 규칙이나 패턴을 찾아내어, 과거에는 미처 알지 못했던 새롭고 유용한 지식을 발견하는 과정
  ② 목적: 데이터 속에 숨겨진 관계, 경향 등을 찾아내어 비즈니스 의사결정에 활용하고, 미래의 행동을 예측하는 데 있다.

(2) 데이터마이닝 프로세스 개요
  ① 데이터 준비: 분석에 필요한 데이터를 선택하고, 결측치나 이상치를 처리하며, 분석 목적에 맞게 변환하는 정제 과정
  ② 모델링: 분석 목적에 맞는 데이터마이닝 기법(분류, 군집 등)을 선택하고 알고리즘을 적용하여 모델을 생성
  ③ 평가: 생성된 모델이 얼마나 정확하고 유용한지 평가하고, 필요 시 모델을 개선

2. 주요 데이터마이닝 기법

(1) 연관분석(Association Analysis) ★★
  ① 의미
    ㉠ 데이터 항목들 간에 '함께 발생하는 경향'이나 규칙(Rule)을 발견하는 것을 목적으로 한다. "IF {A} THEN {B}" 형태의 규칙을 찾아낸다.
    ㉡ 데이터 항목들 간에 '함께 발생하는 경향'을 찾는 기법으로 "A를 구매한 고객은 B도 구매할 가능성이 높다"와 같은 규칙을 발견한다.
    ㉢ "어떤 상품들이 함께 팔리는가?"와 같이 데이터 내에 숨겨진 항목 간의 연관성을 탐색하는 기법이다.
  ② 주요 지표: 연관 규칙의 유용성을 평가하는 핵심 척도이다.
    ㉠ 지지도(Support): 전체 거래 중에서 항목 A와 B가 동시에 포함된 거래의 비율이다. 규칙이 얼마나 자주, 보편적으로 나타나는지를 의미한다. 지지도가 너무 낮으면 우연에 의한 규칙일 가능성이 높다(규칙의 보편성).
    ㉡ 신뢰도(Confidence): 항목 A를 포함한 거래 중에서 항목 B도 함께 포함된 거래의 비율. A가 발생했을 때 B가 발생할 조건부 확률과 같다. 규칙의 정확성, 예측력을 나타낸다(규칙의 정확성).
      예) 장바구니 분석(Market Basket Analysis): 맥주와 기저귀가 함께 팔리는 경향을 발견하고 연관 진열을 통해 매출 증대를 꾀한 사례가 유명하다.
    ㉢ 향상도(Lift): A의 구매가 B의 구매 확률에 미치는 영향을 측정하는 지표이다. A와 B가 독립적일 때와 비교하여 규칙이 얼마나 더 나은지를 보여준다.

③ 심화 사례
   ㉠ 장바구니 분석(Market Basket Analysis): 대형마트에서 {기저귀} → {맥주} 규칙을 발견하였다. 아이를 돌보느라 지친 아빠들이 기저귀를 사면서 맥주를 함께 구매하는 패턴을 파악하여 두 상품을 가까이 진열, 매출 증대를 꾀했다.
   ㉡ 온라인 쇼핑몰: '이 상품을 구매한 다른 고객이 함께 구매한 상품'을 추천하는 시스템이다.
   ㉢ 콘텐츠 추천: '이 영화를 본 사용자가 좋아한 다른 영화'를 추천하는 시스템이다.

(2) **순차분석(Sequential Analysis)**
① 연관분석에 '시간'이라는 차원을 더해 순서까지 고려하는 분석 기법이다.
② 의미: 항목들 사이의 관계뿐만 아니라 발생 순서까지 분석하여 "A 이벤트 이후에 B 이벤트가 발생한다"와 같은 순차적인 패턴을 발견한다.
③ 핵심 개념
   ㉠ 이벤트(Event): 하나의 거래 또는 사건 예 'A 상품 구매'
   ㉡ 시퀀스(Sequence): 시간 순서에 따라 발생하는 이벤트들의 집합
      예 〈A 구매, C 구매, D 구매〉
④ 활용 예
   ㉠ 고객 구매 여정 분석: 고객이 〈스마트폰 구매〉 후 1주일 내 〈보호필름 구매〉, 1달 내 〈무선 이어폰 구매〉로 이어지는 패턴을 분석하여 적절한 시점에 프로모션 제안
   ㉡ 웹사이트 로그 분석: 사용자가 〈메인 페이지 방문〉 → 〈상품 검색〉 → 〈장바구니 담기〉 → 〈결제 포기〉 패턴을 분석하여 이탈 원인을 파악하고 UI/UX 개선
   ㉢ 고장 진단: 특정 부품 A의 고장 이후, 부품 C의 고장이 자주 발생하는 패턴을 분석하여 예방 정비에 활용

(3) **분류(Classification)** ★★★
① 데이터가 어떤 그룹에 속할지 예측하는 지도 학습(Supervised Learning)의 대표적인 기법이다.
② 과거에 축적된 데이터(정답이 있는 데이터)를 학습하여, 새로운 데이터가 주어졌을 때 미리 정의된 여러 범주(Class) 중 어디에 속할지 예측하는 모델을 만든다.
③ 주요 알고리즘 작동 원리
   ㉠ 의사결정나무(Decision Tree): 데이터를 가장 잘 구분할 수 있는 질문(특성)을 기준으로 데이터를 반복적으로 분할해 나가는 방식이다. 나무 구조로 시각화되어 결과 해석이 매우 직관적인 장점이 있다.
   ㉡ 나이브 베이즈(Naive Bayes): 각 특성(Feature)들이 서로 독립적이라고 '순진하게(naively)' 가정하고, 베이즈 정리를 이용해 특정 범주에 속할 확률을 계산한다. 간단하지만 성능이 우수하여 스팸 메일 필터링 등에 널리 사용된다.
   ㉢ 서포트 벡터 머신(SVM): 각 데이터들을 고차원 공간의 점으로 표현하고, 여러 클래스를 가장 잘 나눌 수 있는 최적의 경계선(결정 경계, Hyperplane)을 찾는 방식이다. 특히 경계선과 가장 가까운 데이터(Support Vector)가 모델 성능에 중요한 역할을 한다.

④ 평가 지표: 모델의 성능을 객관적으로 평가하기 위해 사용한다.
  ㉠ 정확도(Accuracy): 전체 데이터 중 모델이 올바르게 분류한 데이터의 비율이다. 가장 직관적이지만, 데이터가 불균형할 때(예 정상 메일 99%, 스팸 1%) 모델 성능을 왜곡할 수 있다.
  ㉡ 정밀도(Precision): 모델이 'True'라고 예측한 것 중 실제 'True'인 것의 비율이다(스팸이라고 예측한 메일 중 실제 스팸인 비율, 오탐(False Positive)과 관련).
  ㉢ 재현율(Recall): 실제 'True'인 것 중 모델이 'True'라고 예측한 것의 비율이다(실제 스팸 메일을 모델이 얼마나 놓치지 않고 잡아냈는가, 미탐(False Negative)과 관련).

(4) 클러스터링(Clustering, 군집분석) ★★★
  ① 정답 없이 데이터의 숨겨진 구조를 찾아내는 비지도 학습(Unsupervised Learning)의 핵심 기법이다.
  ② 사전에 정의된 범주(정답)가 없는 상태에서, 데이터의 유사성(Similarity)을 기반으로 비슷한 데이터끼리 그룹으로 묶어준다. 그룹 내부의 데이터는 동질적이고, 다른 그룹과는 이질적인 특징을 갖게 된다.
  ③ 유형
    ㉠ 계층적 군집: 가까운 데이터부터 순차적으로 묶어나가 하나의 큰 군집을 형성하거나, 하나의 군집에서 나누어 나가는 방식이다. 결과가 덴드로그램(Dendrogram)이라는 나무 구조로 표현된다.
    ㉡ 비계층적 군집 (분할 군집): 사용자가 군집의 개수(K)를 미리 지정하면, 데이터를 K개의 군집으로 나누는 방식이다.
  ④ 대표 알고리즘
    K-평균(K-Means): ㉠ 임의의 K개 중심점(Centroid)을 선택 → ㉡ 모든 데이터를 가장 가까운 중심점에 할당 → ㉢ 각 군집의 평균값으로 중심점을 이동 → ㉣ 중심점이 더 이상 변하지 않을 때까지 ㉡, ㉢을 반복한다.
  ⑤ 활용 사례
    고객 세분화: 구매 패턴, 인구 통계 정보 등을 기반으로 고객들을 몇 개의 그룹(예 VIP, 잠재고객, 이탈고객)으로 나누어 맞춤형 마케팅 전략 수립

(5) 예측 (Prediction)
  ① 과거 데이터를 기반으로 미래의 연속적인 수치 값(예 매출액, 온도, 주가, 집값)을 맞추는 기법이다.
  ② 분류(Classification)가 '범주'를 맞추는 문제라면, 예측은 '숫자'를 맞추는 문제이다.
  ③ 주요 모델
    회귀분석(Regression Analysis): 하나 이상의 독립 변수(원인)가 종속 변수(결과)에 미치는 영향을 분석하여, 미래 값을 예측하는 통계 모델이다.
    예 공부 시간(X)에 따른 시험 점수(Y) 예측

(6) 시계열 분석 (Time Series Analysis)

① 예측 기법 중에서도 특히 '시간'의 흐름에 따라 기록된 데이터를 분석하는 데 특화된 방법론이다.
② 특징: 데이터의 시간적 순서가 매우 중요하며, 과거의 데이터가 미래의 데이터에 영향을 미치는 패턴을 분석한다.
③ 핵심 구성 요소
  ㉠ 추세(Trend): 데이터가 장기적으로 증가하거나 감소하는 경향
  ㉡ 계절성(Seasonality): 특정 주기(주, 월, 분기, 년)에 따라 반복적으로 나타나는 패턴
    예 여름철 아이스크림 판매량 증가
  ㉢ 주기(Cycle): 계절성보다 주기가 길고 불규칙한 반복 패턴
    예 경기 순환
④ 활용 사례
  ㉠ 재고 관리: 과거 판매량 데이터를 시계열 분석하여 미래 수요를 예측하고, 최적의 재고 수준을 유지
  ㉡ 전력 수요 예측: 계절 및 시간대별 전력 사용량 패턴을 분석하여 안정적인 전력 공급 계획 수립

기출개념확인

01 빅데이터의 핵심 특징인 3V에 대한 설명으로 가장 적절하지 않은 것은?

① Volume(규모): 페타바이트(PB) 수준의 방대한 데이터 양을 의미한다.
② Velocity(속도): IoT 센서 등에서 실시간으로 생성되는 데이터의 처리 속도와 관련된다.
③ Variety(다양성): 정형, 반정형, 비정형 데이터 등 다양한 형태의 데이터를 포함하는 특성을 말한다.
④ Value(가치): 데이터 자체의 금전적 가치를 의미하며, 데이터의 양이 많을수록 가치가 높게 평가된다.

02 다음 중 데이터 분석의 목적과 사용되는 데이터마이닝 기법이 잘못 연결된 것은?

① 고객의 특성에 따라 VIP, 잠재고객, 일반고객 그룹으로 나누기 위해 클러스터링을 사용했다.
② 과거 데이터를 학습하여 대출 신청 고객의 신용등급을 '우수', '보통', '위험' 중 하나로 판별하기 위해 분류를 사용했다.
③ 온라인 쇼핑몰에서 'A 상품을 구매한 고객은 B 상품도 함께 구매한다'는 규칙을 찾기 위해 연관분석을 사용했다.
④ 과거 주택 크기 및 지역별 매매가 데이터를 바탕으로 새로운 주택의 예상 가격(예 3억 5천만 원)을 알아내기 위해 순차분석을 사용했다.

정답·해설

01 ④ 빅데이터의 3V는 Volume(규모), Velocity(속도), Variety(다양성)를 의미한다. '가치(Value)'는 빅데이터의 특징(3V)이 아니라 빅데이터를 분석하여 얻는 결과물에 해당한다. 빅데이터의 가치는 "데이터 자체보다는 데이터를 분석하여 얻는 통찰력(Insight)"에 있으며, 단순히 데이터의 양이 많다고 해서 가치가 높은 것은 아니다.

02 ④ 주택 가격과 같은 연속적인 숫자 값을 예측하는 것은 예측(Prediction) 기법, 특히 회귀분석(Regression Analysis)의 활용 사례이다. 순차분석은 "A 이벤트 이후에 B 이벤트가 발생한다"와 같이 시간 순서에 따른 패턴을 분석하는 기법이므로, 가격 예측과는 관련이 없다.

제4장 | 실전연습문제

> 기출유형 은 해당 문제가 실제 시험에 출제된 유형임을 나타냅니다.

기출유형

01 자료의 표현 단위에 대한 설명으로 옳지 <u>않은</u> 것은?

① 비트(bit)는 컴퓨터가 자료를 표현하는 가장 작은 단위이다.
② 워드(word)는 문자를 표현하는 최소 단위로, 8비트로 구성된다.
③ 필드(field)는 파일을 구성하는 최소 단위로 학번, 이름 등이 해당한다.
④ 레코드(record)는 여러 필드가 모여 구성되며, 파일 입출력의 기본 단위로 사용된다.

기출유형

02 파일 시스템(File System)에 대한 설명으로 가장 적절한 것은?

① 데이터의 중복을 최소화하고 일관성을 유지하는 데 최적화된 시스템이다.
② 모든 응용 프로그램이 하나의 통합된 파일을 공유하여 데이터 독립성이 높다.
③ 응용 프로그램과 데이터 파일이 1:1로 대응되어 상호 의존성이 높은 특징을 가진다.
④ 데이터베이스 관리 시스템(DBMS)의 단점을 보완하기 위해 등장한 최신 기술이다.

기출유형

03 마스터 파일의 변경 내용을 모아두었다가 마스터 파일을 갱신하는 데 사용되는 파일은 무엇인가?

① 작업 파일(Work file)
② 프로그램 파일(Program file)
③ 트랜잭션 파일(Transaction file)
④ 보고서 파일(Report file)

기출유형

04 파일 처리 방식에서 데이터가 여러 파일에 서로 다른 형식으로 흩어져 존재하여, 정보를 활용하기 위해 재구성 비용이 발생하는 문제점은 무엇인가?

① 데이터 종속성(Data dependency)
② 데이터 고립(Data isolation)
③ 원자성 문제(Atomicity problem)
④ 데이터 중복성(Data redundancy)

05 파일 처리 방식의 '데이터 종속성' 문제에 대한 가장 정확한 설명은?

① 동일한 데이터가 여러 파일에 중복 저장되어 저장 공간이 낭비되는 문제이다.
② 시스템 장애 시 진행 중이던 작업이 완전히 반영되지 않거나 이전 상태로 돌아가지 못하는 문제이다.
③ 파일의 저장 구조가 변경되면 관련된 응용 프로그램도 반드시 함께 수정해야 하는 문제이다.
④ 데이터의 유효성 검사가 어려워 부정확한 값이 저장될 수 있는 문제이다.

기출유형

06 다음 중 데이터베이스 관리 시스템(DBMS)의 주요 기능으로 보기 <u>어려운</u> 것은?

① 데이터베이스의 구조를 정의하고 수정하는 기능
② 데이터를 삽입, 삭제, 수정, 검색하는 기능
③ 데이터의 정확성과 보안을 유지하는 제어 기능
④ 응용 프로그램을 직접 개발하고 실행하는 기능

07 DBMS 도입의 장점으로 거리가 먼 것은?

① 데이터 중복을 통제하여 일관성을 유지할 수 있다.
② 데이터와 응용 프로그램을 분리하여 데이터 독립성을 확보한다.
③ 초기 도입 및 유지보수 비용이 저렴하고 관리가 용이하다.
④ 중앙 집중적 통제를 통해 데이터 보안을 강화할 수 있다.

08 데이터베이스를 노드와 간선을 이용한 그래프 형태로 구성하는 '네트워크 DBMS'가 주로 사용되었던 세대는?

① 1세대 DBMS
② 2세대 DBMS
③ 3세대 DBMS
④ 4세대 DBMS

기출유형
09 관계형 데이터베이스(RDB)에서 테이블의 각 행(row)을 고유하게 식별하기 위해 사용되는 열(column)을 무엇이라고 하는가?

① 스키마(Schema)
② 외래 키(Foreign Key)
③ 속성(Attribute)
④ 기본 키(Primary Key)

기출유형
10 다음 중 관계 데이터베이스를 위한 표준 질의어로, 비절차적 데이터 언어에 해당하는 것은?

① Java
② C++
③ SQL
④ SEQUEL

기출유형
11 데이터웨어하우스(DW)가 의사결정 지원에 적합한 이유를 설명하는 핵심 특징이 아닌 것은?

① 주제 지향성(Subject-Oriented)
② 실시간 처리(Real-time Processing)
③ 시계열성(Time-Variant)
④ 비휘발성(Non-Volatile)

기출유형
12 데이터웨어하우스 아키텍처에서 여러 데이터 소스로부터 필요한 데이터를 추출(Extract), 변환(Transform), 적재(Load)하는 일련의 과정을 무엇이라 하는가?

① ODS(Operational Data Store)
② Metadata
③ ETL(Extract, Transform, Load)
④ Analysis Tools

13 데이터웨어하우스 없이, 특정 부서의 긴급한 요구를 해결하기 위해 운영 시스템에서 직접 데이터를 가져와 구축하는 데이터마트 유형은?

① 종속형 데이터마트
② 독립형 데이터마트
③ 혼합형 데이터마트
④ 관계형 데이터마트

14 '데이터를 위한 데이터'로, 데이터의 출처, 형식, 변환 규칙 등의 정보를 담고 있어 사용자가 데이터의 의미를 정확히 파악하도록 돕는 것은 무엇인가?

① 트랜잭션(Transaction)
② 메타데이터(Metadata)
③ 데이터 소스(Data Source)
④ ODS(Operational Data Store)

기출유형

15 빅데이터의 특징인 3V 중, 텍스트, 이미지, 동영상 등과 같이 정해진 구조가 없는 데이터의 형태가 다양함을 의미하는 것은?

① Volume(규모)
② Velocity(속도)
③ Variety(다양성)
④ Veracity(정확성)

기출유형

16 하둡(Hadoop)의 맵리듀스(MapReduce)보다 빠른 성능을 보이며, 인메모리(In-memory) 기반으로 실시간 스트리밍 데이터 처리에도 강점을 보이는 기술은?

① NoSQL
② HDFS
③ Spark
④ SQL

17 대규모 데이터에서 숨겨진 패턴이나 규칙을 찾아내어 유용한 지식을 발견하는 과정을 의미하는 용어는?

① 데이터베이스 관리(Database Management)
② 데이터마이닝(Data Mining)
③ 파일 처리(File Processing)
④ 데이터웨어하우징(Data Warehousing)

기출유형

18 데이터마이닝 기법 중, 'IF {기저귀} THEN {맥주}'와 같이 항목 간의 동시 발생 빈도를 기반으로 규칙을 발견하는 분석 방법은?

① 분류(Classification)
② 클러스터링(Clustering)
③ 연관분석(Association Analysis)
④ 순차분석(Sequential Analysis)

19 다음 중 데이터마이닝의 '분류(Classification)'와 '클러스터링(Clustering)'에 대한 설명으로 가장 올바른 것은?

① 분류는 비지도 학습, 클러스터링은 지도 학습에 속한다.
② 분류는 데이터의 유사성을 기반으로 그룹을 나누고, 클러스터링은 미리 정의된 범주에 데이터를 할당한다.
③ 분류는 '스팸 메일 필터링'에, 클러스터링은 '고객 세분화'에 주로 활용된다.
④ 두 기법 모두 분석을 위해 사전에 정의된 정답(범주)이 반드시 필요하다.

기출유형

20 과거 판매량 데이터를 분석하여 다음 분기의 매출액(예: 10억 5천만 원)을 추정하는 작업에 가장 적합한 데이터마이닝 기법은?

① 연관분석(Association Analysis)
② 예측(Prediction)
③ 클러스터링(Clustering)
④ 순차분석(Sequential Analysis)

제4장 | 정답·해설

01	02	03	04	05
②	③	③	②	③
06	07	08	09	10
④	③	①	④	③
11	12	13	14	15
②	③	②	②	⑤
16	17	18	19	20
③	②	③	③	②

01 ②

문자를 표현하는 최소 단위는 바이트(Byte)이다. 워드(Word)는 컴퓨터가 한 번에 처리할 수 있는 데이터 단위로, CPU 종류에 따라 크기가 결정된다.

02 ③

파일 시스템은 각 응용 프로그램이 독립된 파일을 소유하는 방식으로, 응용 프로그램과 데이터가 1:1로 대응되어 상호 의존성이 높다.

03 ③

트랜잭션 파일은 마스터 파일에 발생한 변경 사항(삽입, 삭제, 수정 등)을 기록해두었다가, 이를 이용해 마스터 파일을 최신 상태로 갱신하는 역할을 한다.

04 ②

데이터 고립(Data isolation)은 데이터가 여러 파일에 서로 다른 형식으로 흩어져 있어 통합적인 활용이 어렵고, 이를 위해 추가적인 변환 및 재구성 비용이 발생하는 문제를 말한다.

05 ③

데이터 종속성이란 데이터의 구조와 응용 프로그램이 밀접하게 연결되어, 데이터 파일의 구조를 변경하면 해당 파일에 접근하는 응용 프로그램의 코드도 반드시 변경해야 하는 문제를 의미한다.

06 ④

DBMS는 데이터의 정의, 조작, 제어 기능을 제공하여 데이터베이스를 효율적으로 관리하는 소프트웨어이다. 응용 프로그램을 직접 개발하거나 실행하는 것은 프로그래밍 언어나 개발 도구의 역할이다.

07 ③

DBMS는 고가의 소프트웨어이며, 효율적인 운영을 위해 고사양의 하드웨어와 전문 인력이 필요하므로 초기 도입 비용이 많이 들고 유지보수가 복잡할 수 있다는 단점이 있다.

08 ①

1960~1970년대에 사용된 1세대 DBMS에는 계층형 모델을 사용하는 계층 DBMS와 그래프 형태의 네트워크 모델을 사용하는 네트워크 DBMS가 속한다.

09 ④

기본 키(Primary Key)는 테이블 내의 수많은 행(레코드) 중에서 특정 행 하나를 유일하게 식별할 수 있도록 지정된 열(필드)을 의미한다.

10 ③

SQL(Structured Query Language)은 관계형 데이터베이스에서 데이터를 정의, 조작, 제어하기 위해 사용하는 표준화된 질의어다.

11 ②

데이터웨어하우스는 대량의 과거 데이터를 분석하여 의사결정을 지원하는 데 목적이 있으므로, 데이터가 실시간으로 변경되거나 처리되지 않는다. 데이터의 내용은 한번 저장되면 변하지 않는 비휘발성 특징을 가진다. 실시간 처리는 운영 시스템의 특징이다.

12 ③

ETL은 데이터웨어하우스 구축의 핵심 과정으로, 다양한 데이터 소스에서 데이터를 추출(Extract)하고, 일관된 형식으로 변환(Transform)한 후, 데이터웨어하우스에 저장(Load)하는 전체 프로세스를 의미한다.

13 ②

독립형 데이터마트는 전사적인 데이터웨어하우스를 거치지 않고, 각 부서가 필요에 따라 운영 시스템 등에서 직접 데이터를 추출하여 독립적으로 구축하는 방식을 말한다.

14 ②

메타데이터(Metadata)는 '데이터에 대한 데이터'로, 데이터의 구조, 출처, 이력, 변환 규칙 등 속성 정보를 담고 있어 데이터의 이해와 활용을 돕는다.

15 ③

Variety(다양성)는 정형, 반정형, 그리고 텍스트, 오디오, 비디오와 같은 비정형 데이터를 모두 포함하는 빅데이터의 특징을 설명한다.

16 ③

스파크(Spark)는 데이터를 메모리 상에서 처리하는 '인메모리' 기술을 기반으로 하여, 디스크 기반의 맵리듀스보다 훨씬 빠른 데이터 처리 속도를 제공한다.

17 ②

데이터마이닝은 대규모 데이터 속에서 의미 있는 패턴, 경향, 관계 등을 통계적 기법을 이용해 발견하고, 이를 지식으로 변환하는 과정을 말한다.

18 ③

연관분석은 데이터 항목들 간의 관계를 분석하여 'A가 발생하면 B도 발생한다'는 식의 연관 규칙을 찾는 기법으로, 장바구니 분석이 대표적인 예다.

19 ③

분류는 정답이 있는 데이터를 학습하여 새로운 데이터의 범주를 예측하는 지도 학습으로 스팸 메일 분류에, 클러스터링은 정답 없이 데이터의 유사성을 기반으로 그룹을 짓는 비지도 학습으로 고객 세분화에 활용된다.

20 ②

예측(Prediction)은 과거 데이터를 기반으로 미래의 특정 '연속적인 수치 값'(매출액, 주가, 온도 등)을 알아내는 기법이다. 회귀분석이 대표적인 예측 모델이다.

무료 학습자료 제공 · 독학사 단기합격 **해커스독학사**
haksa2080.com

전문가가 분석한 출제경향 및 학습전략

엔터프라이즈 시스템 파트는 각 시스템(SCM, CRM, ERP 등)의 핵심 개념과 목표를 묻는 문제가 꾸준히 출제된다. 특히 '채찍 효과', 'LTV', 'BPR', 'SECI 모델' 등 각 시스템의 고유한 핵심 용어에 대한 정확한 이해가 필수적이다. 여러 시스템을 비교하거나 특정 사례에 적합한 시스템을 찾는 응용 문제의 비중이 높아지고 있으므로, 각 시스템의 특징과 도입 효과를 명확히 구분하여 학습해야 한다.

제5장 | 핵심 키워드 Top 10
핵심 키워드 Top 10은 본문에도 동일하게 ★로 표시하였습니다.

01	채찍 효과(Bullwhip Effect) ★★★	p.128
02	평생 고객 가치(LTV) ★★★	p.130
03	전사적 자원관리(ERP) ★★★	p.132
04	업무 프로세스 재설계(BPR) ★★	p.133
05	지식관리시스템(KMS) ★★	p.136
06	SECI 모델 ★★★	p.136
07	암묵지와 형식지 ★★★	p.136
08	의사결정 지원시스템(DSS) ★★★	p.138
09	What-if 분석 ★★	p.138
10	통합 협업 플랫폼 ★	p.140

제5장

엔터프라이즈 시스템

제1절 공급망관리(SCM)
제2절 고객관계관리(CRM)
제3절 전사적 자원관리(ERP)
제4절 지식관리(KMS)
제5절 의사결정 지원시스템
제6절 협업시스템

제1절 공급망관리(SCM)

01 공급망관리(Supply Chain Management, SCM)

1. 개념 및 목표

(1) 공급망 관리 개념

공급망관리(SCM)는 원자재 공급업체부터 최종 소비자에게 제품이 도달하기까지의 모든 흐름, 즉 제품의 흐름(Physical Flow), 정보의 흐름(Information Flow), 자금의 흐름(Financial Flow)을 통합적으로 관리하여 공급망 전체의 효율을 최적화하는 경영 전략 및 시스템이다.

(2) 공급망 관리 목표 ★★★

① SCM의 핵심 목표는 수요 정보가 공급망의 상류로 전달될수록 왜곡되고 증폭되는 현상인 '채찍 효과(Bullwhip Effect)'를 최소화하는 것이다.
② 이를 통해 불필요한 재고를 줄이고, 고객 수요 변화에 민첩하게 대응하여 비용 절감과 고객 만족도 향상을 동시에 달성하는 것을 목표로 한다.

2. 주요 기능 및 프로세스 ★★

① 공급망 계획(Supply Chain Planning, SCP): '미래를 예측'하는 활동이다.
  • 상세 기능: 수요 예측, 재고 계획, 생산 및 유통 계획, 운송 계획 등 데이터 분석과 예측 모델을 기반으로 최적의 계획을 수립한다.
② 공급망 실행(Supply Chain Execution, SCE): '계획을 실행'하는 활동이다.
  • 상세 기능: 수립된 계획에 따라 주문을 처리하고(Order Fulfillment), 창고를 관리하며(Warehouse Management), 제품을 운송(Transportation Management)하는 등 실제 물류 활동을 효율적으로 관리하고 모니터링한다.

3. 도입 효과

① 재고 최적화 및 비용 절감: 정확한 수요 예측과 공급망 가시성 확보를 통해 안전 재고 수준을 낮추고, 재고 유지 및 관리 비용을 획기적으로 절감한다.
② 리드타임 단축 및 대응 속도 향상: 생산에서 배송까지의 전 과정을 최적화하여 고객 주문 후 제품을 받기까지의 시간을 단축하고, 시장 변화에 신속하게 대응한다.
③ 고객 만족도 및 신뢰도 향상: 정시 배송(On-time Delivery)을 준수하고 결품률을 낮춰 고객이 원하는 시점에 정확한 제품을 제공함으로써 고객의 신뢰를 얻는다.

④ 공급망 전체의 가시성(Visibility) 확보: IoT 센서나 RFID 태그 등을 활용해 제품의 위치와 상태를 실시간으로 추적하여 공급망 내 돌발 상황(예 배송 지연, 원자재 수급 문제)에 선제적으로 대응할 수 있다.

4. 최신 동향 및 사례

최근 SCM은 AI, IoT, 블록체인 등 첨단 기술과 결합한 '디지털 SCM' 또는 'SCM 4.0'으로 진화하고 있다.
① AI: 머신러닝을 통해 과거 데이터와 시장 변수를 분석하여 수요 예측의 정확도를 높인다.
② IoT: 공장 설비, 창고, 운송 차량에 부착된 센서가 실시간 데이터를 수집하여 공급망의 가시성을 확보한다.
③ 블록체인: 제품의 생산부터 유통까지 모든 거래 기록을 위·변조가 불가능한 블록체인에 기록하여 제품의 신뢰성과 투명성을 보장한다. 예 식품 이력 관리
④ 사례: 현대자동차: 글로벌 통합 SCM 시스템을 구축하여 전 세계 공장의 생산 계획과 부품 조달을 최적화하고, 시장 수요 변화에 유연하게 대응하고 있다.

기출개념확인

01 공급망관리(SCM)가 해결하고자 하는 핵심 문제 중 하나인 '채찍 효과(Bullwhip Effect)'에 대한 설명으로 가장 올바른 것은?
① 최종 소비자의 수요 정보가 공급망 상류로 갈수록 왜곡되어 재고 변동성이 커지는 현상
② 고객과의 관계 강화를 통해 평생고객가치(LTV)를 극대화하는 현상
③ 기업의 핵심 업무 프로세스를 재설계(BPR)하여 효율성을 높이는 과정
④ 조직 내 암묵지가 형식지로 변환되어 공유되는 현상

02 다음 중 공급망관리(SCM) 도입의 주된 효과로 보기 어려운 것은?
① 공급망 전체의 가시성 확보를 통한 대응 능력 향상
② 데이터 분석을 통한 정교한 타겟 마케팅의 성공률 증대
③ 수요 예측 정확도 향상에 따른 재고 유지 비용 절감
④ 제품 생산부터 고객 인도까지의 리드타임 단축

정답·해설
01 ① 채찍 효과는 소매업체의 작은 수요 변동이 도매업체, 제조업체, 공급업체로 전달되면서 점차 증폭되는 현상을 의미한다. 공급망관리(SCM)는 공급망 참여 주체 간의 원활한 정보 공유를 통해 이러한 왜곡을 최소화하고 재고를 최적화하는 것을 주요 목표로 한다.
02 ② 타겟 마케팅 성공률 증대는 고객 데이터를 분석하고 활용하는 고객관계관리(CRM)의 주된 도입 효과에 해당한다.

제2절 고객관계관리(CRM)

01 고객관계관리(Customer Relationship Management, CRM)

1. 개념 및 목표

(1) 고객관계관리 개념

고객관계관리(CRM)는 고객과의 모든 상호작용(접점)에서 발생하는 정보를 통합 분석하여 고객과의 관계를 강화하고, 이를 통해 고객 가치를 극대화하려는 경영 전략 및 시스템이다.

(2) 고객관계관리 목표 ★★★

단기적인 매출 증대보다 고객과의 장기적인 신뢰 관계 구축을 통해 평생 고객 가치(Customer Lifetime Value, LTV)를 높이는 것을 궁극적인 목표로 한다.

2. CRM의 유형 ★★

① 운영 CRM(Operational CRM): 고객 접점 부서의 업무 효율성을 높이는 데 초점을 맞춘다.
  - 예시: 영업 활동 자동화(SFA), 마케팅 자동화(MA), 고객 서비스 및 지원 자동화(CSS) 등이 포함된다.

② 분석 CRM(Analytical CRM): 고객 데이터를 분석하여 의미 있는 정보를 도출한다.
  - 예시: 데이터웨어하우스에 축적된 고객 데이터를 RFM(Recency, Frequency, Monetary) 분석, 고객 세분화, 이탈 예측 모델링 등에 활용하여 마케팅 전략을 수립한다.

③ 협업 CRM(Collaborative CRM): 고객과의 원활한 소통을 위해 다양한 채널을 통합하고, 부서 간 고객 정보를 공유한다.
  - 예시: 콜센터, 이메일, 웹사이트, 소셜 미디어 등 다양한 채널로 들어오는 고객의 문의를 통합 관리하여 일관된 서비스를 제공한다.

3. 도입 효과

① 고객 충성도 및 유지율 증대: 개인화된 맞춤형 서비스와 선제적인 문제 해결을 통해 고객 만족도를 높이고, 경쟁사로의 이탈을 방지한다.
② 캠페인 반응률 및 마케팅 ROI 향상: 데이터 분석을 기반으로 한 정교한 타겟 마케팅을 통해 마케팅 비용은 줄이고, 캠페인 성공률은 높인다.

③ 교차 판매(Cross-selling) 및 상향 판매(Up-selling) 기회 창출: 고객의 구매 이력과 성향을 분석하여 관련 상품이나 상위 모델을 추천함으로써 추가적인 매출을 확보한다.

4. 최신 동향 및 사례

최근 CRM은 AI, 빅데이터 기술과 결합하여 '초개인화(Hyper-personalization) 마케팅'으로 발전하고 있다. 이에 대한 사례는 다음과 같다.

① Salesforce: 클라우드 기반 CRM 솔루션의 대표주자로, 영업, 마케팅, 서비스 등 고객 관련 모든 활동을 단일 플랫폼에서 관리할 수 있도록 지원하며, AI '아인슈타인(Einstein)'을 통해 영업 기회를 예측하고 고객 이탈 가능성을 경고해 준다.

② 오늘의집: 사용자의 콘텐츠 탐색 이력, 상품 클릭, 구매 데이터를 분석하여 개인의 취향에 맞는 인테리어 콘텐츠와 상품을 정교하게 추천하는 분석 CRM을 적극적으로 활용한다.

기출개념확인

01 고객관계관리(CRM)의 궁극적인 목표로 가장 적절한 것은?

① 채찍 효과(Bullwhip Effect)의 최소화
② 전사적 자원의 통합 관리
③ 평생 고객 가치(LTV)의 극대화
④ 조직 내 암묵지의 형식지화

02 고객 데이터를 분석하여 구매 패턴 예측, 고객 세분화 등을 수행하고 이를 통해 마케팅 전략 수립을 지원하는 CRM의 유형은 무엇인가?

① 운영 CRM(Operational CRM)
② 협업 CRM(Collaborative CRM)
③ 분석 CRM(Analytical CRM)
④ 소셜 CRM(Social CRM)

정답·해설

01 ③ 고객관계관리(CRM)는 단기적인 판매 증대보다는 고객과의 장기적인 관계 구축을 통해 한 고객이 평생에 걸쳐 기업에 기여하는 가치, 즉 평생 고객 가치(LTV)를 높이는 것을 핵심 목표로 한다.

02 ③ 분석 CRM은 데이터 웨어하우스나 데이터 마이닝과 같은 기술을 활용하여 고객 데이터를 심층적으로 분석하고, 고객 행동 예측, 우수 고객 식별, 캠페인 효과 측정 등 전략적 통찰력을 얻는 데 중점을 둔다. 운영 CRM은 업무 자동화, 협업 CRM은 소통 채널 통합에 초점을 맞춘다.

제3절 전사적 자원관리(ERP)

01 전사적 자원관리(Enterprise Resource Planning, ERP)

1. 개념 및 목표

(1) 전사적 자원관리 개념

전사적 자원관리(ERP)는 기업 내 생산, 재무, 회계, 인사, 영업 등 독립적으로 운영되던 모든 경영 활동과 자원을 하나의 시스템으로 통합하여, '통합 데이터베이스'를 통해 실시간으로 정보를 공유하고, 기업 전체의 업무 프로세스를 최적화하는 정보시스템이다.

(2) 전사적 자원관리 목표 ★★★

ERP의 핵심은 '부서 간 정보의 단절을 없애고, 전사적인 관점에서 자원을 효율적으로 관리'하는 데 있다.

2. 주요 모듈 및 특징

(1) 주요 모듈

① 재무/회계(FI), 생산관리(PP), 판매/유통(SD), 인사관리(HR), 자재관리(MM) 등 기업의 핵심 업무 영역별로 모듈화되어 있으며, 이 모듈들은 상호 유기적으로 연동된다.

② 판매 모듈에서 주문이 발생하면, 재고 모듈의 재고량이 자동으로 차감되고, 재무 모듈에 매출 채권이 생성되는 것이 그 예이다.

(2) 특징 ★★

① 통합성: 모든 정보가 단일 데이터베이스에 저장되어 데이터의 중복과 불일치를 방지한다.

② 실시간성: 데이터가 발생하는 즉시 시스템에 반영되어 전사적으로 공유되므로, 경영진은 실시간 정보를 바탕으로 신속한 의사결정을 내릴 수 있다.

③ 선진 프로세스(Best Practice) 내장: 세계적인 기업들의 성공 사례를 바탕으로 검증된 표준 업무 프로세스를 시스템에 미리 탑재하여 제공한다.

3. ERP의 발전 및 구축 유형

① ERP II(확장형 ERP): 기존의 내부 자원 관리를 넘어 SCM, CRM 등 외부 파트너(공급업체, 고객)와의 협업 기능까지 통합한 개념으로, 기업의 경계를 넘어 가치 사슬 전체를 관리한다.

② **클라우드 ERP**: 별도의 서버 구축 없이 월 사용료를 내고 사용하는 SaaS 형태로, 초기 도입 비용이 낮고 유지보수가 용이하여 중소기업에서 도입이 확산되고 있다.
③ 구축 유형
　㉠ **빅뱅(Big-Bang) 방식**: 모든 모듈을 전사적으로 동시에 도입하는 방식으로, 효과는 크지만 위험 부담도 높다.
　㉡ **단계적(Phased) 방식**: 특정 모듈이나 부서부터 순차적으로 도입하여 점진적으로 확산하는 방식으로, 안정적이지만 전체 시스템 완성까지 시간이 오래 걸린다.

4. 도입 효과 및 고려사항

(1) 도입 효과
업무 프로세스 표준화 및 투명성 증대, 실시간 정보를 통한 신속한 의사결정 지원, 결산 시간 단축 및 경영 효율성 향상이라는 효과가 있다.

(2) 고려사항 ★★
도입 성공을 위해서는 기존의 비효율적인 업무 방식을 시스템에 맞춰 혁신하는 '업무 프로세스 재설계(BPR)'가 필수적으로 수반된다. 이 과정에서 발생하는 조직 구성원의 변화 저항 관리와 최고경영진의 강력한 지원이 성공의 핵심 요인이다.

기출개념확인

01 ERP 시스템 도입을 성공적으로 이끌기 위해 가장 중요하게 고려되어야 하며, 기존의 비효율적인 업무 방식을 시스템에 맞춰 혁신하는 활동은 무엇인가?

① 채찍 효과(Bullwhip Effect) 분석
② 업무 프로세스 재설계(BPR)
③ 평생 고객 가치(LTV) 평가
④ SECI 모델 적용

02 다음 중 ERP 시스템의 핵심적인 특징으로 가장 적절한 것은?

① 각 부서별로 독립적인 데이터베이스 운영
② 최고 경영층의 비정형적 의사결정 지원에 특화
③ 단일 통합 데이터베이스를 통한 실시간 정보 공유
④ 개인의 암묵지를 조직의 자산으로 전환

정답·해설

01 ② ERP는 선진 프로세스를 기반으로 설계되었기 때문에, 도입 기업은 기존의 업무 방식을 ERP 시스템에 맞게 재설계(BPR: Business Process Reengineering)해야 한다. 이 과정 없이는 시스템 도입 효과를 극대화하기 어려우며, 종종 도입 실패의 원인이 되기도 한다.

02 ③ ERP 시스템의 가장 핵심적인 특징은 모든 업무 모듈이 '통합 데이터베이스'를 공유한다는 점이다. 이를 통해 데이터의 일관성과 무결성을 유지하고, 전사적인 자원 현황을 실시간으로 파악하여 신속한 의사결정을 지원할 수 있다.

무료 학습자료 제공 · 독학사 단기합격 **해커스독학사**
haksa2080.com

제4절 지식관리(KMS)

01 지식관리시스템(Knowledge Management System, KMS)

1. 개념 및 목표 ★★

(1) 지식관리시스템 개념

지식관리시스템(KMS)은 조직 내에 흩어져 있는 지식(암묵지, 형식지)을 체계적으로 발굴, 축적, 공유, 활용하여 조직 전체의 문제 해결 능력과 경쟁력을 향상시키는 시스템이다.

(2) 지식관리시스템 목표

개인의 경험과 노하우 같은 암묵지(Tacit Knowledge)를 문서나 매뉴얼 같은 형식지(Explicit Knowledge)로 전환하고, 이를 조직 구성원들이 쉽게 접근하고 활용할 수 있도록 하여 조직을 '학습하는 조직(Learning Organization)'으로 만드는 것을 목표로 한다.

2. 지식 변환 프로세스(SECI 모델) ★★★

노나카 이쿠지로가 제시한 SECI 모델은 지식이 생성되고 확산되는 과정을 설명한다.
① 사회화(Socialization): 암묵지 → 암묵지(예 도제식 교육, 멘토링)
② 표출화(Externalization): 암묵지 → 형식지(예 노하우를 매뉴얼로 문서화)
③ 연결화(Combination): 형식지 → 형식지(예 여러 보고서를 종합하여 새로운 보고서 작성)
④ 내재화(Internalization): 형식지 → 암묵지(예 매뉴얼을 보고 연습하여 기술을 체득)

3. 도입 효과 및 성공 요인

(1) 도입 효과

업무 생산성 증대, 신입사원 교육 시간 단축, 핵심 인력 퇴사 시 지식 유실 방지, 조직의 집단 지성을 통한 혁신 촉진이라는 효과가 있다.

(2) 성공 요인

① KMS는 기술적인 시스템 도입만으로 성공할 수 없다. 자신의 지식을 공유하는 것이 손해가 아니라 이익이라는 인식을 심어주고, 지식 공유 활동을 장려하는 조직 문화와 적절한 보상 체계(예 지식 마일리지 제도)가 반드시 뒷받침되어야 한다.
② 지식관리를 총괄하는 최고지식책임자(CKO, Chief Knowledge Officer)의 역할도 중요하다.

기출개념확인

01 노나카의 SECI 모델에서, 숙련된 장인의 노하우나 경험과 같은 암묵지를 매뉴얼이나 보고서 형태의 형식지로 전환하는 과정을 무엇이라고 하는가?

① 사회화(Socialization)
② 표출화(Externalization)
③ 연결화(Combination)
④ 내재화(Internalization)

02 KMS의 성공적인 도입 및 활성화를 위한 요인으로 가장 거리가 <u>먼</u> 것은?

① 지식 공유 활동을 장려하는 조직 문화 조성
② 지식 등록 및 활용에 대한 적절한 보상 체계 마련
③ 최고 경영진의 강력한 지원과 CKO의 리더십
④ 각 부서별 독립적인 데이터베이스 구축을 통한 보안 강화

정답·해설

01 ② 표출화는 개인의 머릿속에 있는 암묵적인 지식을 다른 사람이 이해할 수 있도록 문서, 도표 등 형식적인 형태로 표현하는 과정이다. 이는 KMS에서 지식을 조직의 자산으로 만드는 핵심적인 단계에 해당한다.

02 ④ KMS의 핵심은 '공유'에 있다. 각 부서별로 독립적인 데이터베이스를 구축하는 것은 정보의 단절(Information Silo)을 유발하여 지식 공유를 저해하므로 KMS의 목표와는 상반된다. 오히려 통합된 지식 저장소를 통해 쉽게 지식에 접근하고 활용할 수 있도록 해야 한다.

제5절 의사결정 지원시스템

01 의사결정 지원시스템(Decision Support System, DSS)

1. 개념 및 특징 ★★★

(1) 의사결정 지원시스템 개념

의사결정 지원시스템(DSS)은 주로 중간 관리자나 최고 경영층이 직면하는 비정형적(unstructured)이거나 반정형적(semi-structured)인 문제에 대해 최적의 의사결정을 내릴 수 있도록 지원하는 대화형 정보 시스템이다.

(2) 의사결정 지원시스템 특징

정해진 절차에 따라 정보를 제공하는 거래처리시스템(TPS)이나 경영정보시스템(MIS)과 달리, DSS는 'What-if 분석'이나 '목표 탐색(Goal seeking)'과 같은 시뮬레이션 기능을 통해 다양한 대안을 탐색하고 그 결과를 비교하여 경영자의 직관과 판단을 돕는다.

2. 다른 시스템과의 비교 ★★★

① MIS(경영정보시스템): 정형적인 문제를 다루며, 주로 과거 데이터를 요약한 정기적인 보고서를 제공한다.
② DSS(의사결정 지원시스템): 비정형/반정형 문제를 다루며, 사용자와 상호작용하며 분석 모델을 활용한다.
③ EIS(중역정보시스템): 최고 경영층을 위한 특화된 DSS로, 기업의 핵심 성공 요인(CSF)을 요약된 그래프나 차트로 제공하며, 상세 데이터로 파고드는 '드릴다운(Drill-down)' 기능을 지원한다.

3. 진화된 개념: 비즈니스 인텔리전스(BI) 및 분석

최근 DSS는 비즈니스 인텔리전스(Business Intelligence, BI) 및 비즈니스 분석(Business Analytics, BA)의 개념으로 확장되었다.

(1) 비즈니스 인텔리전스(BI)

① 기업의 데이터를 수집, 정리, 분석하여 경영 의사결정에 활용하는 기술과 프로세스를 총칭한다.
② 주로 '과거와 현재에 무슨 일이 일어났는가?'를 이해하는 데 초점을 맞추며, OLAP(Online Analytical Processing) 기술을 이용해 다차원 데이터 분석을 수행하고, 결과를 대시보드나 보고서 형태로 시각화한다.

(2) 비즈니스 분석(BA)

통계적 기법과 예측 모델링을 사용하여 '미래에 무슨 일이 일어날 것인가?'를 예측하고, '어떻게 최상의 결과를 얻을 수 있는가?'에 대한 해답을 찾는 데 중점을 둔다.

기출개념확인

01 다음 정보 시스템 중, 'What-if 분석'과 같은 시뮬레이션 기능을 활용하여 비정형적인 문제에 대한 경영자의 의사결정을 지원하는 데 가장 적합한 것은?

① 거래처리시스템(TPS)
② 경영정보시스템(MIS)
③ 의사결정 지원시스템(DSS)
④ 전사적 자원관리(ERP)

02 최고 경영층이 기업의 핵심 성공 요인(CSF)을 한눈에 파악하고, 요약된 정보에서 시작하여 점차 상세한 데이터로 깊이 파고들어 문제의 원인을 분석할 수 있도록 지원하는 EIS의 대표적인 기능은 무엇인가?

① 드릴다운(Drill-down)
② 목표 탐색(Goal seeking)
③ 교차 판매(Cross-selling)
④ 채찍 효과(Bullwhip Effect)

정답·해설

01 ③ 의사결정 지원시스템(DSS)은 정형화된 답이 없는 문제에 대해 사용자가 다양한 조건과 변수를 변경하며(What-if 분석) 결과의 변화를 예측하고, 여러 대안을 비교·평가할 수 있도록 지원하는 것을 핵심 기능으로 한다. TPS는 데이터 처리, MIS는 정형적 보고, ERP는 자원 통합 관리에 중점을 둔다.

02 ① 드릴다운은 중역정보시스템(EIS)의 핵심 기능으로, 경영진이 전체적인 현황을 나타내는 요약 지표에서 시작하여 특정 항목을 선택하면 그에 대한 세부적인 데이터로 단계적으로 접근할 수 있도록 하는 분석 기능이다.

제6절 협업시스템

01 협업시스템(Collaboration System)

1. 개념 및 목표

(1) 협업시스템 개념

협업시스템은 조직 구성원들이 시간과 공간의 제약 없이 공통의 목표를 달성하기 위해 원활하게 소통하고 정보를 공유하며, 공동 작업을 수행할 수 있도록 지원하는 시스템의 총칭이다.

(2) 협업시스템 목표

글로벌화 및 원격 근무 환경 확산에 따라 팀의 생산성과 업무 효율성을 높이는 핵심 도구로 자리 잡았다.

2. 시간-공간 매트릭스에 따른 분류 ★

협업 도구는 협업이 이루어지는 시간과 공간에 따라 분류할 수 있다.
① 동일 시간 / 동일 공간(Face-to-Face): 전자칠판, 회의 지원 시스템
② 동일 시간 / 다른 공간(Remote Interaction): 화상 회의, 인스턴트 메신저, 웹 컨퍼런스
③ 다른 시간 / 동일 공간(Continuous Task): 팀 룸, 키오스크
④ 다른 시간 / 다른 공간(Communication & Coordination): 이메일, 전자 게시판, 공유 문서(Google Docs), 워크플로우 관리 시스템

3. 최신 동향: 통합 협업 플랫폼(Digital Workplace) ★

① 최근에는 메신저, 화상 회의, 파일 공유, 프로젝트 관리 등 다양한 기능을 하나의 플랫폼에서 제공하는 '통합 협업 플랫폼'이 대세로 자리 잡고 있다.
② 단순한 소통 도구를 넘어 ERP, CRM 등 다른 엔터프라이즈 시스템과 연동되어 모든 업무를 한 곳에서 처리할 수 있는 '디지털 워크플레이스(Digital Workplace)'로 진화하고 있다.
③ 사례
  ㉠ 마이크로소프트 팀즈(Microsoft Teams): 채팅, 화상 회의, 파일 공유 기능과 함께 Office 365 앱(워드, 엑셀 등)과의 완벽한 연동을 제공하며, 다른 업무용 앱을 추가하여 업무 허브로 활용할 수 있다.

ⓒ 노션(Notion), 슬랙(Slack): 프로젝트 관리, 문서 작성, 커뮤니케이션 기능을 유연하게 결합하여 팀의 지식 베이스이자 협업 공간으로 널리 사용되고 있다.

기출개념확인

01 시간-공간 매트릭스 분류에 따라, 서울과 뉴욕에 있는 직원들이 동시에 참여하는 화상 회의에 사용되는 협업 도구의 유형으로 가장 적절한 것은?

① 동일 시간 / 동일 공간
② 동일 시간 / 다른 공간
③ 다른 시간 / 동일 공간
④ 다른 시간 / 다른 공간

02 최근 협업시스템의 발전 동향에 대한 설명으로 가장 적절한 것은?

① 기능별로 전문화된 단일 목적의 도구들이 주로 사용된다.
② 메신저, 화상 회의, 문서 공유 등 다양한 기능이 하나의 플랫폼으로 통합되고 있다.
③ 오프라인 대면 회의를 지원하는 시스템이 주류를 이루고 있다.
④ 시간과 공간의 제약이 없는 협업은 기술적으로 불가능하다.

정답·해설

01 ② 화상 회의는 참여자들이 서로 다른 공간(서울, 뉴욕)에 있지만 동일한 시간에 실시간으로 소통하는 방식이다. 따라서 이는 '동일 시간 / 다른 공간' 유형의 협업에 해당한다.

02 ② 최근 협업시스템은 마이크로소프트 팀즈나 슬랙과 같이 다양한 협업 기능을 하나의 플랫폼에서 제공하는 '통합 협업 플랫폼' 또는 '디지털 워크플레이스' 형태로 발전하고 있다. 이는 여러 도구를 번갈아 사용하는 불편함을 줄이고 업무 효율성을 극대화하기 위한 흐름이다.

제5장 | 실전연습문제

* 기출유형 은 해당 문제가 실제 시험에 출제된 유형임을 나타냅니다.

기출유형

01 SCM의 구성 요소 중, 수요 예측 및 생산 계획 수립과 같이 미래 활동을 계획하는 시스템은 무엇인가?

① 공급망 실행(SCE)
② 공급망 계획(SCP)
③ 전사적 자원관리(ERP)
④ 고객관계관리(CRM)

02 RFID 태그나 IoT 센서를 활용하여 물류 흐름 전반을 실시간으로 추적하고 모니터링함으로써 얻을 수 있는 SCM의 가장 큰 기대효과는 무엇인가?

① 공급망 가시성(Visibility) 확보
② 고객 데이터 정밀 분석
③ 업무 프로세스 재설계
④ 조직 내 지식 공유 촉진

03 고객의 구매 이력을 분석하여 노트북을 구매한 고객에게 마우스나 키보드를 추가로 추천하는 마케팅 활동은 CRM의 어떤 효과와 가장 관련이 깊은가?

① 고객 유지율 증대
② 교차 판매(Cross-selling)
③ 상향 판매(Up-selling)
④ 평생 고객 가치(LTV) 분석

04 고객의 최근 구매일(Recency), 구매 빈도(Frequency), 구매 금액(Monetary)을 분석하여 우량 고객을 식별하고 차별화된 마케팅 전략을 수립하는 기법은?

① What-if 분석
② SECI 모델
③ RFM 분석
④ BPR

기출유형

05 ERP 시스템이 제공하는 여러 기능 중, 세계 유수 기업의 성공 사례를 바탕으로 표준화된 업무 절차를 시스템에 미리 내장하여 제공하는 것을 무엇이라 하는가?

① 선진 프로세스(Best Practice)
② 업무 프로세스 재설계(BPR)
③ 통합 데이터베이스
④ 확장형 ERP(ERP II)

06 기존 ERP가 기업 내부의 자원 관리에 집중했다면, SCM, CRM 등을 연계하여 공급자, 고객 등 외부 파트너와의 협업까지 포괄하는 확장된 개념의 ERP는 무엇인가?

① 클라우드 ERP
② 단계적 ERP
③ ERP II
④ 운영 ERP

07 ERP 시스템을 모든 부서에 동시에 도입하여 단기간에 변화를 추구하는 구축 방식은?

① 단계적 방식(Phased)
② 프로토타이핑 방식
③ 빅뱅 방식(Big-Bang)
④ 애자일 방식

08 개인의 머릿속에 체화되어 있어 언어로 표현하기 어려운 노하우나 기술과 같은 지식을 무엇이라고 하는가?

① 형식지(Explicit Knowledge)
② 암묵지(Tacit Knowledge)
③ 공통지(Common Knowledge)
④ 연결지(Combined Knowledge)

09 KMS의 지식 변환 과정(SECI 모델) 중, 여러 보고서나 데이터를 조합하여 새로운 통찰력을 담은 종합 보고서를 만드는 활동은 어디에 해당하는가?

① 사회화(Socialization)
② 표출화(Externalization)
③ 연결화(Combination)
④ 내재화(Internalization)

10 조직의 지식 자산을 총괄하고 지식 경영 활동을 주도하며, KMS의 성공적인 운영을 책임지는 최고 경영진의 일원을 무엇이라고 하는가?

① 최고경영자(CEO)
② 최고정보책임자(CIO)
③ 최고지식책임자(CKO)
④ 최고기술책임자(CTO)

11 "만약 광고 예산을 10% 늘린다면, 매출은 얼마나 증가할 것인가?"와 같은 질문에 답을 찾기 위해 사용하는 DSS의 분석 기능은 무엇인가?

① 목표 탐색(Goal seeking)
② What-if 분석
③ 드릴다운(Drill-down)
④ OLAP

12 "다음 분기 매출 목표 100억을 달성하려면, A 제품을 몇 개나 팔아야 하는가?"처럼 특정 목표를 정해놓고 그 목표를 달성하기 위한 조건을 역으로 찾아내는 분석 기능은?

① 목표 탐색(Goal seeking)
② What-if 분석
③ 민감도 분석
④ 최적화 분석

13 과거 및 현재 데이터를 기반으로 "무슨 일이 있었는가?"를 파악하는 데 중점을 두는 기술 및 프로세스를 총칭하는 개념은?

① 비즈니스 분석(BA)
② 비즈니스 인텔리전스(BI)
③ 데이터 마이닝
④ 인공지능(AI)

14 다차원 데이터를 사용자가 직접 다양한 관점에서 대화식으로 분석할 수 있도록 지원하는 기술은 무엇인가?

① OLTP(Online Transaction Processing)
② OLAP(Online Analytical Processing)
③ BPR(Business Process Reengineering)
④ SFA(Sales Force Automation)

15 시간-공간 매트릭스에서 '다른 시간 / 다른 공간' 유형에 해당하는 협업 도구로 가장 적절한 것은?

① 화상 회의
② 인스턴트 메신저
③ 전자 게시판(BBS)
④ 회의실의 전자칠판

16 다음 중 협업시스템 도입으로 기대할 수 있는 효과로 가장 거리가 먼 것은?

① 출장 및 이동 비용의 절감
② 의사결정 과정의 신속성 증대
③ 개인의 암묵지를 형식지로 자동 변환
④ 원격 근무 환경에서의 생산성 유지

17 다음 〈보기〉에서 설명하는 엔터프라이즈 시스템은 무엇인가?

〈보기〉
- 기업의 모든 자원을 통합된 데이터베이스에서 관리한다.
- 도입 시 BPR이 필수적으로 요구되는 경우가 많다.
- Best Practice를 내장하고 있다.

① SCM
② CRM
③ ERP
④ KMS

18 고객과의 관계 수명주기 단계 중, 잠재 고객을 실제 고객으로 전환시키기 위한 활동에 가장 큰 비중을 두는 시스템은?

① SCM
② CRM
③ ERP
④ DSS

19 다음 중 정보 시스템을 가장 전략적인 관점에서 활용하는 것은?

① TPS를 이용한 일상적인 거래 기록 처리
② MIS를 이용한 주간 판매 실적 보고서 작성
③ DSS를 이용한 신규 시장 진출 타당성 분석
④ 이메일을 이용한 부서 내 업무 연락

20 '디지털 워크플레이스'의 개념과 가장 밀접한 관련이 있는 시스템은?

① 공급망관리(SCM)
② 지식관리시스템(KMS)
③ 협업시스템
④ 의사결정 지원시스템(DSS)

제5장 | 정답·해설

01	02	03	04	05
②	①	②	③	①
06	07	08	09	10
③	③	②	③	③
11	12	13	14	15
②	①	②	②	③
16	17	18	19	20
③	③	②	③	③

01 ②

공급망 계획(SCP)은 수요 예측, 재고 계획 등 미래의 공급망 활동을 최적화하기 위한 계획을 수립하는 데 중점을 둔다. 반면 공급망 실행(SCE)은 수립된 계획에 따라 실제 주문 처리, 물류, 운송 등을 관리하는 시스템이다.

02 ①

RFID나 IoT 기술은 제품의 위치, 상태 등의 정보를 실시간으로 제공하여 공급망 전체를 투명하게 볼 수 있는 '가시성'을 확보하게 해준다. 이를 통해 돌발 상황에 신속히 대응하고 효율성을 높일 수 있다.

03 ②

교차 판매(Cross-selling)는 특정 제품을 구매한 고객에게 그와 관련된 다른 제품의 구매를 유도하는 판매 전략이다. 상향 판매(Up-selling)는 고객이 구매하려는 제품보다 더 비싼 상위 모델의 구매를 유도하는 것이다.

04 ③

RFM 분석은 고객 가치를 평가하는 대표적인 방법으로, 분석 CRM에서 고객 세분화 및 타겟 마케팅 전략 수립에 널리 활용된다.

05 ①

ERP 패키지에는 '선진 프로세스(Best Practice)'가 내장되어 있어, 기업들이 별도의 개발 없이 검증된 효율적인 업무 프로세스를 도입할 수 있도록 지원한다.

06 ③

ERP Ⅱ(확장형 ERP)는 기업 내부의 경계를 넘어 공급망 전체의 가치 사슬을 통합 관리하는 개념으로, 웹 기반 기술을 통해 외부 시스템과의 연동을 강화한 것이 특징이다.

07 ③

빅뱅 방식은 시스템을 전사적으로 동시에 가동하는 방식으로, 변화의 효과가 크고 통합성을 조기에 확보할 수 있지만, 실패 시 위험 부담이 매우 크다는 단점이 있다.

08 ②

암묵지는 학습이나 경험을 통해 개인에게 체화되었지만, 겉으로 드러나지 않는 지식을 의미한다. 형식지는 문서나 매뉴얼처럼 명시적으로 표현된 지식을 말한다. KMS의 중요한 목표 중 하나는 암묵지를 형식지로 전환하는 것이다.

09 ③

연결화는 이미 존재하는 형식지들을 결합하여 새로운 형식지를 창출하는 과정이다. 여러 문서의 내용을 종합하거나, 데이터를 재가공하여 새로운 지식을 만드는 활동이 이에 해당한다.

10 ③

최고지식책임자(CKO, Chief Knowledge Officer)는 조직의 지식 자산을 전략적으로 관리하고, 지식 공유 문화를 조성하며 KMS 프로젝트를 총괄하는 역할을 수행한다.

11 ②

'What-if 분석'은 특정 조건이나 변수의 변화가 결과에 어떤 영향을 미치는지를 시뮬레이션하는 기능으로, 비정형적 의사결정을 지원하는 DSS의 핵심 기능이다.

12 ①

목표 탐색(Goal seeking)은 원하는 결과 값을 먼저 정한 뒤, 그 결과값을 얻기 위해 필요한 입력값이 무엇인지를 찾아내는 분석 방법이다.

13 ②

비즈니스 인텔리전스(BI)는 주로 과거와 현재의 데이터를 분석하여 현황을 파악하고 보고하는 데 중점을 둔다. 반면, 비즈니스 분석(BA)은 통계와 예측 모델을 사용하여 미래를 예측하는 데 더 큰 비중을 둔다.

14 ②

OLAP은 대용량 데이터를 다차원 구조로 구성하여 사용자가 '슬라이스', '다이스', '드릴다운' 등 다양한 방식으로 데이터를 탐색하고 분석할 수 있게 해주는 기술로, BI 시스템의 핵심 요소이다.

15 ③

전자 게시판이나 이메일은 사용자들이 서로 다른 시간, 다른 장소에서 비동기적으로 정보를 공유하고 소통하는 데 사용되는 대표적인 '다른 시간 / 다른 공간' 협업 도구이다.

16 ③

개인의 암묵지를 형식지로 변환하는 것은 지식관리시스템(KMS)의 주요 목표이며, 이는 시스템뿐만 아니라 조직 문화와 개인의 노력이 필요한 과정이다. 협업시스템은 지식 공유를 '지원'할 수는 있지만, 자동 변환을 보장하지는 않는다.

17 ③

〈보기〉의 내용은 모두 전사적 자원관리(ERP)의 핵심적인 특징이다. 통합 데이터베이스, BPR과의 연관성, Best Practice 내장은 ERP를 다른 시스템과 구분하는 중요한 기준이다.

18 ②

고객관계관리(CRM)는 신규 고객 획득, 기존 고객 유지, 고객 가치 증대 등 고객 관계의 전 수명주기를 관리한다. 특히 잠재 고객을 발굴하고 이들을 실제 구매로 이끄는 마케팅 및 영업 활동 지원은 CRM의 핵심 기능 중 하나이다.

19 ③

DSS는 비정형적이고 미래지향적인 문제, 즉 기업의 방향을 결정하는 전략적 의사결정에 주로 활용된다. 신규 시장 진출과 같은 문제는 정해진 답이 없으며 다양한 변수를 고려해야 하므로 DSS의 활용이 가장 적합하다.

20 ③

디지털 워크플레이스는 모든 업무와 소통, 협업이 통합된 온라인 플랫폼에서 이루어지는 환경을 의미하며, 이는 현대 협업시스템이 지향하는 발전 방향과 일치한다.

무료 학습자료 제공 · 독학사 단기합격 **해커스독학사**
haksa2080.com

전문가가 분석한 출제경향 및 학습전략

각 절의 핵심 용어에 대한 정확한 용어 이해와 기술별 비즈니스 적용 사례를 연결하는 문제가 핵심이다. 특히 지도/비지도/강화학습, CNN/RNN/Transformer, 순방향/역방향 추론 등 유사 개념들의 차이점을 명확히 구분하는 것이 중요하다. 용어의 단순 암기를 넘어, 각 기술이 어떤 비즈니스 문제를 해결하는지 구체적인 사례 중심으로 학습하고, 주요 개념들을 비교하며 정리하는 전략이 필요하다.

제6장 | 핵심 키워드 Top 10

핵심 키워드 Top 10은 본문에도 동일하게 ★로 표시하였습니다.

01	전문가시스템(Expert System) ★★★	p.150
02	지도학습(Supervised Learning) ★★★	p.155
03	비지도학습(Unsupervised Learning) ★★★	p.155
04	강화학습(Reinforcement Learning) ★★★	p.157
05	딥러닝(Deep Learning) ★★	p.152
06	트랜스포머(Transformer) ★	p.162
07	자연어 처리(NLP) ★★	p.162
08	디지털 트윈(Digital Twin) ★★★	p.165
09	설명가능 AI(XAI) ★★	p.170
10	알고리즘 편향성(Algorithmic Bias) ★	p.169

제6장

인공지능

제1절 인공지능 개념
제2절 기계학습
제3절 자연어처리
제4절 인공지능의 비즈니스 응용
제5절 인공지능의 윤리적 문제

제1절 인공지능 개념

01 전문가시스템 ★★★

1. 인공지능 시대의 도래
① 인공지능(AI)은 기계가 인간의 지능적 행동(학습, 추론, 지각, 문제 해결 등)을 모방하도록 설계된 컴퓨터 과학의 총체적 분야이다.
② 경영정보시스템(MIS)의 관점에서 AI는 데이터 기반의 증거를 통해 기업의 의사결정 품질을 높이고, 비즈니스 프로세스를 지능적으로 자동화하며, 새로운 사업 모델을 창출하는 핵심 동력이다.

2. AI의 역사
① 개념의 탄생(1950년대): 앨런 튜링의 '튜링 테스트' 제안, 존 매카시의 '인공지능' 용어 최초 사용함
② 1차 부흥기 및 겨울(1960~1980년대): 초기 탐색 알고리즘, 전문가시스템 개발. 그러나 기술적 한계와 과도한 기대로 인해 'AI 겨울(AI Winter)' 도래
③ 2차 부흥기(1990~2000년대): 머신러닝 알고리즘의 발전과 인터넷의 확산으로 데이터 축적 가속화
④ 딥러닝 혁명(2010년대 이후): 컴퓨팅 파워의 발전과 빅데이터를 기반으로 한 딥러닝 기술의 비약적 성공. 알파고 쇼크
⑤ 생성형 AI 시대(2020년대 이후): 거대 언어 모델(LLM)의 등장으로 인간과 유사한 수준의 콘텐츠 생성이 가능해짐

3. 전문가시스템(Expert Systems) 개념
① 특정 전문 분야(Domain)의 문제 해결 능력을 체계화하여 비전문가도 전문가 수준의 의사결정을 내릴 수 있도록 지원하는 시스템이다.
② 인간 전문가의 지식을 컴퓨터에 이식한 초기 AI의 대표적 형태이다.

4. 전문가시스템 핵심 아키텍처

(1) 지식 베이스(Knowledge Base)
① 전문가의 지식을 생성 규칙(Production Rule) 형태(IF 〈조건〉 THEN 〈결과〉)로 저장하는 데이터베이스이다.
② 예를 들어, IF 신용점수가 600점 미만 AND 연체 기록이 3회 이상 THEN 대출 심사 '부결'과 같은 규칙들의 집합이다. 지식 표현에는 규칙 외에도 프레임(Frame), 의미망(Semantic Network) 등이 사용된다.

(2) 추론 엔진(Inference Engine)
지식 베이스의 규칙들을 사용하여 사용자가 입력한 사실로부터 결론을 도출하는 두뇌 역할을 한다.
① 순방향 추론(Forward Chaining): 주어진 사실(예 환자의 증상)에서 출발하여 규칙을 순차적으로 적용해 최종 결론(예 예상 질병)에 도달하는 방식으로, 데이터 주도적(Data-driven) 접근이다.
② 역방향 추론(Backward Chaining): 특정 가설(예 A 질병일 것이다)을 먼저 설정하고, 그 가설이 참이 되기 위해 필요한 조건(증상)들이 현재 사실과 부합하는지를 역으로 추적하는 방식으로, 목표 주도적(Goal-driven) 접근이다.
③ 경영 시사점: 전문가의 노하우를 조직의 자산으로 영구히 보존하고, 일관성 있는 의사결정을 대규모로 확산시켜 서비스 품질을 표준화하는 데 의의가 있다.

02 비전시스템과 증강현실

1. 비전시스템(Vision Systems)
① 인간의 시각 시스템을 모방하여 이미지나 비디오로부터 의미 있는 정보를 자동으로 추출하고 분석하는 기술이다.
② 초기에는 이미지 필터링, 엣지 검출 등 전통적인 이미지 처리 기법을 사용했으나, 합성곱 신경망(CNN)의 등장으로 획기적인 발전을 이루었다.
③ CNN은 이미지 분류, 객체 탐지(Object Detection), 이미지 분할(Image Segmentation) 등에서 인간을 능가하는 성능을 보인다.

2. 비전시스템 비즈니스 활용
① 제조(스마트 팩토리): 반도체 웨이퍼나 디스플레이 패널의 미세 결함을 마이크로미터 단위까지 식별하는 고정밀 품질 검사(QC)
② 리테일(스마트 스토어): 아마존 고(Amazon Go)와 같이 고객이 물건을 집으면 자동으로 인식하여 결제하는 무인 점포 시스템 구축
③ 보안 및 안전: CCTV 영상을 실시간 분석하여 침입이나 폭력 등 이상 행동을 감지하고 자동으로 경고하는 지능형 관제 시스템

3. 증강현실(Augmented Reality, AR)
① 현실 세계의 환경 위에 가상의 객체나 정보를 겹쳐 보여주어 사용자와 상호작용하는 기술이다.
② 스마트폰 카메라로 주변 환경을 인식하고 자신의 위치와 자세를 추정하는 SLAM(-Simultaneous Localization and Mapping) 기술과 가상 객체를 현실 공간에 자연스럽게 렌더링하는 3D 렌더링 기술이 핵심이다.
③ 비전시스템은 AR이 현실을 '인식하고 이해'하는 기반 기술로 작용한다.

4. 증강현실 비즈니스 활용
① 리테일 및 마케팅: IKEA의 'IKEA Place' 앱처럼 고객이 자신의 공간에 가구를 가상으로 배치해 보거나, 화장품 브랜드의 가상 메이크업 앱을 제공한다.
② 제조 및 유지보수: 현장 기술자가 AR 스마트 글래스를 착용하면 설비의 내부 구조나 수리 절차가 시야에 중첩되어 나타나며, 원격 전문가가 실시간으로 지시 사항을 그려 넣어주는 원격 지원으로 문제를 해결한다.
③ 교육 및 훈련: 의대생이 AR을 통해 인체 해부도를 보며 실습하거나, 항공기 정비사가 복잡한 엔진 구조를 3D 모델로 보며 훈련하는 등 위험하고 비용이 많이 드는 훈련을 대체한다.

03 인공신경망/딥러닝 ★★

1. 인공신경망(ANN)
① 인간 뇌의 뉴런 연결 구조에서 영감을 얻은 계산 모델이다.
② 딥러닝은 수많은 은닉층을 가진 심층 신경망(Deep Neural Network, DNN)을 사용하여 방대한 데이터로부터 매우 복잡하고 추상적인 특징을 학습하는 기술이다.
③ 딥러닝 모델은 데이터의 특징을 저수준(선, 색상)에서 점차 고수준(형태, 객체)으로 자동으로 계층화(Feature Hierarchy)하여 학습하는 능력이 뛰어나다.

2. 주요 딥러닝 아키텍처
(1) 합성곱 신경망(CNN)과 비전시스템
이미지의 공간적 특징(Spatial Feature) 추출에 특화된 모델이다. 필터(Filter)를 통해 이미지의 특징 맵(Feature Map)을 생성하며, 이미지 분류, 객체 탐지 등 비전시스템의 핵심 기술이다.

(2) 순환 신경망(RNN/LSTM)과 시계열 데이터
순서가 있는 데이터(Sequential Data) 처리에 강점이 있다. 이전 단계의 출력이 다음 단계의 입력으로 사용되는 순환 구조를 가진다. 주가 예측, 자연어 처리 등 시계열 데이터 분석에 활용된다.

(3) 트랜스포머(Transformer)와 자연어처리(NLP)

'어텐션(Attention)' 메커니즘을 통해 문장 내 모든 단어 간의 관계 중요도를 한 번에 계산, 병렬 처리와 장거리 의존성 학습 문제를 해결했다. BERT, GPT와 같은 거대 언어 모델(LLM)의 기반이 되었다.

04 기타 AI 응용 시스템

1. 유전자 알고리즘(Genetic Algorithms)
① 생물의 진화 과정을 모방한 최적화 알고리즘이다.
② 문제의 잠재적 해(Solution)를 유전자로 표현하고, 선택(Selection), 교차(Crossover), 돌연변이(Mutation) 연산을 반복하여 세대를 거듭하면서 최적해에 점진적으로 근접한다.
③ 복잡한 공급망 최적화, 항공기 운항 스케줄링, 금융 포트폴리오 최적화 문제 해결에 탁월하다.

2. 지능형 에이전트(Intelligent Agents)
① 특정 목표를 달성하기 위해 환경을 인식하고(Perception), 자율적으로 판단하며(Autonomy), 행동하는(Action) 소프트웨어이다.
② 실시간 경매(RTB) 환경에서 최적의 광고 입찰가를 결정하는 프로그래매틱 광고 에이전트, 고객 문의에 자동으로 응답하는 고객 서비스 챗봇 등이 해당된다.

기출개념확인

01 다음 사례에서 전문가시스템이 사용한 추론 방식으로 가장 적절한 것은?

> 한 금융사의 대출 심사 전문가시스템이 있다. 이 시스템은 '대출 승인'이라는 목표를 먼저 설정한 뒤, 이 목표를 만족시키기 위해 필요한 조건들(예 '신용등급이 우수한가?', '소득이 안정적인가?', '기존 부채가 적은가?')이 고객 데이터와 일치하는지를 역으로 확인해 나가는 방식으로 심사를 진행한다.

① 순방향 추론(Forward Chaining)
② 역방향 추론(Backward Chaining)
③ 유전자 알고리즘(Genetic Algorithm)
④ 의미망(Semantic Network)

02 다음 중 인공지능 기술과 그 주요 응용 분야의 연결이 가장 적절하지 <u>않은</u> 것은?

① 합성곱 신경망(CNN): 스마트 팩토리에서 제품의 미세한 결함을 찾아내는 비전 기반 품질 검사
② 순환 신경망(RNN): 과거 주가 데이터를 학습하여 미래의 주가를 예측하는 시계열 분석
③ 트랜스포머(Transformer): 사용자의 질문 의도를 파악하고 자연스러운 문장으로 답변하는 챗봇 개발
④ 유전자 알고리즘(Genetic Algorithm): IF-THEN 규칙의 집합을 이용하여 환자의 증상으로부터 질병을 진단하는 의료 시스템

정답·해설

01 ② 사례는 '대출 승인'이라는 특정 가설(목표)을 먼저 설정하고, 그 가설이 참이 되기 위해 필요한 조건들을 역으로 추적하여 현재 사실과 부합하는지 확인하는 방식이다. 이는 본문에서 설명하는 목표 주도적(Goal-driven) 접근법인 역방향 추론(Backward Chaining)의 정의와 정확히 일치한다.

02 ④ 'IF-THEN' 형태의 생성 규칙(Production Rule) 집합을 기반으로, 주어진 사실(증상)로부터 결론(질병)을 도출하는 시스템은 전문가시스템(Expert System)에 대한 설명이다.

제2절 기계학습

01 지도학습/비지도학습 ★★★

1. 지도학습
① 기계학습은 명시적 규칙 프로그래밍 없이, 데이터로부터 패턴을 학습하여 미래를 예측하거나 결정을 내리는 AI의 핵심 분야이다.
② 기계학습은 크게 데이터에 정답이 있는지 없는지에 따라 지도학습과 비지도학습으로 나뉜다.
③ 지도학습과 비지도학습의 가장 근본적인 차이는 학습 데이터에 정답(레이블)이 있는지 여부이다.
④ 지도학습은 '정확한 예측'을 목표로 하고, 비지도학습은 데이터에 내재된 '패턴 발견'을 목표로 하는 뚜렷한 차이를 보인다.

(1) 지도학습(Supervised Learning)의 정의
① 교사가 학생에게 문제와 정답을 함께 알려주며 가르치듯, 명시적인 '정답', 즉 '레이블(Label)'이 달린 데이터를 이용해 기계를 학습시키는 방법이다.
② 모델은 주어진 입력 데이터와 그에 해당하는 정답 사이의 관계와 패턴을 학습하며, 이 과정을 통해 새로운 데이터가 주어졌을 때 올바른 답을 예측하는 능력을 기르게 된다.

(2) 지도학습의 주요 과제
지도학습이 해결하려는 문제는 주로 '분류(Classification)'와 '회귀(Regression)'라는 두 가지 과제로 나뉜다.
① 분류
데이터를 미리 정해진 범주 중 하나로 예측하는 문제이다. 예를 들어, 수신된 이메일이 '스팸'인지 '정상'인지 구분하거나, 사진 속 동물이 '개'인지 '고양이'인지 판별하는 작업이 여기에 해당한다.
② 회귀
연속적인 숫자 값을 예측하는 문제이다. 집의 크기, 위치 등의 정보를 바탕으로 '주택 가격'을 예측하거나, 과거 데이터를 기반으로 내일의 '주가'나 '온도'를 예측하는 것이 회귀의 대표적인 사례이다.

(3) 지도학습 주요 알고리즘
① 선형 회귀는 데이터의 경향을 가장 잘 나타내는 직선을 찾아 연속적인 값을 예측하는 대표적인 회귀 알고리즘이다.
② 로지스틱 회귀는 이름과 달리 분류 문제에 주로 사용되며, 데이터가 특정 범주에 속할 확률을 계산한다.
③ 서포트 벡터 머신(SVM)은 각 데이터 그룹을 가장 잘 나눌 수 있는 최적의 경계선을 찾아내는 분류 모델이며, 결정 트리는 스무고개처럼 질문을 통해 데이터를 분류해 나가는 직관적인 모델이다.
④ K-최근접 이웃(K-NN)은 새로운 데이터 주변의 가장 가까운 K개 데이터의 분포를 보고 해당 데이터의 종류를 판단하는 간단하면서도 효과적인 알고리즘이다.

2. 비지도학습(Unsupervised Learning)

(1) 비지도학습의 정의 및 특징
① 지도학습과 달리 비지도학습은 정답이나 레이블이 없는 데이터를 다룬다.
② 이 방식의 목표는 데이터 자체에 숨어있는 구조나 패턴, 유의미한 관계를 기계가 스스로 발견하도록 하는 것이다. 교사 없이 데이터의 특성을 스스로 파악하며 학습하는 과정과 같다.

(2) 비지도학습의 주요 과제
비지도학습의 대표적인 과제는 '군집화(Clustering)'와 '차원 축소(Dimensionality Reduction)'이다.
① 군집화
비슷한 특성을 가진 데이터끼리 그룹으로 묶는 작업이다. 이를 통해 데이터의 숨겨진 구조를 파악할 수 있는데, 예를 들어 구매 패턴이 유사한 고객들을 그룹으로 묶어 타겟 마케팅에 활용하는 '고객 세분화'가 좋은 사례이다.
② 차원 축소
데이터의 특성이 너무 많을 때, 즉 고차원 데이터일 경우 정보 손실을 최소화하면서 특성의 개수를 줄이는 작업이다. 이는 계산 효율성을 높이고 데이터를 시각적으로 표현하기 쉽게 만드는 데 도움을 준다.

(3) 비지도학습 주요 알고리즘
① K-평균 군집화(K-Means Clustering): 이는 데이터를 K개의 그룹으로 묶는 가장 대표적인 군집화 알고리즘이다.
② 주성분 분석(PCA): 데이터의 분산이 가장 큰 방향을 새로운 기준으로 삼아 고차원의 데이터를 저차원으로 압축하는 가장 널리 사용되는 차원 축소 기법이다.

(4) 지도학습 vs. 비지도학습

구분	지도학습(Supervised Learning)	비지도학습(Unsupervised Learning)
목표	예측(Prediction) 및 분류(Classification)	구조 발견(Structure Discovery) 및 패턴 인식(Pattern Recognition)
데이터	입력(X)과 정답(Y)이 쌍으로 구성된 데이터셋	정답(Y) 없이 입력(X)만 주어진 데이터셋
알고리즘	선형 회귀, 로지스틱 회귀, 서포트 벡터 머신(SVM), 의사결정나무	K-평균 군집화(K-Means Clustering), 주성분 분석(PCA), 연관 규칙(Apriori)
비즈니스 질문	"이 고객은 이탈할 것인가?(Yes/No)" "내년도 분기 매출은 얼마일까?(Value)"	"우리 고객들은 어떤 그룹으로 나눌 수 있는가?" "A 상품을 구매한 고객이 함께 구매하는 상품은 무엇인가?"

2. 강화학습(Reinforcement Learning) ★★★

(1) 강화학습의 정의 및 특징
① 강화학습은 앞서 설명한 지도학습이나 비지도학습과는 또 다른 접근법을 취한다.
② '에이전트(Agent)'라는 학습 주체가 특정 '환경(Environment)'과 상호작용하며 '시행착오(Trial and Error)'를 통해 학습하는 방식이다.
③ 정해진 정답을 따라가는 것이 아니라, 자신의 행동에 대한 '보상(Reward)'을 피드백으로 삼아 최적의 행동 방식을 스스로 터득해 나간다.

(2) 강화학습의 핵심 구성요소
① 강화학습을 이해하기 위해서는 몇 가지 핵심 요소를 알아야 한다.
② 학습의 주체인 에이전트가 있고, 에이전트가 상호작용하는 대상인 환경이 있다.
③ 에이전트는 환경의 현재 상태(State)를 인식하고, 이를 바탕으로 여러 행동(Action) 중 하나를 선택한다.
④ 이 행동의 결과로 환경은 에이전트에게 보상이라는 피드백을 주며, 에이전트의 목표는 이 누적 보상을 최대화하는 것이다.
⑤ 어떤 상태에서 어떤 행동을 할지 결정하는 에이전트의 전략을 정책(Policy)이라고 하며, 강화학습의 최종 목표는 최적의 정책을 찾는 것이다.

에이전트 (Agent)	학습의 주체. 환경 내에서 행동을 결정하고 실행함 예 게임 플레이어, 로봇
환경 (Environment)	에이전트가 상호작용하는 외부 세계 또는 문제 자체 예 게임의 규칙과 맵, 체스판
상태(State)	특정 시점에서 에이전트가 관찰하는 환경의 상황 예 게임 캐릭터의 위치와 체력, 체스판의 말 배치
행동(Action)	에이전트가 특정 상태에서 취할 수 있는 행위 예 게임에서 '점프', '공격' / 체스에서 '나이트 이동'
보상(Reward)	에이전트가 특정 행동을 취했을 때 환경으로부터 받는 피드백. 긍정적 보상(플러스 점수) 또는 부정적 보상(벌점)이 될 수 있음. 에이전트의 목표는 누적 보상을 최대화하는 것
정책(Policy)	특정 상태에서 어떤 행동을 취할지를 결정하는 에이전트의 전략 또는 규칙. 강화학습의 최종 목표는 최적의 정책을 찾는 것

(3) 강화학습의 학습 과정(에이전트-환경 상호작용)

강화학습의 과정은 에이전트와 환경의 상호작용이 반복되는 순환 구조를 가진다.
① 관찰: 에이전트가 환경의 현재 상태(S_t)를 관찰
② 행동: 에이전트는 자신의 정책(π)에 따라 행동(A_t)을 선택
③ 상호작용: 에이전트가 선택한 행동을 환경 내에서 실행
④ 피드백: 환경은 에이전트에게 다음 상태(S_{t+1})와 행동에 대한 보상(R_{t+1})을 제공
⑤ 학습: 에이전트는 보상과 다음 상태 정보를 바탕으로 더 좋은 보상을 얻기 위해 자신의 정책(π)을 업데이트
⑥ 위 과정을 반복하며 누적 보상을 최대화하는 최적의 정책($\pi*$)을 학습

(4) 가치기반 학습 vs. 정책기반 학습

① 강화학습에서 에이전트는 단순히 즉각적인 보상만 좇는 것이 아니라 미래에 받을 보상의 총합을 최대로 만들고자 한다. 이러한 미래의 기대 보상 총합을 '가치 함수'라고 부른다.
② 대표적인 알고리즘인 Q-러닝은 각 상태에서 특정 행동을 했을 때의 미래 가치(Q-값)를 학습하여, 항상 Q-값이 가장 높은 행동을 선택하도록 정책을 개선해 나간다.
③ 이처럼 가치 함수를 학습하여 간접적으로 정책을 결정하는 방식을 '가치 기반 학습'이라 하고, 최적의 정책 자체를 직접적으로 학습하는 방식을 '정책 기반 학습'이라고 한다.
  ㉠ 가치 함수(Value Function): 특정 상태 또는 특정 상태에서 특정 행동을 했을 때, 미래에 받을 것으로 기대되는 보상의 총합
  ㉡ Q-러닝(Q-Learning): 대표적인 가치 기반 강화학습 알고리즘. 각(상태, 행동) 쌍에 대한 가치, 즉 Q-값($Q(s,a)$)을 학습하여 Q-값이 가장 높은 행동을 선택하도록 정책을 개선해 나감

ⓒ **가치 기반 학습(Value-Based)**: 최적의 가치 함수를 학습하고, 이를 바탕으로 최적의 정책을 간접적으로 도출(예 Q-러닝)
　　② **정책 기반 학습(Policy-Based)**: 특정 상태에서 각 행동을 할 확률을 직접적으로 모델링하여, 보상을 최대화하는 최적의 정책을 바로 학습

(5) 강화학습 주요 적용분야
① **게임 및 인공지능**: 바둑(알파고), 체스, 비디오 게임 등 복잡한 전략 게임을 마스터하는 AI 개발
② **로보틱스**: 로봇이 복잡한 환경에서 걷거나 물건을 집는 등 최적의 동작을 학습
③ **자율주행**: 신호, 장애물, 다른 차량 등 다양한 도로 상황에 맞춰 최적의 주행 정책을 학습
④ **자원 관리 최적화**: 데이터 센터의 에너지 효율 최적화, 금융 포트폴리오 관리 등

기출개념확인

01 다음 중 기계학습의 종류와 그에 해당하는 비즈니스 질문의 연결이 가장 적절하지 않은 것은?

① 분류(Classification): 이 고객은 통신사 멤버십을 해지할 것인가, 유지할 것인가?
② 회귀(Regression): 광고 예산을 500만 원 증액했을 때, 예상되는 다음 달 매출액은 얼마인가?
③ 군집화(Clustering): 우리 온라인 쇼핑몰의 고객들을 구매 패턴에 따라 의미 있는 그룹으로 나눌 수 있는가?
④ 강화학습(Reinforcement Learning): 이메일 제목과 내용을 분석하여 스팸 메일인지 아닌지 판별할 수 있는가?

02 인공지능 로봇이 미로를 탈출하는 강화학습 과정에 대한 다음 설명에서, (   ) 안에 들어갈 가장 적절한 용어는 무엇인가?

> 미로(환경) 안에 있는 로봇(에이전트)은 현재 자신의 위치(상태)에서 상하좌우(행동) 중 하나를 선택하여 이동한다. 이때, 출구에 가까워지는 행동을 했을 때는 긍정적 신호를, 막다른 길에 도달했을 때는 부정적 신호를 받게 되는데, 로봇은 이 신호를 최대한 많이 얻는 방향으로 자신의 행동 전략을 수정해 나간다. 여기서 로봇이 특정 행동의 결과로 얻는 긍정적 또는 부정적 신호를 (   )(이)라고 한다.

① 정책(Policy)
② 보상(Reward)
③ 상태(State)
④ 가치 함수(Value Function)

정답·해설

01 ④ '이메일이 스팸인지 아닌지 판별하는' 과제는 사전에 '스팸' 또는 '정상'이라는 정답(레이블)이 있는 데이터를 학습하여 새로운 이메일을 둘 중 하나로 예측하는 문제이며, 이는 대표적인 지도학습의 분류(Classification) 문제에 해당한다.

02 ② 강화학습에서 보상(Reward)은 에이전트가 특정 상태에서 어떤 행동을 취했을 때 환경으로부터 받는 피드백을 의미한다. 제시된 사례에서 로봇이 출구에 가까워졌을 때 받는 '긍정적 신호'나 막다른 길에 도달했을 때 받는 '부정적 신호'는 행동의 좋고 나쁨을 알려주는 직접적인 피드백이므로 '보상'에 해당한다.

제3절 자연어처리

01 자연어 처리의 개념 및 특징

1. 자연어 처리(Natural Language Processing, NLP) 정의와 중요성
① 인간이 사용하는 고유한 언어, 즉 자연어를 컴퓨터가 분석하고, 이해하며, 처리하고, 생성할 수 있도록 하는 인공지능의 한 분야이다.
② 일상 속의 검색 엔진, 기계 번역, 인공지능 비서 등 다양한 서비스에 NLP가 어떻게 활용되고 있으며, 사회와 산업 전반에 미치는 영향력과 중요성이 상당하다.

2. 자연어 처리의 핵심

(1) 자연어 이해(NLU)
① 자연어 처리는 크게 '이해'의 영역과 '생성'의 영역으로 나뉜다.
② 자연어 처리 기술은 크게 컴퓨터가 인간의 언어를 이해하는 자연어 이해(Natural Language Understanding, NLU)와, 반대로 컴퓨터가 인간의 언어로 정보를 생성하는 자연어 생성(Natural Language Generation, NLG)의 두 축으로 구분된다.
③ 자연어 이해(NLU)는 인간의 언어를 컴퓨터가 의미 있는 정보로 해석하는 입력(Input) 과정으로, 문장의 문법적 구조와 의미, 화자의 의도를 파악하는 기술이다.
④ NLU는 언어의 의미를 파악하는 데 중점을 둔다.
⑤ 문장의 문법적 구조를 분석하는 것(구문 분석)을 넘어, 단어와 문장이 담고 있는 진짜 의미(의미 분석)와 숨겨진 의도까지 파악하는 것을 목표로 한다.
⑥ 예를 들어, "오늘 날씨 어때?"라는 질문을 음성 비서가 알아듣고 '날씨 정보를 요청'하는 명령으로 이해하는 것이 NLU의 역할이다. 감성 분석, 텍스트 분류, 기계 독해 등이 대표적인 NLU 기술에 속한다.

(2) 자연어 생성(NLG)
① 자연어 생성(NLG)은 컴퓨터가 가진 데이터나 분석 결과를 인간이 이해할 수 있는 자연스러운 문장으로 표현하는 출력(Output) 과정이다.
② 단순히 데이터를 나열하는 것을 넘어, 문맥에 맞는 단어를 선택하고 문법적으로 완결된 문장을 구성해야 한다.
③ 날씨 데이터를 바탕으로 "오늘 오후에는 소나기가 예상되니 우산을 챙기시는 것이 좋겠습니다."와 같은 유창한 문장을 만들어내는 것이 NLG의 역할이다.
④ 챗봇의 답변 생성, 기사 요약, 보고서 자동 작성 등이 NLG 기술의 대표적인 활용 분야이다.

02 자연어 처리 발전과정 및 주요 응용분야 ★★

1. 자연어 처리 발전과정: 규칙에서 신경망까지

자연어 처리 기술은 하루아침에 이루어지지 않았다. 수십 년에 걸쳐 다음과 같은 패러다임의 전환을 겪으며 발전해왔다.

(1) 1세대: 규칙 기반 자연어 처리(1950년대~1980년대)
① 초기 자연어 처리는 언어학자들이 직접 만든 수많은 문법 규칙과 사전을 기반으로 작동했다.
② '주어 다음에는 동사가 온다'와 같은 규칙을 컴퓨터에 입력하여 문장을 분석하는 방식이었다.
③ 이 접근법은 특정 분야나 정형화된 문장에서는 준수한 성능을 보였지만, 인간 언어에 내재된 수많은 예외와 비유, 중의적인 표현을 모두 규칙으로 정의하는 것은 불가능에 가까웠다. 이로 인해 확장성과 유연성에 명백한 한계를 드러냈다.

(2) 2세대: 통계 기반 자연어 처리(1990년대~2000년대)
① 컴퓨터 성능의 발전과 대량의 텍스트 데이터(말뭉치, Corpus) 활용이 가능해지면서, 통계와 확률에 기반한 접근법이 주류로 떠올랐다.
② 대규모 텍스트에서 단어와 문장의 출현 빈도와 패턴을 학습하여 문제를 해결한다. 예를 들어, 'I am a boy'라는 문장 다음에 'and'가 올 확률과 'you'가 올 확률을 계산하여 더 가능성 높은 번역 결과를 제시하는 식이다.
③ 통계 기반 방식은 규칙 기반보다 훨씬 유연하고 높은 성능을 보이며 기계 번역과 같은 분야에서 큰 발전을 이끌었다.

(3) 3세대: 딥러닝 기반 자연어 처리(2010년대 이후)
① 2010년대에 들어 딥러닝 기술이 부상하며 자연어 처리는 또 한 번의 혁신을 맞이했다. 특히 단어의 의미를 다차원 공간의 벡터로 표현하는 워드 임베딩(Word Embedding) 기술은 '왕 - 남자 + 여자 = 여왕'과 같은 의미적 연산이 가능하게 만들어 컴퓨터가 단어의 유의미한 관계를 학습할 수 있는 길을 열었다.
② 이후 문장처럼 순서가 있는 데이터를 처리하는 데 특화된 순환 신경망(RNN, Recurrent Neural Network)과 그 변형인 LSTM(Long Short-Term Memory)이 각광받았다. 하지만 이 모델들은 문장이 길어질수록 앞부분의 정보를 잊어버리는 '장기 의존성 문제'를 완전히 해결하지는 못했다.
③ 2017년, 구글이 발표한 트랜스포머(Transformer) 아키텍처는 이러한 판도를 완전히 바꾸었다. 트랜스포머는 문장의 순서를 따르지 않고 '어텐션(Attention)' 메커니즘을 통해 문장 전체에서 어떤 단어가 다른 단어와 가장 중요한 관계를 맺고 있는지를 한 번에 파악한다. 이는 장기 의존성 문제를 해결했을 뿐만 아니라, 대규모 병렬 처리를 가능하게 하여 훨씬 더 크고 강력한 모델을 훈련할 수 있는 기반을 마련했다. 현대 자연어 처리의 핵심인 BERT, GPT와 같은 거대 언어 모델(LLM)들은 모두 이 트랜스포머 아키텍처에 기반을 두고 있다. ★

2. 자연어 처리의 주요 응용 분야

자연어 처리 기술은 이제 우리 삶의 전반에 걸쳐 다양한 서비스를 제공하고 있다.

(1) 기계 번역
구글 번역, 파파고와 같은 서비스는 트랜스포머 기반의 신경망 기계 번역(NMT) 기술을 통해 과거와 비교할 수 없을 정도로 자연스럽고 정확한 번역 품질을 제공한다.

(2) 검색 엔진
사용자가 입력한 검색어의 의도를 정확히 파악하고, 웹페이지의 내용을 이해하여 가장 관련성 높은 정보를 찾아주는 검색 엔진의 핵심 기능은 자연어 처리에 기반한다.

(3) 챗봇 및 인공지능 스피커
고객 서비스 응대, 정보 제공, 일상 대화 등을 수행하는 챗봇과 AI 스피커는 사용자의 말을 이해(NLU)하고 적절한 답변을 생성(NLG)하는 자연어 처리 기술의 집약체이다.

(4) 감성 분석
소셜 미디어, 상품 리뷰, 뉴스 기사 등 텍스트에 담긴 사람들의 긍정, 부정, 중립과 같은 감성이나 의견을 분석한다. 이를 통해 기업은 자사 제품에 대한 여론을 파악하고 마케팅 전략을 수립할 수 있다.

(5) 텍스트 요약 및 생성
방대한 양의 뉴스 기사나 논문을 핵심 내용만 간추려 요약하거나, 간단한 키워드만으로 이메일 초안이나 광고 문구를 자동으로 생성하는 서비스에 활용된다.

기출개념확인

01 다음 사례와 가장 밀접한 관련이 있는 자연어 처리(NLP)의 핵심 영역은 무엇인가?

> AI가 증권사 애널리스트를 위해 장문의 최신 경제 보고서를 분석하여, 그 핵심 내용을 세 문장으로 된 요약문으로 자동 생성하여 제공하였다.

① 자연어 이해(NLU)
② 자연어 생성(NLG)
③ 규칙 기반 자연어 처리
④ 통계 기반 자연어 처리

02 다음에서 설명하는 딥러닝 기반 자연어 처리 기술은 무엇인가?

> 2017년에 등장하여 기존의 순환 신경망(RNN)이 가진 장기 의존성 문제를 해결하였다. 문장을 순서대로 처리하는 대신 '어텐션(Attention)' 메커니즘을 활용하여 문장 전체에서 단어 간의 중요도 관계를 한 번에 파악하며, BERT나 GPT와 같은 현대 거대 언어 모델(LLM)의 기반이 되었다.

① 순환 신경망(RNN)
② 워드 임베딩(Word Embedding)
③ 트랜스포머(Transformer)
④ 통계적 언어 모델

정답·해설

01 ② 컴퓨터가 가진 데이터나 분석 결과(경제 보고서 분석 내용)를 바탕으로 인간이 이해할 수 있는 자연스러운 문장(세 문장 요약문)을 만들어내는 과정으로 자연어 생성(Natural Language Generation, NLG)과 관련이 있다.

02 ③ 제시된 설명은 트랜스포머(Transformer) 아키텍처의 핵심 특징을 설명하고 있다. 트랜스포머는 2017년 구글에 의해 발표되었으며, 어텐션 메커니즘을 통해 RNN의 고질적인 문제였던 장기 의존성 문제를 해결하고 병렬 처리를 가능하게 하여 현대 자연어 처리 기술의 비약적인 발전을 이끌었다.

제4절 인공지능의 비즈니스 응용

01 제조 및 운영 관리의 혁신

① 제조업은 인공지능 도입을 통해 전통적인 생산 방식에서 벗어나 데이터 기반의 지능형 생산 시스템, 즉 스마트 팩토리(Smart Factory)로 진화하고 있다.
② AI는 제조 공정에서 효율성, 안정성, 유연성을 향상시키는 데 활용되고 있다.

1. 디지털 트윈을 통한 시뮬레이션 최적화

(1) 디지털 트윈(Digital Twin) ★★
① 현실 세계의 공장, 설비, 생산 라인 등 물리적 자산을 가상 공간에 동일하게 복제하는 기술을 의미한다.
② 기업은 이 가상 모델에 AI 시뮬레이션을 적용하여, 실제로 생산 라인을 변경하거나 설비 배치를 바꾸기 전에 그 효과와 문제점을 사전에 검증할 수 있다.

(2) 디지털 트윈 사례
새로운 로봇을 도입했을 때의 생산량 변화나 특정 설비의 고장 시 전체 공정에 미치는 영향을 미리 예측하고 대비함으로써, 실제 현장에서 발생할 수 있는 시행착오 비용과 시간을 최소화하고 최적의 운영 방안을 도출할 수 있다.

2. 생성형 AI 기반 설계 및 품질 관리

① 과거에는 숙련된 엔지니어의 경험에 의존했던 제품 설계 영역에 생성형 AI(Generative AI)가 도입되고 있다.
② 엔지니어가 '가볍고 튼튼하며 특정 소재를 사용한 자전거 프레임'과 같이 설계 목표와 핵심 제약 조건을 입력하면, 생성형 AI는 수천, 수만 개의 설계 시안을 단시간에 자동으로 생성한다.
③ 이후 AI는 각 시안에 대해 가상 시뮬레이션을 수행하여 강도, 무게, 공기 저항 등을 평가하고 최적의 디자인을 제안한다.
④ 이는 인간의 창의력과 AI의 계산 능력을 결합하여 제품 개발 주기를 획기적으로 단축시키고 혁신적인 제품 설계를 가능하게 한다.
⑤ 또한, 생산 라인의 비전 AI는 미세한 불량을 실시간으로 검출하여 품질 관리를 자동화하고 수율을 극대화한다.

02 금융 서비스의 지능화

① 금융(Finance)과 기술(Technology)이 결합된 핀테크(Fintech) 산업에서 인공지능은 보안, 리스크 관리, 고객 서비스의 패러다임을 바꾸고 있다.
② AI는 방대한 금융 데이터를 분석하여 사기를 예방하고, 정교한 의사결정을 내리며, 개인화된 금융 서비스를 제공하는 데 활용되고 있다.

1. 이상 거래 탐지 시스템(FDS)의 고도화

(1) 이상 거래 탐지 시스템(Fraud Detection System, FDS)
① AI는 먼저 고객 개개인의 평소 거래 패턴(시간, 장소, 금액, 기기 정보 등)을 데이터로 학습하여 정상적인 금융 활동의 기준선을 설정한다.
② 이후 이 기준선에서 크게 벗어나는 비정상적인 거래가 발생하면(예 서울 거주 고객의 카드가 심야에 해외에서 갑자기 사용되는 경우), AI는 이를 사기 거래로 즉시 판단하여 거래를 차단하거나 사용자에게 경고 알림을 보낸다.
③ 이처럼 AI는 실시간으로 수억 건의 거래를 분석하여 잠재적인 금융 사기를 선제적으로 예방하는 역할을 수행한다.

2. AI 기반 신용 평가 및 자산 관리

① 전통적인 신용 평가는 소득, 직장, 부채 등 제한된 정보를 활용했지만, AI는 통신비 납부 내역, 온라인 소비 패턴 등 다양한 비정형 데이터까지 분석하여 개인의 신용도를 훨씬 더 정교하게 평가한다.
② 이를 통해 금융 소외 계층에게 새로운 대출 기회를 제공하고 은행의 리스크를 줄일 수 있다.
③ 로보어드바이저(Robo-Advisor)는 AI가 고객의 투자 성향과 시장 상황을 분석하여 최적의 포트폴리오를 추천하고 자동으로 자산을 운용해주는 서비스로, 저렴한 수수료로 전문적인 자산 관리 서비스를 대중화하고 있다.

03 인적 자원 관리(HR)의 과학화

1. AI 기반 HR 혁신의 시대

① 인사(HR) 분야는 전통적으로 사람의 주관적 판단이 많이 개입되었으나, 인공지능의 도입으로 데이터에 기반한 객관적이고 효율적인 의사결정이 가능한 과학적 관리 영역으로 발전하고 있다.
② 채용부터 인재 유지에 이르는 HR 프로세스 전반에 AI가 적용되며 인적자원관리에 활용되고 있다.

2. AI 기반 인재 발굴 및 채용 자동화

① 인재 채용 과정에서 AI는 수천 개의 입사 지원서와 기업이 요구하는 직무 기술서(Job Description)를 비교 분석하여, 해당 직무에 가장 적합한 역량을 갖춘 후보자를 단 몇 분 만에 추천해준다.
② 이를 통해 인사 담당자는 서류 검토에 들이는 시간을 줄이고 핵심 후보자와의 심층 면접에 더 집중할 수 있다.
③ 또한, AI 챗봇을 통해 지원자에게 채용 절차를 안내하거나 기본적인 1차 질문을 자동화하여 채용 프로세스의 효율성을 극대화한다.

3. 직원 이탈 예측 및 인재 유지

① 기업의 핵심 자산인 우수 인재를 유지하는 것 역시 중요한 HR의 역할이다.
② AI는 직원의 근무 패턴, 협업 강도, 업무 시스템 접속 기록 등 내부 데이터를 분석하여 직무 소진(번아웃)이나 퇴사 가능성이 높은 직원을 조기에 예측할 수 있다.
③ 인사팀은 이러한 예측 결과를 바탕으로 해당 직원과의 면담을 진행하거나 직무 재배치, 보상 체계 개선 등 선제적인 조치를 취함으로써 핵심 인재의 이탈을 방지하고 조직의 안정성을 높이는 데 활용한다.

기출개념확인

01 다음 설명에 가장 부합하는 인공지능 응용 기술은 무엇인가?

> A 자동차 회사는 신차 조립 라인의 설비 배치를 변경하여 생산 효율을 높이고자 한다. 하지만 물리적으로 라인을 멈추고 설비를 재배치하는 데는 막대한 비용과 시간이 소요된다. 회사는 이러한 부담을 줄이기 위해, 실제 공장과 똑같은 가상의 공장을 컴퓨터 안에 만들고, 그 안에서 설비 재배치에 따른 효과와 문제점을 AI 시뮬레이션을 통해 사전에 검증하기로 하였다.

① 생성형 AI 기반 설계
② 로보어드바이저(Robo-Advisor)
③ 디지털 트윈(Digital Twin)
④ 이상 거래 탐지 시스템(FDS)

02 인공지능의 비즈니스 응용 분야 연결이 가장 적절하지 <u>않은</u> 것은?

① 금융: 고객의 평소 소비 패턴과 다른 거래가 발생 시, 이를 비정상 거래로 판단하여 차단한다.
② 인사: 과거의 데이터를 학습하여 직무 소진(번아웃) 가능성이 높은 직원을 예측하고 선제적으로 관리한다.
③ 제조: 숙련된 엔지니어의 경험에만 의존하여 제품 설계도를 작성하고 수작업으로 품질을 검수한다.
④ 인사: 지원자의 이력서와 직무 기술서를 비교 분석하여 해당 직무에 가장 적합한 후보자를 추천한다.

정답·해설

01 ③ 제시된 사례는 현실 세계의 물리적 자산(공장, 설비)을 가상 공간에 동일하게 복제하고, 시뮬레이션을 통해 최적의 운영 방안을 찾는 디지털 트윈(Digital Twin) 기술의 대표적인 활용 예시이다. 디지털 트윈은 실제 현장에서 발생할 수 있는 시행착오 비용과 시간을 최소화하고, 데이터에 기반한 정교한 의사결정을 내릴 수 있도록 지원한다.

02 ③ 인공지능 기반의 제조 혁신은 '숙련된 엔지니어의 경험에만 의존'하는 전통적인 방식에서 벗어나는 것을 목표로 한다. AI는 생성형 AI를 통해 설계 시안을 자동으로 생성하거나, 비전 AI를 통해 미세한 불량을 실시간으로 검출하여 품질 관리를 자동화하는 등 데이터 기반의 지능형 생산 시스템으로의 전환을 이끌고 있다.

제5절 인공지능의 윤리적 문제

01 인공지능 윤리의 필요성

1. 책임 있는 사용(Responsible AI)
① 인공지능 기술의 발전과 확산은 우리에게 전례 없는 편리함과 효율성을 제공했지만, 동시에 알고리즘의 편향성, 데이터 프라이버시 침해, 책임 소재의 불분명함과 같은 새로운 윤리적 문제를 야기했다.
② 이에 따라 기술의 잠재적 위험을 관리하고 사회적 책임을 다하는 '책임 있는 AI(Responsible AI)'의 실현은, 더 이상 선택이 아닌 기업의 생존과 사회적 신뢰를 담보하는 필수 과제로 부상하였다.

02 인공지능 윤리 문제

1. 알고리즘 편향성과 공정성

(1) 알고리즘 편향성(Bias) ★
① AI가 학습하는 데이터에 내재된 인간 사회의 편견, 차별, 불균형을 그대로 학습하여 결과물에 재현하거나 심지어 증폭시키는 현상을 의미한다.
② AI는 스스로 가치 판단을 하는 것이 아니라 데이터에 기반하여 패턴을 학습하기 때문에, 편향된 데이터로 학습된 AI는 불공정한 결정을 내릴 수 있다.
③ 대표적인 사례로, 미국의 재범 예측 알고리즘 '컴파스(COMPAS)'가 과거의 불평등한 사법 데이터를 학습한 결과, 특정 인종의 재범률을 더 높게 예측하는 인종 편향성 문제를 일으킨 바 있다.
④ 이처럼 채용, 대출 심사, 사법 판단 등 중요한 의사결정에 사용되는 AI의 편향성은 사회적 차별을 고착화하고 기업의 신뢰도를 심각하게 훼손할 수 있다.

2. 투명성과 설명가능성(XAI)

(1) 블랙박스 문제
① 딥러닝과 같은 복잡한 AI 모델은 뛰어난 성능을 보이지만, 어떤 근거로 특정 결정을 내렸는지 그 과정이 명확히 보이지 않는 '블랙박스(Black Box)' 문제가 존재한다.
② 이러한 투명성의 부재는 AI의 결정을 신뢰하기 어렵게 만들며, 문제가 발생했을 때 책임 소재를 규명하기도 힘들게 한다.

(2) 설명가능 AI(XAI, Explainable AI) ★★
① 설명가능 AI(XAI, Explainable AI)는 바로 이 블랙박스 문제를 해결하기 위한 기술로, AI의 판단 근거와 의사결정 과정을 인간이 이해할 수 있는 형태로 설명하고 제시하는 것을 목표로 한다.
② 예를 들어, AI가 특정인의 대출 신청을 거절했다면, 그 이유가 '낮은 신용 점수' 때문인지 '과도한 부채 비율' 때문인지 구체적인 근거를 제시하는 것이다.
③ 유럽연합(EU)의 일반 데이터 보호 규정(GDPR)은 정보 주체에게 '설명에 대한 권리'를 명시하는 등, XAI는 점차 기술적 요구를 넘어 법적, 제도적 의무가 되고 있다.

3. 데이터 프라이버시 보호기술

(1) 개인정보 유출 및 오용 문제
① AI 모델, 특히 딥러닝은 대량의 데이터를 필요로 하며, 이 과정에서 민감한 개인정보가 유출되거나 오용될 위험이 상존한다.
② 따라서 AI 기술을 활용하는 기업은 강력한 데이터 프라이버시 보호 기술을 도입해야 할 책임이 있다.

(2) 프라이버시 보호 기술
① 대표적인 기술로는 연합 학습(Federated Learning)과 차분 프라이버시(Differential Privacy)가 있다.
② 연합 학습은 데이터를 중앙 서버로 보내지 않고, 각 사용자의 기기(예 스마트폰)에서 모델을 개별적으로 학습시킨 후, 개인정보를 식별할 수 없는 학습값(가중치 등)만을 중앙에서 취합하는 방식이다.
③ 차분 프라이버시는 데이터셋 전체의 통계적 분석은 가능하게 하면서도, 특정 개인이 그 데이터셋에 포함되어 있는지 여부는 알 수 없도록 데이터에 의도적인 '노이즈(noise)'를 추가하는 기술이다.
④ 이러한 기술들은 프라이버시를 보호하면서도 AI 모델의 성능을 유지하는 데 기여한다.

4. AI 책임과 거버넌스 체계 수립

(1) AI 거버넌스(AI Governance) 수립 필요성
산발적인 기술 도입만으로는 AI의 윤리적 문제를 해결할 수 없다. 기업은 AI 기술을 개발하고 활용하는 전 과정에서 윤리적·법적·사회적 책임을 다하기 위해 마련하는 전사적인 정책 및 관리 체계, 즉 AI 거버넌스(AI Governance)를 수립해야 한다.

(2) AI 거버넌스 필요 요소
효과적인 AI 거버넌스는 다음과 같은 요소를 포함한다.
① 공정성, 투명성, 책임성 등 기업이 추구하는 AI 윤리 원칙을 명확히 선언해야 한다.
② AI 프로젝트의 윤리적·사회적 위험을 심의하고 감독하는 윤리 위원회와 같은 독립적인 조직을 운영해야 한다.
③ 새로운 AI 시스템을 도입하기 전에 그것이 사회에 미칠 잠재적 영향을 사전에 평가하는 알고리즘 영향 평가(AIA) 절차를 의무화하여 위험을 선제적으로 관리해야 한다.

기출개념확인

01 다음 사례에서 가장 핵심적으로 드러나는 인공지능의 윤리적 문제는 무엇인가?

> A 기업은 과거 10년간의 채용 데이터를 학습하여 지원자의 서류 합격 여부를 예측하는 AI 모델을 개발했다. 그러나 모델을 실제 적용한 결과, 특정 대학 출신 지원자나 남성 지원자에게 높은 합격 점수를 부여하는 경향이 뚜렷하게 나타났다. 이는 과거 채용 데이터에 존재했던 암묵적인 편견을 AI가 그대로 학습했기 때문으로 분석되었다.

① 블랙박스(Black Box) 문제
② 알고리즘 편향성(Algorithmic Bias)
③ 데이터 프라이버시(Data Privacy) 침해
④ 차분 프라이버시(Differential Privacy)의 한계

02 다음 중 AI의 윤리적 문제 해결을 위한 'AI 거버넌스' 체계의 구성 요소로 가장 거리가 먼 것은?

① 기업이 추구하는 공정성, 투명성 등 AI 윤리 원칙을 명확히 선언한다.
② AI 프로젝트의 윤리적 위험을 심의하고 감독하기 위한 독립적인 윤리 위원회를 운영한다.
③ 민감한 개인정보를 중앙 서버로 전송하지 않고 각 사용자의 기기에서 모델을 학습시킨다.
④ 새로운 AI 시스템을 도입하기 전, 사회에 미칠 잠재적 영향을 평가하는 알고리즘 영향 평가(AIA)를 수행한다.

정답·해설

01 ② AI 모델은 과거 데이터에서 '특정 대학 출신'이나 '남성'이 합격률이 높았다는 패턴을 학습하여, 이를 새로운 지원자에게도 그대로 적용한 것이다. 이는 채용 과정에서의 공정성을 심각하게 훼손하는 윤리적 문제이다.

02 ③ AI 거버넌스는 기업이 AI 기술을 책임감 있게 개발하고 활용하기 위해 수립하는 전사적인 정책, 조직, 프로세스 등 관리 체계를 의미한다. '데이터 프라이버시 보호'를 위한 구체적인 기술적 방법론 중 하나이며, 기업의 정책이나 관리 체계인 '거버넌스' 자체와는 구분되는 개념이다.

제6장 | 실전연습문제

* 기출유형 은 해당 문제가 실제 시험에 출제된 유형임을 나타냅니다.

기출유형

01 환자의 증상, 혈액 검사 결과 등 주어진 데이터를 바탕으로 규칙을 순차적으로 적용하여 예상되는 질병이라는 결론을 도출하는 전문가시스템이 있다. 이 시스템의 추론 방식으로 가장 적절한 것은?

① 순방향 추론(Forward Chaining)
② 역방향 추론(Backward Chaining)
③ 유전자 알고리즘(Genetic Algorithm)
④ 지능형 에이전트(Intelligent Agent)

02 다음 중 인공지능(AI)의 역사적 발전 단계에 대한 설명으로 가장 적절하지 않은 것은?

① 1950년대: 앨런 튜링이 기계의 지능을 판별하는 '튜링 테스트'를 제안하며 인공지능의 개념적 기반을 마련했다.
② 1960~1980년대: 전문가시스템이 개발되었으나, 기술적 한계와 과도한 기대로 인해 연구가 침체되는 'AI 겨울'을 맞이했다.
③ 1990~2000년대: '어텐션' 메커니즘을 사용하는 트랜스포머 모델이 등장하여 자연어 처리 분야에 혁신을 가져왔다.
④ 2010년대 이후: 컴퓨팅 파워의 발전과 빅데이터를 기반으로 한 딥러닝 기술이 알파고 등을 통해 비약적인 성공을 거두었다.

기출유형

03 현실 세계 위에 가상의 정보를 겹쳐 보여주는 증강현실(AR)이 사용자의 주변 환경과 위치를 정확하게 인식하고 이해하기 위해 필수적으로 요구되는 기반 기술은 무엇인가?

① 유전자 알고리즘(Genetic Algorithm)
② 전문가시스템(Expert System)
③ 지능형 에이전트(Intelligent Agent)
④ 비전시스템(Vision System)

기출유형

04 항공사의 복잡한 운항 스케줄을 최적화하여 연료 소모와 운영 비용을 최소화하고자 할 때, 생물의 진화 과정(선택, 교차, 돌연변이)을 모방하여 최적해를 찾아가는 데 가장 적합한 AI 기술은?

① 유전자 알고리즘(Genetic Algorithm)
② 순환 신경망(RNN)
③ 전문가시스템(Expert System)
④ 합성곱 신경망(CNN)

05 다음 중 지도학습의 '분류(Classification)' 과제에 해당하는 사례로 가장 적절한 것은?

① 고객의 연령, 소득, 소비액을 바탕으로 내년 예상 구매 금액을 예측한다.
② 신용카드 사용 내역을 분석하여 정상 거래와 사기 거래를 구분한다.
③ 온라인 쇼핑몰의 모든 고객을 구매 성향에 따라 여러 그룹으로 나눈다.
④ 바둑판의 현재 상태를 보고 최적의 다음 수를 두도록 학습한다.

06 지도학습과 비지도학습에 대한 설명으로 가장 올바른 것은?

① 지도학습은 데이터에 내재된 패턴이나 구조를 발견하는 것을 목표로 한다.
② 비지도학습은 '정답(레이블)'이 주어진 데이터를 사용하여 모델을 학습시킨다.
③ 고객을 구매 패턴에 따라 그룹으로 나누는 '고객 세분화'는 지도학습의 일종이다.
④ 학습 데이터에 정답(레이블)이 있는지 여부가 두 방식을 구분하는 가장 근본적인 차이점이다.

〔기출유형〕
07 다음 중 기계학습의 '회귀(Regression)' 과제 해결에 가장 직접적으로 사용되는 알고리즘은 무엇인가?

① K-평균 군집화(K-Means Clustering)
② 주성분 분석(PCA)
③ 선형 회귀(Linear Regression)
④ 강화학습(Reinforcement Learning)

〔기출유형〕
08 강화학습의 에이전트가 특정 상태에서 어떤 행동을 취할지를 결정하는 전략 또는 규칙을 의미하는 핵심 구성요소는 무엇인가?

① 환경(Environment)
② 보상(Reward)
③ 정책(Policy)
④ 상태(State)

09 다음 중 자연어 처리 기술의 핵심 영역인 '자연어 이해(NLU)'에 해당하는 기능으로 가장 적절한 것은?

① 날씨 데이터를 바탕으로 "오늘 날씨는 맑고 기온은 25도입니다."라는 문장을 생성한다.
② 사용자가 "가장 인기 있는 영화 보여줘"라고 말했을 때 그 의도를 '영화 추천 요청'으로 파악한다.
③ 긴 뉴스 기사의 내용을 세 문장으로 자동으로 요약한다.
④ 고객의 요청사항을 바탕으로 이메일 초안을 자동으로 작성한다.

10 초기 자연어 처리 연구에 사용되었던 '규칙 기반' 접근법의 가장 큰 한계점으로 지적되는 것은?

① 대규모 텍스트 데이터가 반드시 필요하여 비용이 많이 든다.
② 통계적 확률 계산이 복잡하여 처리 속도가 매우 느리다.
③ 언어의 수많은 예외와 중의적 표현을 모두 규칙으로 정의하기 어려워 확장성이 부족하다.
④ 딥러닝 모델의 내부 작동을 이해하기 어려운 블랙박스 문제가 존재한다.

11 다음 중 딥러닝 기반 자연어 처리 모델에 대한 설명으로 가장 적절하지 <u>않은</u> 것은?

① 워드 임베딩: 단어의 의미를 벡터 공간에 표현하여 단어 간의 관계를 계산할 수 있게 했다.
② 순환 신경망(RNN): 문장과 같이 순서가 있는 데이터를 처리하는 데 강점을 가진다.
③ 트랜스포머: '어텐션' 메커니즘을 통해 문장이 길어져도 중요한 정보를 파악하는 데 용이하다.
④ 합성곱 신경망(CNN): 순환 구조를 통해 문장의 시퀀스를 처리하며 자연어 생성에 주로 사용된다.

〔기출유형〕
12 소셜 미디어에 올라온 특정 제품에 대한 사용자들의 글을 분석하여 긍정, 부정, 중립 등 여론의 분포를 파악하는 AI 응용 분야는 무엇인가?

① 기계 번역
② 감성 분석
③ 텍스트 요약
④ 이상 거래 탐지

[기출유형]

13 현실의 물리적 자산을 가상 공간에 그대로 복제하여 시뮬레이션을 통해 최적의 운영 방안을 찾는 기술로, 스마트 팩토리의 핵심 기술로 꼽히는 것은?

① 디지털 트윈(Digital Twin)
② 로보어드바이저(Robo-Advisor)
③ 생성형 AI(Generative AI)
④ 전문가시스템(Expert System)

14 AI가 고객의 평소 거래 패턴을 학습하여, 이로부터 벗어나는 비정상적인 금융 거래를 실시간으로 탐지하고 차단하는 시스템은 무엇인가?

① AI 기반 신용 평가 시스템
② 이상 거래 탐지 시스템(FDS)
③ 직원 이탈 예측 시스템
④ 생성형 AI 기반 설계 시스템

15 인사(HR) 부서에서 AI를 활용하여, 수천 명의 지원자 이력서와 직무 기술서를 자동으로 비교 분석하고 해당 직무에 가장 적합한 후보자를 추천받았다. 이는 AI의 비즈니스 응용 중 어떤 사례에 해당하는가?

① 직원 이탈 예측 및 인재 유지
② AI 기반 인재 발굴 및 채용 자동화
③ 생성형 AI 기반 품질 관리
④ AI 기반 자산 관리

16 다음 중 인공지능의 윤리적 문제 해결을 위한 '설명가능 AI(XAI)'의 주된 목표는 무엇인가?

① AI 학습에 필요한 개인정보를 중앙 서버로 보내지 않고 보호하는 것
② AI 모델이 내린 결정의 근거와 과정을 인간이 이해할 수 있도록 제시하는 것
③ 데이터에 내재된 사회적 편견이 AI 모델에 의해 증폭되는 것을 방지하는 것
④ AI 시스템 도입 전 사회에 미칠 영향을 사전에 평가하고 관리하는 것

17 알고리즘의 편향성(Bias) 문제가 발생하는 근본적인 원인으로 가장 적절한 것은?

① AI 알고리즘 자체의 수학적 오류
② AI를 학습시키는 데이터에 내재된 사회적 편견
③ AI 모델의 복잡성이 너무 높아 발생하는 블랙박스 현상
④ AI 시스템을 운영하는 과정에서의 기술적 결함

[기출유형]

18 민감한 개인정보를 보호하면서 AI를 학습시키기 위해, 데이터셋에 의도적인 '노이즈(noise)'를 추가하여 특정 개인이 데이터에 포함되었는지 식별할 수 없도록 만드는 기술은 무엇인가?

① 연합 학습(Federated Learning)
② 차분 프라이버시(Differential Privacy)
③ 알고리즘 영향 평가(AIA)
④ 역방향 추론(Backward Chaining)

[기출유형]

19 기업이 AI 기술을 윤리적으로 개발하고 활용하기 위해 수립하는 전사적인 정책, 조직, 프로세스를 포괄하는 관리 체계를 무엇이라고 하는가?

① 전문가시스템(Expert System)
② AI 거버넌스(AI Governance)
③ 디지털 트윈(Digital Twin)
④ 설명가능 AI(XAI)

20 다음 중 강화학습의 '가치 기반 학습(Value-Based Learning)'에 대한 설명으로 가장 올바른 것은?

① 에이전트가 특정 상태에서 취할 행동의 확률을 직접 모델링하여 최적의 정책을 학습한다.
② 각(상태, 행동) 쌍에 대한 미래 보상의 총합(가치)을 학습하고, 이 가치를 최대로 만드는 행동을 선택하는 방식으로 정책을 결정한다.
③ 정답(레이블)이 있는 데이터를 사용하여 상태와 최적 행동 간의 관계를 직접적으로 예측한다.
④ 데이터에 내재된 숨겨진 구조를 파악하여 유사한 상태들을 그룹으로 묶는 방식으로 학습한다.

제6장 | 정답·해설

01	02	03	04	05
①	③	④	①	②
06	07	08	09	10
④	③	③	②	③
11	12	13	14	15
④	②	①	①	②
16	17	18	19	20
②	②	②	②	②

01 ①

주어진 사실(데이터)에서 출발하여 규칙을 순차적으로 적용해 최종 결론에 도달하는 방식은 데이터 주도적(Data-driven) 접근법인 순방향 추론(Forward Chaining)에 해당한다.

02 ③

트랜스포머 모델은 2017년에 등장했으며, 이는 2010년대 이후의 딥러닝 혁명에 해당한다. 1990~2000년대는 머신러닝 알고리즘과 통계 기반 자연어 처리가 주를 이룬 시기이다.

03 ④

비전시스템(Vision System)은 인간의 시각처럼 이미지나 비디오를 분석하여 의미 있는 정보를 추출하는 기술로, 증강현실(AR)이 현실 공간을 인식하고 이해하는 기반 기술이다.

04 ①

유전자 알고리즘(Genetic Algorithm)은 생물의 진화 과정을 모방하여 복잡한 문제에 대한 최적해를 찾는 데 특화된 알고리즘으로, 스케줄링이나 포트폴리오 최적화 등에 널리 활용되고 있다.

05 ②

'정상 거래'와 '사기 거래'라는 미리 정의된 두 개의 범주(클래스) 중 하나로 데이터를 예측하는 문제이므로 지도학습의 분류(Classification)에 해당한다.

06 ④

지도학습과 비지도학습을 나누는 가장 근본적인 기준은 학습 데이터에 정답, 즉 레이블(Label)의 유무이다. 지도학습은 레이블이 있는 데이터로 예측을, 비지도학습은 레이블 없는 데이터로 패턴 발견을 목표로 한다.

07 ③

선형 회귀(Linear Regression)는 연속적인 숫자 값을 예측하는 대표적인 회귀 알고리즘이다. K-평균 군집화와 주성분 분석은 비지도학습, 강화학습은 별개의 학습 방식이다.

08 ③

강화학습에서 정책(Policy)은 에이전트가 특정 상태에서 어떤 행동을 취할지에 대한 전략 및 규칙을 의미한다.

09 ②

자연어 이해(NLU)는 사용자의 언어를 컴퓨터가 의미 있는 정보나 명령으로 해석하는 과정이다. 사용자의 말에서 의도를 파악하는 것이 핵심 기능이다.

10 ③

규칙 기반 접근법은 전문가가 직접 규칙을 만들어야 하므로, 언어에 존재하는 무수한 예외, 비유, 신조어 등을 모두 처리하기 어려워 확장성과 유연성이 부족하다는 명백한 한계가 있었다.

11 ④

합성곱 신경망(CNN)은 이미지의 공간적 특징 추출에 특화된 모델로, 주로 비전시스템에 사용된다. 순환 구조를 통해 시퀀스를 처리하는 모델은 순환 신경망(RNN)이다.

12 ②

텍스트에 담긴 긍정, 부정 등 주관적인 감성이나 의견을 분석하는 기술을 감성 분석(Sentiment Analysis)이라고 한다. 이는 자연어 이해(NLU)의 주요 응용 분야 중 하나이다.

13 ①

디지털 트윈(Digital Twin)은 현실의 물리적 시스템을 가상 공간에 그대로 복제하여 시뮬레이션, 분석, 예측을 수행하는 기술이다.

14 ②

고객의 정상 거래 패턴을 학습하고, 이와 다른 이상 패턴을 탐지하여 금융 사기를 예방하는 시스템은 이상 거래 탐지 시스템(Fraud Detection System, FDS)이다.

15 ②

AI가 지원자의 이력서와 직무 기술서를 분석하여 적합한 인재를 추천하는 것은 인사(HR) 분야의 AI 기반 인재 발굴 및 채용 자동화 사례에 해당한다.

16 ②

설명가능 AI(XAI)는 AI가 왜 그런 결정을 내렸는지 그 내부 과정과 판단 근거를 인간이 이해할 수 있는 형태로 제공하여, 모델의 투명성과 신뢰성을 높이는 것을 목표로 한다.

17 ②

알고리즘 편향성은 AI가 똑똑하지 않아서가 아니라, 학습에 사용된 데이터 자체가 인간 사회의 편견이나 차별을 이미 포함하고 있기 때문에 발생하는 문제이다. AI는 그 편견을 그대로 학습할 뿐이다.

18 ②

차분 프라이버시(Differential Privacy)는 데이터셋에 통계적인 노이즈를 추가하여, 특정 개인의 정보가 포함되었는지 여부를 식별할 수 없게 만들어 개인정보를 보호하는 기술이다.

19 ②

기업이 AI를 책임감 있게 개발하고 활용하기 위해 수립하는 전사적인 정책, 조직, 프로세스 등을 포괄하는 관리 체계를 AI 거버넌스(AI Governance)라고 한다.

20 ②

가치 기반 학습(Value-Based Learning)은 각 상태에서 특정 행동을 했을 때 미래에 받을 보상의 총합(가치 함수 또는 Q-값)을 학습하고, 이 가치를 가장 높게 만드는 행동을 선택하는 방식으로 최적의 정책을 간접적으로 도출한다.

무료 학습자료 제공 · 독학사 단기합격 **해커스독학사**
haksa2080.com

전문가가 분석한 출제경향 및 학습전략

제7장은 OSI 7계층, 토폴로지 등 전통 이론과 IoT, 엣지 컴퓨팅 같은 신기술 동향이 결합되어 출제된다. 특히 QR, RFID, NFC 등 유사 기술의 특징을 비교하는 문제가 중요하다. 단순 암기보다 '회선 vs 패킷', '클라우드 vs 엣지'처럼 핵심 개념을 비교하고, 'IoT → 예지보전', 'NFC → 모바일 결제'와 같이 기술과 실제 활용 사례를 연결하여 이해하는 전략이 필수적이다.

제7장 | 핵심 키워드 Top 10
핵심 키워드 Top 10은 본문에도 동일하게 ★로 표시하였습니다.

01	사물인터넷(IoT) ★★★	p.204
02	엣지 컴퓨팅(Edge Computing) ★★★	p.207
03	RFID(Radio-Frequency Identification) ★★	p.203
04	NFC(Near Field Communication) ★★	p.203
05	OSI 7계층 참조 모델 ★★★	p.191
06	패킷 교환 방식(Packet Switching) ★★	p.194
07	TCP/IP 프로토콜 ★★	p.192
08	네트워크 토폴로지 ★★	p.186
09	Wi-Fi 6(802.11ax) ★	p.189
10	보안 및 프라이버시 문제 ★	p.207

제7장

통신네트워크

제1절 통신네트워크 개요
제2절 무선네트워크
제3절 모바일 컴퓨팅

제1절 통신네트워크 개요

01 통신네트워크의 의미

1. 통신네트워크의 의미
① 통신네트워크란 지리적으로 분산된 컴퓨터, 단말기 등의 장치를 통신회선으로 연결하여 각종 정보와 자원을 공유하는 시스템을 의미한다.
② 이러한 네트워크가 원활하게 작동하기 위해서는 여러 구성요소들이 유기적으로 결합하여 각자의 역할을 수행해야 한다.
③ 통신네트워크를 구성하는 5대 기본 요소는 다음과 같다.

02 기본 구성요소

1. 단말 장치(Terminal Equipment)

(1) 정의
데이터 통신 시스템의 시작점(송신)과 종착점(수신)에 위치하여, 사용자가 네트워크와 직접 상호작용할 수 있도록 하는 장치를 의미한다. 즉, 네트워크의 양 끝단(End-point)에서 데이터의 입력과 출력을 담당하는 모든 기기를 포괄한다.

(2) 역할 및 기능
① 송신 기능: 사용자가 생성한 문자, 음성, 영상 등의 데이터를 컴퓨터가 처리할 수 있는 디지털 신호로 변환하여 네트워크로 전송한다.
② 수신 기능: 네트워크를 통해 전달된 디지털 신호를 사용자가 인지할 수 있는 형태(화면 표시, 소리, 인쇄물 등)로 변환하여 출력한다.
③ 인터페이스: 사용자와 네트워크 간의 접점 역할을 수행한다.

(3) 주요 예시
① 개인용 컴퓨터(PC), 노트북, 스마트폰, 태블릿 PC
② 서버(Server), 프린터(Printer), 스캐너(Scanner)
③ 현금 자동 입출금기(ATM), 판매 시점 관리 시스템(POS)
④ 사물인터넷(IoT) 환경의 각종 센서 및 액추에이터

> **✓ 핵심 Check**
> **단말장치**
> 단말 장치는 네트워크의 '이용 주체'가 사용하는 장비로, 실제 데이터가 생성되거나 소비되는 장소라는 점을 명확히 이해하는 것이 중요하다.

2. 메시지(Message)

(1) 정의
통신을 통해 한 장치에서 다른 장치로 전달되는 실제 정보(Information) 또는 데이터(Data)를 의미한다.

(2) 역할 및 기능
통신의 내용물로서, 통신 행위의 궁극적인 목적 그 자체이다. 네트워크는 이 메시지를 송신자로부터 수신자에게 빠르고, 정확하며, 안전하게 전달하기 위해 존재한다.

(3) 주요 예시
① 텍스트: 이메일 본문, 메신저 대화 내용, 워드 문서
② 숫자: 회계 자료, 과학 계산 데이터
③ 이미지: 사진 파일(JPEG, PNG), 그래픽 디자인
④ 음성: 인터넷 전화(VoIP)의 음성 데이터, 음성 녹음 파일
⑤ 영상: 동영상 스트리밍(유튜브), 화상 회의 데이터

> **핵심 Check**
> **메시지 = 콘텐츠**
> 메시지는 통신 시스템을 통해 전달되는 내용(Content)에 해당한다. 네트워크의 성능은 이 메시지를 얼마나 효율적으로 전달하는가에 따라 평가된다.

3. 전송 매체(Transmission Media)

(1) 정의
메시지가 전기적 신호나 전자기파 형태로 변환되어 송신 장치에서 수신 장치까지 이동하는 물리적인 경로 또는 통로를 의미한다.

(2) 역할 및 기능
① 데이터가 이동하는 실질적인 길(Path)의 역할을 한다.
② 매체의 종류와 품질에 따라 네트워크의 최대 전송 속도(대역폭), 전송 안정성, 보안 수준, 구축 비용 등이 결정된다.

(3) 주요 예시
① 유선 매체(Guided Media): 물리적인 케이블이 존재하는 경우이다.
② 꼬임쌍선(Twisted-pair Cable): LAN선(UTP)으로 가장 널리 사용한다. 저렴하지만 외부 간섭에 약하다.
③ 동축 케이블(Coaxial Cable): 케이블 TV망에 사용한다. 꼬임쌍선보다 외부 간섭에 강하다.
④ 광섬유 케이블(Fiber-optic Cable): 빛을 이용해 데이터를 전송한다. 초고속, 광대역, 높은 보안성을 자랑하며 장거리 전송에 유리하다.
⑤ 무선 매체(Unguided Media): 공간을 통해 신호를 전파하는 경우에 해당한다.
⑥ 공기: 라디오파(Wi-Fi, Bluetooth), 마이크로파(LTE, 5G), 적외선 등을 통해 데이터를 전송한다.

> **핵심 Check**
> **유선매체와 무선매체의 특징**
> 유선 매체와 무선 매체의 종류별 특징(장단점)을 비교하여 암기하는 것이 중요하다. 특히, 광섬유 케이블의 우수한 특성(광대역, 저손실, 보안성)은 시험에 자주 출제되는 핵심 개념이다.

4. 네트워크 장비(Network Devices)

(1) 정의

단말 장치들을 서로 연결하고, 네트워크를 통해 데이터가 원활하게 흐를 수 있도록 돕는 다양한 중계(Intermediary) 장치를 총칭한다.

(2) 역할 및 기능

① 연결 및 확장: 여러 단말 장치를 물리적으로 연결하고 네트워크의 범위를 확장한다.
② 신호 제어: 감쇠된 신호를 증폭(리피터)하거나, 불필요한 데이터 전송을 막아(스위치) 효율성을 높인다.
③ 경로 설정: 데이터가 목적지까지 갈 수 있는 최적의 경로를 찾아 안내한다(라우터).

(3) 주요 예시

① 리피터(Repeater): 감쇠된 신호를 증폭하여 전송 거리를 연장하는 장비(OSI 1계층)
② 스위치(Switch): LAN 내에서 MAC 주소를 기반으로 목적지 장치에만 데이터를 전달하여 통신 효율을 높이는 장비(OSI 2계층)
③ 라우터(Router): 서로 다른 네트워크(예 내부 LAN과 인터넷)를 연결하고, IP 주소를 기반으로 데이터의 최적 경로를 결정하는 장비(OSI 3계층)

> **핵심 Check**
>
> **네트워크 장비와 OSI 7계층 연계**
> 각 네트워크 장비의 핵심 기능과 해당 장비가 OSI 7계층 모델 중 어느 계층에서 동작하는지를 정확히 연결하여 학습하는 것이 필수적이다.

5. 프로토콜(Protocol)

(1) 정의

네트워크에 연결된 서로 다른 장치들 간에 데이터를 원활하게 주고받기 위해 사전에 약속된 통신 규약 및 규칙의 집합이다.

(2) 역할 및 기능

① 통신 과정에서 발생하는 모든 절차와 방법을 표준화한다.
② 주요 기능으로는 데이터의 형식 정의, 전송 순서 제어, 오류 검출 및 복구, 데이터 흐름 제어 등이 있다.
③ 인간 사회의 '언어'나 국가 간의 '외교 의례'와 같이, 프로토콜이 없다면 상호 간의 통신이 불가능하다.

(3) 주요 예시

① TCP/IP: 현재 인터넷에서 사용하는 표준 프로토콜 스위트(모음)
② HTTP(HyperText Transfer Protocol): 월드 와이드 웹(WWW)에서 웹 페이지와 같은 데이터를 전송하는 규약
③ FTP(File Transfer Protocol): 컴퓨터 간에 파일을 전송하기 위한 규약
④ SMTP(Simple Mail Transfer Protocol): 이메일을 보낼 때 사용하는 규약

03 전송매체/대역폭

1. 전송 매체(Transmission Media)
데이터 신호가 송신 측에서 수신 측으로 전달되는 물리적인 경로를 의미하며, 크게 유선 매체와 무선 매체로 구분된다.

(1) **유선 매체(Guided Media)**
  물리적인 케이블을 통해 전기 신호나 빛 신호를 '유도하여' 전송하는 방식으로, 안정성이 높고 외부 간섭의 영향을 적게 받는 장점이 있다.
  ① 꼬임쌍선(Twisted-Pair Cable)
    ㉠ 구조: 절연체로 덮인 두 가닥의 구리선을 서로 꼬아서 만든 케이블이다. 두 선을 꼬는 이유는 외부에서 발생하는 전자기 간섭(EMI, Electro-Magnetic Interference)이나 인접한 다른 선의 신호 간섭(누화, Crosstalk)을 상쇄시켜 최소화하기 위함이다.
    ㉡ 종류
      ⓐ UTP(Unshielded Twisted-Pair): 외부 차폐재(Shield)가 없는 케이블로, 가격이 저렴하고 설치가 용이하여 현재 LAN 환경에서 가장 보편적으로 사용된다.
        예 흔히 보는 랜선
      ⓑ STP(Shielded Twisted-Pair): 각 꼬임쌍을 금속 호일 등으로 감싸 차폐 기능을 강화한 케이블. UTP보다 노이즈 방지 성능이 우수하여 공장이나 병원 등 전자기 간섭이 심한 환경에서 사용되나, 가격이 비싸고 설치가 더 복잡하다.
    ㉢ 특징
      ⓐ 장점: 저렴한 비용, 쉬운 설치 및 취급
      ⓑ 단점: 외부 노이즈에 취약, 전송 거리 제한(보통 100m 이내), 보안에 취약
  ② 동축 케이블(Coaxial Cable)
    ㉠ 구조
      ⓐ 중앙의 구리 도체를 절연체로 감싸고, 그 위를 그물망 형태의 외부 도체(차폐층)로 다시 감싼 후 외부 피복으로 마감한 구조이다.
      ⓑ 이러한 구조 덕분에 꼬임쌍선보다 외부 노이즈에 대한 저항력이 뛰어나다.
    ㉡ 특징
      ⓐ 장점: 꼬임쌍선보다 높은 대역폭과 우수한 노이즈 차폐 성능
      ⓑ 단점: 꼬임쌍선보다 비싸고 유연성이 떨어져 설치가 어려움
      ⓒ 주요 용도: 과거 LAN 환경이나 케이블 TV 방송망, CCTV 연결에 주로 사용되었으나 현재는 상당 부분 광섬유 케이블로 대체되었다.

③ 광섬유 케이블(Fiber-Optic Cable)
  ㉠ 구조
    ⓐ 머리카락 굵기의 순수한 유리 또는 플라스틱 섬유(코어, Core)와 이를 감싸는 다른 굴절률의 유리(클래딩, Cladding)로 구성된다.
    ⓑ 코어를 통해 빛 신호를 전송할 때, 코어와 클래딩의 굴절률 차이를 이용한 '전반사(Total Internal Reflection)' 원리를 통해 빛이 외부로 빠져나가지 않고 코어 내부를 따라 멀리까지 전달된다.
  ㉡ 특징
    ⓐ 장점
      • 초고속 및 광대역: 현존하는 매체 중 가장 넓은 대역폭을 제공하여 수백 Gbps~Tbps급의 데이터 전송이 가능하다.
      • 낮은 신호 감쇠: 신호 손실이 매우 적어 수십 km 이상을 증폭 없이 전송할 수 있다.
      • 완벽한 전자기 간섭 면역: 전기 신호가 아닌 빛을 사용하므로 전자기 간섭(EMI)의 영향을 전혀 받지 않는다.
      • 높은 보안성: 케이블을 절단하지 않고는 신호를 빼내는 '도청'이 거의 불가능하여 보안에 매우 유리하다.
    ⓑ 단점: 높은 설치 비용, 케이블 연결 및 분기에 고도의 전문 기술 필요
  ㉢ 주요 용도: 인터넷 기간망(Backbone), 해저 케이블, 데이터 센터 연결 등 대용량 데이터의 장거리 전송에 필수적인 매체이다.

구분	꼬임쌍선(UTP)	동축 케이블	광섬유 케이블
주요 용도	LAN(사무실, 가정)	CATV, CCTV(과거)	인터넷 기간망, 해저 케이블
대역폭	낮음(수 Gbps)	중간(수백 Mbps)	매우 높음(수 Tbps)
전송 거리	짧음(~100m)	중간(~500m)	매우 김(수십 km 이상)
외부 간섭	취약	보통	완벽 면역
비용	저렴	중간	고가

〈유선 매체 비교〉

(2) 무선 매체(Unguided Media)
  ① 무선매체의 특징
    ㉠ 공간을 통해 전자기파(전파, 마이크로파 등) 형태로 신호를 전파하는 방식으로, 물리적 케이블 설치가 어려운 환경이나 이동성을 제공하는 데 매우 유용하다.
    ㉡ 무선 통신은 전자기파(Electromagnetic Wave)를 이용하며, 주파수 대역에 따라 그 특성이 달라진다.
    ㉢ 주파수가 낮을수록 파장이 길어져 장애물 투과 및 회절 특성이 좋아지고, 주파수가 높을수록 파장이 짧아져 직진성이 강해지고 더 많은 정보를 실을 수 있다(광대역).

ⓔ 라디오파(방송, Wi-Fi, 블루투스), 마이크로파(이동통신, 위성통신), 적외선(리모컨) 등
② 무선매체의 종류
  ㉠ 라디오파(Radio Waves)
    ⓐ 전방향성(Omnidirectional): 안테나를 중심으로 신호가 사방으로 퍼져나가는 특성을 가진다. 따라서 송신기와 수신기의 위치를 정확하게 맞출 필요가 없어 넓은 영역을 커버하기에 유리하다.
    ⓑ 장애물 투과: 상대적으로 주파수가 낮아 벽이나 건물 등 장애물을 통과하거나 휘어서 전달되는(회절) 능력이 우수하다.
    ⓒ 주요 용도: AM/FM 라디오 방송, 무선 LAN(Wi-Fi), 블루투스(Bluetooth), NFC(Near Field Communication) 등
  ㉡ 마이크로파(Microwaves)
    ⓐ 단방향성(Unidirectional) 및 직진성: 라디오파와 달리 신호가 한 방향으로만 직진하는 성질이 매우 강하다.
    ⓑ 가시선 통신(Line-of-Sight, LOS): 송신 안테나와 수신 안테나 사이에 건물이나 산과 같은 장애물이 없어야 통신이 가능하다.
    ⓒ 지상 마이크로파(Terrestrial Microwave), 위성 마이크로파(Satellite Microwave)
    ⓓ 주요 용도: GPS, 위성 방송(스카이라이프), 위성 인터넷 서비스, 5G/LTE 이동통신 중계
  ㉢ 적외선(Infrared)
    ⓐ 단거리 및 직진성: 마이크로파처럼 직진성이 강하지만, 전송 거리가 수 미터로 매우 짧다.
    ⓑ 장애물 투과 불가능: 벽이나 문 등 고체를 전혀 통과하지 못한다.
    ⓒ 주요 용도: TV 리모컨, 에어컨 리모컨 등 대부분의 가전제품 리모컨, 과거 노트북 간의 무선 데이터 전송(IrDA) 방식

구분	라디오파 (Radio Waves)	마이크로파 (Microwaves)	적외선 (Infrared)
전파 방향성	전방향성 (Omnidirectional)	단방향성 (Unidirectional)	단방향성 (Unidirectional)
장애물 투과	가능(우수)	불가능(가시선 필요)	불가능
주요 용도	방송, 실내 무선 통신	장거리 통신, 이동 통신	단거리 제어, 실내 통신
핵심 기술	Wi-Fi, Bluetooth, NFC	LTE/5G, 위성 통신	TV 리모컨

〈무선 매체 비교〉

2. 대역폭(Bandwidth)

(1) 핵심 개념
① 주어진 시간 동안 특정 전송 매체를 통해 전송될 수 있는 최대 데이터의 양을 의미한다.
② 통신에서는 일반적으로 bps(bits per second, 초당 비트 수) 단위를 사용한다.
> 예 100Mbps는 1초에 1억(100,000,000)개의 비트를 전송할 수 있음을 의미

(2) 대역폭과 전송 매체의 관계
① 전송 매체의 물리적 특성이 대역폭의 상한선을 결정한다. 즉, 광섬유는 꼬임쌍선보다 본질적으로 더 넓은 대역폭을 가질 수밖에 없다.
② 이는 도로의 폭에 비유할 수 있는데, 광섬유는 왕복 16차선 고속도로, 꼬임쌍선은 2차선 국도와 같다고 할 수 있다.

(3) 대역폭(Bandwidth)과 처리율(Throughput)
① 대역폭: 회선이 가질 수 있는 이론적인 최대 전송률(도로의 설계 최고 속도)
② 처리율: 네트워크 혼잡, 장비 성능, 프로토콜 오버헤드 등 실제 환경 요인을 모두 고려했을 때 측정되는 실질적인 데이터 전송률(실제 교통 흐름 속도)이다. 일반적으로 처리율은 항상 대역폭보다 낮게 측정된다. 예를 들어, 1Gbps 대역폭의 인터넷 상품을 사용하더라도, 실제 파일 다운로드 속도(처리율)는 여러 요인으로 인해 그보다 낮게 나오는 것이 일반적이다.

> **핵심 Check**
> **대역폭 vs. 처리율**
> 대역폭은 네트워크의 '용량'을 나타내는 지표이며, 처리율은 '실제 성능'을 나타내는 지표임을 반드시 구분해야 한다.

04 네트워크 토폴로지 ★★

1. 네트워크 토폴로지의 정의
① 네트워크 토폴로지란 네트워크를 구성하는 컴퓨터, 네트워크 장비, 케이블 등의 구성 요소들이 어떠한 방식으로 연결되어 있는지를 나타내는 물리적 또는 논리적 배치 구조를 의미한다.
② 즉, 네트워크의 '지도' 또는 '설계도'에 해당한다. 토폴로지 선택은 네트워크의 초기 구축 비용, 성능, 신뢰성, 확장성 및 유지보수 용이성에 직접적이고 결정적인 영향을 미친다.

(1) 물리적 토폴로지(Physical Topology)
① 눈에 보이는 그대로의 연결 형태를 의미한다.
② 즉, 실제 케이블링과 장비가 어떻게 배치되고 연결되었는지를 나타내는 외형적 구조이다.
> 예 사무실의 컴퓨터들이 중앙의 스위치 장비에 각각 케이블로 연결된 모습 그 자체

(2) 논리적 토폴로지(Logical Topology)
물리적 배치와는 관계없이, 실제 데이터가 네트워크를 통해 흐르는 경로와 방식을 나타내는 논리적 흐름을 의미한다.

> 예 물리적으로는 성형 구조이지만, 구형 허브(Hub) 장비를 사용할 경우 데이터가 모든 컴퓨터에 전달되므로 논리적으로는 버스형처럼 동작한다.

2. 주요 네트워크 토폴로지 유형

(1) 버스형(Bus topology) ★★
① 하나의 케이블에 분기를 만들어 각 노드를 연결한다.
② 시그널의 반사를 방지하기 위해 터미네이터를(Terminators)가 사용된다.
③ 서로 가까운 거리의 장치들을 연결할 때 적절하다.
④ 가장 적은양의 케이블 사용으로 비용은 상대적으로 저렴하다.
⑤ 확장하려면 네트워크 전체를 중지시켜야 한다.
⑥ 케이블이 문제를 일으키면 위치를 찾기 힘들어, 장애발견과 관리가 어렵다.

(2) 링형(Ring topology)
① 케이블로 고리(loop)를 형성하고 고리에는 네트워크 장비들을 설치한다.
② 고리는 선의 시작과 끝이 없다.
③ 중심이 되는 컴퓨터가 따로 없이 대체로 같은 크기의 컴퓨터들이 링 모양으로 연결된다.
④ 고리(loop)안에서 장애가 일어나면 데이터가 왔던 경로로 돌아가면서 장애를 쉽게 극복할 수 있다.
⑤ 장애 발견시 왔던 경로를 되돌아간다.
⑥ 모든 장비에 똑같은 접속기회를 제공하는 것이 장점이다.
⑦ 버스 방식보다 많은 양의 케이블을 사용하므로 설치비용이 많이 든다.

(3) 스타형(Star Topolgy) ★★
① 다수의 네트워크 장비를 허브에 연결해서 사용하는 방식이다.
② 하나의 중앙 노드를 중심으로 단말 노드가 일-대-일인 형태이다.
③ 중앙에 허브를 두고 컴퓨터가 별 모양으로 연결되어 있어 설치와 재구성이 쉽다.
④ 중앙 노드에 오류 등 장애가 발생하면 전체 시스템에 영향을 미친다.
⑤ 장애 발견, 네트워크 관리가 용이하며, 하나의 장애가 다른 네트워크 장비에 영향을 주지 않는다는 장점이 있다.
⑥ 허브가 고장났을 때 전체 네트워크에 충돌이 일어난다.
⑦ 많은 양의 케이블을 사용하므로 설치비용이 비싸다.

(4) 트리형(Tree Topology)
① 버스형과 스타형의 결합 형태이다.
② 허브나 스위치를 이용하여 트리 모양으로 연결되어 있으며, 네트워크의 관리가 편리하다.
③ 계층적인 형태를 표현하며 여러 분야에서 매우 널리 사용되는 구조이다.

(5) 망형(Mesh Topology) ★★
① 각각의 네트워크 장비는 두 개 이상의 선로를 보유하면서 같은 네트워크에 속해있는 다른 네트워크 장비에 연결되는 망구성 방식이다.
② 컴퓨터들이 각각 1대1로 연결되어 그물 모양을 이루며 안정적이지만 비용이 많이 들고 관리가 어렵다.
③ 장애에 가장 강하고 가장 안전하다.
　㉠ 목적지까지 여러 개의 경로가 존재하기 때문에 한곳에 장애가 생겨도 다른 경로를 통해 데이터를 전송할 수 있다.
　㉡ 목적지까지 여러 개의 경로 중 가장 빠른 경로를 이용하기 때문에 가용성과 효율성이 높다.
④ 하드웨어 포트와 케이블이 많이 필요하고 케이블 포설이 이용 공간보다 커질 수 있어, 망구성방식 중 설치 비용이 가장 비싸다.
⑤ 규모가 클수록 모든 장비가 서로 연결되어야 하므로 설치 및 재조정이 어렵고 관리가 어렵다.

05 네트워크 유형 ★★

1. 지리적 범위(Scale)에 따른 물리적 네트워크 유형
① 네트워크는 서비스가 제공되는 지리적 범위(Scale)에 따라 유형을 분류할 수 있다.
② 개인이 사용하는 블루투스 기기들을 연결하는 PAN(Personal Area Network)에서 시작하여, 단일 건물이나 캠퍼스를 포괄하는 LAN(Local Area Network), 도시 규모를 연결하는 MAN(Metropolitan Area Network)을 거쳐, 국가와 대륙을 넘나들며 전 세계의 LAN들을 상호 연결하는 광역 네트워크인 WAN(Wide Area Network)으로 확장된다.
③ 우리가 일상적으로 사용하는 인터넷(Internet)은 전 세계에 퍼져있는 수많은 네트워크들의 집합체로서, 가장 거대한 규모의 WAN이라 할 수 있다.

2. PAN(Personal Area Network, 개인 통신망)
(1) 정의
개인이 사용하는 스마트폰, 노트북, 이어폰, 스마트워치 등 매우 가까운 거리에 있는 전자기기들을 상호 연결하기 위한 네트워크를 말한다.
(2) 지리적 범위
수 미터 이내의 개인적인 공간(예 책상 위, 개인의 몸 주변)이 해당한다.
(3) 주요 특징
① 단거리 및 저전력: 배터리를 사용하는 소형 기기 간의 통신을 위해 저전력으로 동작하는 것이 특징이다.
② 간편한 연결: 복잡한 설정 없이 기기 간의 손쉬운 페어링(Pairing)을 지원한다.

(4) 대표 기술 및 예시
① 블루투스(Bluetooth): 무선 이어폰, 키보드, 마우스 연결의 표준 기술이다.
② NFC(Near Field Communication): 교통카드, 모바일 결제 등 초근접 통신이다.

3. LAN(Local Area Network, 근거리 통신망)

(1) 정의
단일 건물, 사무실, 학교 캠퍼스, 공장 등 제한된 지역 내에 위치한 컴퓨터와 주변 장치들을 연결하여 자원(파일, 프린터, 애플리케이션 등)을 공유하기 위한 네트워크이다.

(2) 지리적 범위
수십 미터~수 킬로미터 이내의 비교적 좁은 지역이 해당한다.

(3) 주요 특징
① 고속 전송: 사용자가 직접 관리하는 제한된 영역이므로, 고속의 전송 속도를 제공한다(일반적으로 수백 Mbps~수십 Gbps).
② 낮은 에러율: 전송 거리가 짧고 고품질의 매체를 사용하므로 데이터 전송 오류 발생률이 매우 낮다.
③ 조직의 소유 및 관리: 특정 조직이나 개인이 직접 네트워크를 소유하고 관리한다.

(4) 대표 기술 및 예시
① 이더넷(Ethernet): 유선 LAN의 표준 기술이다. UTP 케이블과 스위치를 이용해 구성한다.
② 와이파이(Wi-Fi, IEEE 802.11): 무선 LAN(WLAN)의 표준 기술이다. ★

4. MAN(Metropolitan Area Network, 도시권 통신망)

(1) 정의
LAN보다는 크고 WAN보다는 작은, 하나의 도시 또는 대도시 권역 전체를 연결하는 네트워크이다.

(2) 지리적 범위
직경 수십 킬로미터에 이르는 도시 지역이 해당한다.

(3) 주요 특징
① LAN과 WAN의 중간 형태: 여러 개의 LAN을 고속의 기간망으로 상호 연결하는 역할을 한다.
② 공공 또는 민간 사업자 관리: 주로 케이블 TV 사업자나 통신 사업자가 네트워크를 구축하고 서비스를 제공한다.

(4) 대표 기술 및 예시
① 케이블 TV 사업자가 제공하는 초고속 인터넷 서비스망
② 도시 전역에 설치된 공공 와이파이(Wi-Fi) 네트워크
③ 은행의 본점과 도시 내 여러 지점을 연결하는 전용 네트워크

5. WAN(Wide Area Network, 광대역 통신망)

(1) 정의
  도시, 국가, 대륙을 넘어 매우 넓은 지역에 분산된 LAN이나 MAN들을 상호 연결하는 거대 규모의 네트워크이다.

(2) 지리적 범위
  지리적 제한이 거의 없다(전 세계).

(3) 주요 특징
  ① 광범위한 연결: 지리적 장벽 없이 원격지의 컴퓨터와 통신할 수 있게 한다.
  ② 상대적으로 느린 속도 및 높은 에러율: 전송 거리가 매우 길고, 다양한 네트워크 장비와 매체를 거치므로 LAN에 비해 전송 속도가 느리고 오류 발생 가능성이 높다.
  ③ 통신 사업자(ISP)의 회선 임대: 개별 조직이 직접 구축하기 어려워, 주요 통신사와 같은 공중 통신 사업자로부터 회선을 임대하여 사용한다.

(4) 대표 기술 및 예시
  ① 인터넷(Internet): 전 세계의 네트워크가 연결된 가장 대표적이고 거대한 WAN이다.
  ② 기업의 본사와 해외 지사를 연결하는 국제 전용 회선이다.
  ③ 여러 도시의 현금 자동 입출금기(ATM)를 연결하는 금융망이다.

06 네트워크 프로토콜

1. 프로토콜의 정의와 필요성

① 네트워크에 연결된 수많은 컴퓨터와 장비가 서로 의미 있는 정보를 교환하기 위해서는, 마치 사람들이 대화할 때 동일한 언어와 문법을 사용해야 하는 것처럼, 반드시 공통된 통신 규칙이 필요하다.
② 이 통신을 위한 약속과 규칙의 집합을 프로토콜(Protocol)이라고 한다.
③ 초기 네트워크 시대에는 IBM, DEC 등 대형 컴퓨터 제조사들이 각자 고유한 방식의 프로토콜(SNA, DECnet 등)을 사용했다.
④ 이는 자사 장비들끼리는 원활하게 통신할 수 있었지만, 다른 제조사의 장비와는 전혀 통신할 수 없는 심각한 호환성(Compatibility) 문제를 야기했다.
⑤ 이러한 문제를 해결하고, 제조사에 상관없이 모든 컴퓨터가 자유롭게 통신할 수 있는 환경을 만들기 위해 통신 프로토콜의 표준화가 필수적인 과제로 대두되었다.

2. 개념적 표준: OSI 7계층 참조 모델(OSI 7-Layer Reference Model) ★★★

(1) 등장 배경 및 목적
① 표준화의 필요성에 부응하여, 국제표준화기구(ISO)는 1984년 OSI 참조 모델을 발표했다.
② 이 모델의 핵심 목적은 '이기종(Heterogeneous) 시스템', 즉 서로 다른 제조사의 컴퓨터와 장비 간의 원활한 통신을 위한 표준적인 프레임워크를 제공하는 것이었다.
③ OSI 모델은 실제 구현을 위한 프로토콜이 아니라, 복잡한 네트워크 통신 과정을 7개의 논리적인 기능 계층으로 나누어 각 계층이 수행해야 할 역할과 서비스를 명확히 정의한 개념적 설계도(Blueprint) 또는 참조 모델(Reference Model)이다.

(2) 계층화(Layering)의 장점
① 통신 기능을 7개의 계층으로 분할함으로써 다음과 같은 장점을 얻을 수 있다.
② 모듈성(Modularity): 각 계층은 독립적인 모듈처럼 기능하므로, 특정 계층의 기술이 변경되어도 다른 계층에 영향을 주지 않고 해당 계층만 수정하거나 업그레이드 할 수 있다.
③ 상호운용성(Interoperability): 각 계층의 역할과 인터페이스가 명확히 정의되어 있어, 다른 제조사가 개발한 장비나 소프트웨어라도 동일한 규칙을 따르면 서로 통신이 가능하다.
④ 문제 해결의 용이성: 네트워크에 문제가 발생했을 때, 7개 계층 중 어느 부분에서 문제가 발생했는지 체계적으로 파악하고 해결하기 용이하다.

(3) 각 계층의 역할과 기능

계층	명칭(영문)	주요 기능 및 역할	데이터 단위
7	응용 계층 (Application)	사용자가 네트워크 서비스에 접근할 수 있도록 인터페이스 제공(예 이메일, 웹 브라우징, 파일 전송)	데이터
6	표현 계층 (Presentation)	데이터의 형식(Format)을 결정. 데이터 암호화, 압축, 코드 변환 수행(예 JPEG, ASCII, 암호화)	데이터
5	세션 계층 (Session)	양 끝단 응용 프로세스 간의 통신 세션을 설정, 관리, 동기화 및 종료	데이터
4	전송 계층 (Transport)	종단 간(End-to-End) 신뢰성 있는 데이터 전송 보장. 오류 제어, 흐름 제어 수행(예 TCP, UDP)	세그먼트
3	네트워크 계층 (Network)	논리적 주소(IP 주소)를 이용한 경로 설정(Routing). 패킷을 최종 목적지까지 전달	패킷
2	데이터링크 계층 (Data Link)	물리적 주소(MAC 주소)를 이용하여 인접한 노드 간의 신뢰성 있는 데이터 전송(프레임)	프레임
1	물리 계층 (Physical)	데이터를 전기적, 기계적 신호(0과 1의 비트 스트림)로 변환하여 케이블을 통해 전송	비트

3. 실질적 표준: TCP/IP 프로토콜 스위트(TCP/IP Protocol Suite) ★★

(1) 등장 배경 및 특징
① OSI 모델이 통신에 대한 이상적인 청사진을 제시하는 동안, 미국 국방부의 AR-PANET 프로젝트(인터넷의 전신)에서는 실제 동작하는 프로토콜인 TCP/IP가 개발되어 사용되고 있었다.
② TCP/IP는 OSI 모델보다 먼저 개발되었으며, 이론적인 완결성보다는 실용성과 안정성, 확장성에 중점을 두었다.
③ 인터넷이 전 세계로 확산되면서 TCP/IP는 자연스럽게 사실상의 표준(De facto standard)으로 자리 잡았다. 이는 OSI 모델을 보다 실용적인 4계층 모델로 단순화 및 압축한 구조를 가진다.

(2) TCP/IP의 핵심 프로토콜: IP와 TCP
① IP(Internet Protocol): '주소 지정 및 경로 설정'을 담당하는 비신뢰성 배송 시스템
  ㉠ 핵심 역할: IP는 데이터 조각인 패킷(Packet)에 IP 주소라는 고유한 논리적 주소(출발지, 목적지)를 부여하고, 라우터(Router)라는 장비를 통해 이 패킷이 목적지까지 갈 수 있도록 최적의 경로를 찾아주는 역할을 한다. 이는 마치 우체국에서 편지에 주소를 적어 보내면, 전 세계의 우편 시스템이 그 주소를 보고 편지를 목적지로 배달하는 것과 같다.
  ㉡ 주요 특징: 비연결형(Connectionless) 및 비신뢰성(Unreliable)
    ⓐ 비연결형: 데이터를 보내기 전에 상대방과 연결을 설정하는 절차가 없다. 각 패킷은 독립적으로, 개별적으로 전송된다.
    ⓑ 비신뢰성: IP는 패킷을 목적지까지 '최선을 다해(Best-Effort)' 전달하려고 노력할 뿐, 패킷이 중간에 손실되거나, 순서가 뒤바뀌어 도착하거나, 손상되는 것에 대해 책임지지 않는다. 오직 주소를 보고 길을 안내하는 역할에만 충실하다.
② TCP(Transmission Control Protocol): '신뢰성 있는 전송'을 책임지는 특급 배송 시스템
  ㉠ 핵심 역할: TCP는 신뢰할 수 없는 IP 위에서 동작하면서, 데이터가 전송 중에 손실되거나 순서가 뒤바뀌지 않도록 보장하는 '신뢰성 있는 종단 간 전송'을 책임진다. 이는 마치 일반 우편(IP) 서비스 위에, 배송 과정을 추적하고 분실 시 책임져주는 등기 우편(TCP) 서비스를 추가하는 것과 같다.
  ㉡ 주요 특징: 연결 지향형(Connection-Oriented) 및 신뢰성(Reliable)
  ㉢ 연결 지향형: 데이터를 전송하기 전에, 송신자와 수신자 간에 '3-way-handshake'라는 절차를 통해 가상의 통신 경로(논리적 연결)를 먼저 설정한다.
  ㉣ 신뢰성 보장 메커니즘
    ⓐ 순서 번호(Sequence Number): 각 데이터 조각(세그먼트)에 순서 번호를 붙여, 수신 측에서 순서가 뒤바뀌어 도착하더라도 이를 재조립할 수 있게 한다.
    ⓑ 수신 확인 응답(Acknowledgement, ACK): 데이터를 받은 수신 측은 송신 측에 잘 받았다는 확인 응답(ACK)을 보낸다.
    ⓒ 재전송(Retransmission): 송신 측이 일정 시간 동안 ACK를 받지 못하면, 데

이터가 중간에 손실된 것으로 간주하고 해당 데이터를 자동으로 재전송한다.
ⓓ 흐름 제어(Flow Control): 수신 측의 처리 속도에 맞춰 송신 측의 데이터 전송량을 조절하여, 데이터가 넘쳐서 손실되는 것을 방지한다.

07 데이터 교환방식 기출개념

1. 회선 교환 방식(Circuit Switching)

(1) 회선 교환 방식의 개념
① 회선 교환 방식은 데이터를 전송하기 전에, 송신자와 수신자 사이에 물리적으로 고정된, 독점적인 통신 경로(회선, Circuit)를 먼저 설정하는 방식이다.
② 가장 대표적인 예시는 구형 유선 전화 시스템이다. A가 B에게 전화를 걸면, 교환기들이 연결되어 A의 전화기부터 B의 전화기까지 하나의 물리적인 전기 회로가 완성된다.
③ 이 회로는 통화가 끝날 때까지 오직 A와 B 두 사람만이 독점적으로 사용하게 된다.

(2) 동작의 3단계
① 회선 설정 단계(Circuit Establishment)
  ㉠ 통신을 시작하기 전, 송신 측에서 수신 측까지의 물리적 경로를 네트워크 내 교환기들을 통해 예약하고 연결한다.
  ㉡ 이 과정에서 초기 연결 지연(Setup Delay)이 발생한다.
② 데이터 전송 단계(Data Transfer)
  ㉠ 회선이 설정되면, 데이터는 더 이상의 주소 정보 없이 설정된 경로를 따라 연속적인 흐름(Stream)으로 전송된다.
  ㉡ 중간 교환기에서의 처리 지연이 거의 없어 일정한 전송 속도를 보장한다.
③ 회선 해제 단계(Circuit Disconnection)
  통신이 종료되면, 설정되었던 회선을 해제하여 다른 사용자들이 해당 자원을 사용할 수 있도록 반납한다.

(3) 장점
① 고정된 전송률 보장(Guaranteed Bandwidth)
  ㉠ 한번 연결된 회선은 다른 사용자의 간섭 없이 독점적으로 사용되므로, 통신이 끝날 때까지 일정한 대역폭과 전송 속도가 보장된다.
  ㉡ 이는 실시간 음성 통화나 고화질 영상 통화처럼 끊김 없는 데이터 전송이 중요한 서비스에 매우 유리하다.
② 낮은 전송 지연: 일단 회선이 설정되면, 데이터는 중간 노드에서 지체 없이 연속적으로 전달되므로 전송 지연 시간이 매우 짧고 일정하다.
③ 순서 보장: 모든 데이터가 동일한 경로를 따라 순서대로 전달되므로, 데이터의 순서가 뒤바뀔 염려가 없다.

(4) 단점
① **자원의 비효율적 사용(Inefficient Resource Utilization)**: 가장 치명적인 단점으로, 설정된 회선은 데이터를 실제로 전송하지 않는 순간(예 대화 중의 침묵)에도 계속 독점적으로 점유된다. 이는 네트워크 자원의 심각한 낭비를 초래한다.
② **연결 설정 지연**: 실제 데이터 전송에 앞서 회선을 설정하는 데 시간이 소요된다.
③ **연결 차단 가능성**: 목적지까지 연결할 수 있는 가용 회선이 없는 경우, 새로운 연결 자체가 불가능(Blocked)해진다.

2. 패킷 교환 방식(Packet Switching) ★★

(1) 패킷 교환 개념
① 인터넷이 사용하는 핵심 원리 방식이 패킷교환이다.
② 패킷 교환 방식은 전송할 전체 데이터를 '패킷(Packet)'이라는 작은 단위로 분할하고, 각 패킷에 출발지 및 목적지 주소, 순서 번호 등의 제어 정보(헤더, Header)를 덧붙여 독립적으로 전송하는 방식이다.
③ 이는 소포(패킷)를 보내는 것과 유사하며, 각 소포에는 받는 사람의 주소가 적혀 있어, 중간의 우체국(라우터)들이 그 주소를 보고 최적의 경로를 따라 목적지까지 전달하는 것과 같다.

(2) 동작 원리
① **패킷화(Packetization)**: 송신 측에서 전송할 데이터를 일정한 크기의 패킷으로 분할하고, 각 패킷에 헤더 정보를 추가한다.
② **저장-후-전달(Store-and-Forward)**: 중간의 교환기(라우터)는 패킷 전체를 수신하여 잠시 버퍼에 저장한 후, 헤더의 목적지 주소를 분석하여 다음 경로로 전달한다.
③ **동적 경로 설정(Dynamic Routing)**: 각 패킷은 네트워크의 교통 상황(혼잡도)이나 장애 발생 여부에 따라 서로 다른 경로를 통해 목적지로 전달될 수 있다.
④ **재조립(Reassembly)**: 수신 측에서는 도착한 패킷들의 순서 번호를 보고 원래의 데이터 순서대로 재조립한다.

(3) 장점
① **자원의 효율적 사용(Efficient Resource Utilization)**: 가장 큰 장점으로, 하나의 통신 회선을 여러 사용자가 공유(Statistical Multiplexing)한다. 회선은 패킷이 지나가는 아주 짧은 순간에만 점유되므로, 회선 교환 방식의 고질적인 자원 낭비 문제를 해결하고 네트워크의 전체 처리 용량을 극대화할 수 있다.
② **높은 신뢰성 및 유연성**: 통신 경로 중 일부에 장애가 발생하더라도, 라우터가 이를 인지하고 다른 정상적인 경로로 패킷을 우회시켜 통신을 지속할 수 있다.
③ **속도 및 코드 변환 용이**: 서로 다른 전송 속도를 가진 장치 간에도 버퍼를 이용하여 통신이 가능하며, 필요시 데이터 형식 변환도 용이하다.

(4) 단점

① **가변적인 전송 지연(Jitter)**: 각 패킷은 라우터의 버퍼에서 대기하는 시간(큐잉 지연)이 발생하며, 경로도 달라질 수 있어 목적지까지 도착하는 시간이 일정하지 않다. 이러한 지연 변이(Jitter)는 실시간 서비스의 품질을 저하시킬 수 있다.

② **순서 뒤바뀜 및 패킷 손실 가능성**: 독립적으로 전송되므로 패킷의 도착 순서가 뒤바뀔 수 있어 수신 측의 재조립 과정이 필수적이며, 네트워크 혼잡 시 패킷이 손실될 수도 있다(TCP와 같은 상위 계층 프로토콜이 이를 해결).

③ **복잡한 기술**: 패킷의 경로 설정, 재조립, 오류 제어 등을 위해 회선 교환 방식보다 복잡한 프로토콜과 고성능 처리 장비(라우터)를 필요로 한다.

3. 회선 교환 vs. 패킷 교환 핵심 비교

구분	회선 교환 방식(Circuit Switching)	패킷 교환 방식(Packet Switching)
핵심 비유	유선 전화 통화	소포(택배) 배송
연결 설정	필수(사전 경로 설정)	불필요(독립적 전송)
자원 할당	독점적 사용(고정 할당)	공유(동적 할당)
경로	고정된 단일 경로	가변적인 다중 경로
데이터 단위	연속적인 데이터 스트림	독립적인 패킷
효율성	낮음(자원 낭비 심함)	높음(자원 효율성 극대화)
전송 지연	일정하고 낮음(초기 지연은 김)	가변적이고 예측 어려움
주요 활용 분야	전통적 전화망(PSTN), ISDN	인터넷, 모든 현대 데이터 통신

① 회선 교환은 실시간성과 안정적인 품질 보장에 강점이 있지만 자원 효율성이 떨어져 전통적인 음성 통신에 주로 사용되었다.

② 반면, 패킷 교환은 '버스트(bursty)'한 특성(데이터를 몰아서 보냈다가 쉬는 특성)을 가진 컴퓨터 데이터 통신에 최적화된 높은 자원 효율성과 유연성을 바탕으로, 오늘날 인터넷을 포함한 모든 데이터 통신의 근간을 이루고 있다.

기출개념확인

01 다음 설명에 해당하는 네트워크 토폴로지(Network Topology)는 무엇인가?

> 중앙에 허브(Hub)나 스위치(Switch)와 같은 집선 장치를 두고, 모든 컴퓨터와 주변 장치들을 1:1로 연결하는 방식이다. 특정 노드의 장애가 다른 노드에 영향을 주지 않아 안정적이며, 네트워크의 관리 및 확장이 용이하다는 장점이 있다. 하지만 중앙 집선 장치에 장애가 발생하면 전체 네트워크가 마비될 수 있다.

① 버스형(Bus Topology)
② 링형(Ring Topology)
③ 스타형(Star Topology)
④ 망형(Mesh Topology)

02 다음 중 네트워크의 데이터 전송단위에 해당하는 것은?

① 서킷
② 노드
③ 호스트
④ 패킷

정답·해설

01 ③ 제시된 설명은 스타형(Star Topology)의 핵심적인 특징을 포함하고 있다. 중앙 집선 장치(허브/스위치)의 존재, 1:1 연결, 안정성 및 관리 용이성, 단일 장애점은 스타형의 대표적인 특징이다.

02 ④ 패킷은 네트워크를 통해 전송하기 쉽도록 자른 데이터의 전송단위이다.

제2절 무선네트워크

01 무선네트워크 표준

1. 무선네트워크 표준의 정의와 특징

(1) 정의
① 무선네트워크 표준(Wireless Network Standard)이란, 서로 다른 제조사에서 만든 다양한 무선 통신 장비(예 스마트폰, 노트북, 공유기 등)가 상호 간에 원활하게 데이터를 주고받을 수 있도록 약속된 기술적인 규약과 규칙의 집합을 의미한다.
② 전 세계 사람들이 원활하게 소통하기 위해 '영어'라는 공통 언어를 사용하듯이, 무선 장비들이 서로 '대화'하기 위해 반드시 지켜야 할 공통의 언어이자 문법이라고 비유할 수 있다.

(2) 특징
이 표준에는 다음과 같은 구체적인 내용들이 정의되어 있다.
① 사용 주파수 대역: 어떤 주파수(예 2.4GHz, 5GHz)를 사용할 것인가?
② 데이터 전송 속도: 데이터를 얼마나 빠르게 보낼 것인가?
③ 전송 방식 및 변조 기술: 데이터를 어떤 기술(예 OFDMA, MIMO)을 사용해 전파에 실어 보낼 것인가?
④ 보안 및 암호화 방식: 데이터를 어떻게 안전하게 보호(예 WPA3)할 것인가?
⑤ 네트워크 접속 절차: 장비가 네트워크에 어떻게 연결되고 인증받을 것인가?

2. 표준화의 필요성 및 중요성

만약 표준이 없다면, A사에서 만든 노트북은 A사 공유기하고만 통신이 되고, B사 스마트폰과는 연결되지 않는 극심한 혼란이 발생할 것이다. 따라서 표준화는 다음과 같은 필수적인 역할을 수행한다.

(1) 상호운용성(Interoperability) 보장
① 표준화의 가장 핵심적인 목적이다. 표준을 준수하는 제품이라면 제조사와 관계없이 서로 완벽하게 호환되어 통신할 수 있다.
② 소비자는 특정 브랜드에 종속되지 않고 자유롭게 제품을 선택할 수 있다.

(2) 품질 및 성능 보장
① 표준은 데이터 전송 속도, 안정성, 보안 수준 등 기술에 대한 최소한의 성능 기준을 제시한다.

② 이를 통해 시장에 출시되는 제품들의 전반적인 품질을 일정 수준 이상으로 유지할 수 있다.

(3) 시장 확대와 경쟁 촉진
① 특정 기업이 독점적인 기술로 시장을 지배하는 것을 방지하고, 모든 기업이 표준이라는 공정한 규칙 아래에서 경쟁하게 한다.
② 이는 기술 혁신을 촉진하고 제품 가격을 낮추는 긍정적인 효과를 가져온다.

(4) 기술 발전의 기반 제공
① 기존 표준을 기반으로 새로운 기능과 향상된 성능을 갖춘 차세대 표준이 계속해서 개발된다.
② 이는 무선 기술이 체계적이고 지속적으로 발전할 수 있는 토대를 마련해준다.

3. 주요 표준화 기구
무선네트워크 표준은 공신력 있는 국제기구들에 의해 제정되고 관리된다.

(1) IEEE(Institute of Electrical and Electronics Engineers, 국제 전기전자공학자협회)
① 네트워크 분야의 기술적 '원천 표준'을 제정하는 가장 대표적인 학술 및 표준화 기구이다.
② 특히 IEEE 802 위원회 산하의 802.11 워킹그룹이 바로 Wi-Fi의 기반이 되는 무선 LAN 표준을 만든다.

(2) Wi-Fi Alliance(와이파이 얼라이언스)
① IEEE가 제정한 802.11 기술 표준을 기반으로, 실제 상용 제품들이 이 표준을 잘 준수하는지를 '인증(Certification)'하는 역할을 하는 산업 협회이다.
② Wi-Fi Alliance의 인증을 통과한 제품만이 'Wi-Fi' 로고를 사용할 수 있으며, 이는 곧 상호운용성을 보장한다는 의미이다.
③ 즉, IEEE가 '설계도'를 만들면, Wi-Fi Alliance는 그 설계도대로 제품이 잘 만들어졌는지 검사하는 '품질 검사관' 역할을 한다.

(3) 3GPP(3rd Generation Partnership Project)
Wi-Fi와 같은 LAN 표준이 아닌, LTE, 5G와 같은 이동통신(WWAN) 표준을 제정하는 핵심적인 국제 협력 기구이다.

02 주요 무선기술

1. WLAN(Wireless Local Area Network, 무선 근거리 통신망)

(1) 개념

유선 이더넷(Ethernet)을 대체하거나 보완하여, 제한된 지역(사무실, 가정 등) 내에서 무선으로 네트워크에 접속할 수 있도록 구성한 LAN을 의미한다. 즉, '무선으로 구현된 근거리망'이라는 개념 자체를 지칭한다.

(2) 목적

케이블링의 제약 없이 자유롭게 이동하며 네트워크를 사용할 수 있는 환경을 구축하여 업무 생산성과 편의성을 높이는 데 있다.

(3) 구현

Wi-Fi 기술이 WLAN을 구현하는 가장 대표적인 방식이다.

2. Wi-Fi(Wireless Fidelity)

(1) 개념

① IEEE 802.11 표준을 기반으로 만들어진 무선 LAN 기술에 대한 상용 브랜드명이다.
② Wi-Fi Alliance라는 단체에서 표준을 준수하는 제품에 대해 인증 로고를 부여하며, 이 로고가 부착된 제품들은 상호 호환성을 보장받는다.

(2) 특징

설치가 간편하고 비용이 저렴하여 가정, 사무실, 카페, 공항 등에서 인터넷 접속을 위한 사실상의 표준 기술로 자리 잡았다.

3. WWAN(Wireless Wide Area Network, 무선 광역 통신망)

(1) 개념

이동통신 사업자가 구축한 셀룰러 기지국을 통해 도시나 국가 등 매우 넓은 지리적 범위를 포괄하는 무선 네트워크를 의미한다. '무선으로 구현된 광역망'이라는 개념이다.

(2) 목적

사용자가 장소에 구애받지 않고 언제 어디서든(On-the-go) 스마트폰이나 노트북으로 인터넷에 접속할 수 있도록 보편적인 이동성(Universal Mobility)을 제공하는 데 있다.

(3) 구현

LTE, 5G와 같은 이동통신 기술이 WWAN을 구현하는 핵심 방식이다.

4. LTE(Long Term Evolution)

(1) 개념
3세대(3G) 이동통신 기술을 '장기적으로 발전시킨' 기술이라는 의미로, 4세대(4G) 이동통신의 핵심 표준 기술이다.

(2) 특징
기존 3G 대비 월등히 빠른 데이터 전송 속도를 제공하여, 모바일 환경에서 고화질 동영상 스트리밍, 클라우드 서비스, 모바일 게임 등을 대중화시킨 기술이다.

5. Bluetooth(블루투스)

(1) 개념
IEEE 802.15.1 표준을 기반으로 하는 단거리 무선 통신 기술로, 개인 통신망(PAN, Personal Area Network)을 구성하는 데 주로 사용된다.

(2) 특징
Wi-Fi에 비해 전송 속도는 느리지만, 저전력으로 동작하는 것이 가장 큰 특징이다. 따라서 배터리로 작동하는 소형 기기 간의 데이터 교환에 최적화되어 있다.

(3) 주요 용도
스마트폰과 무선 이어폰/헤드셋/스피커 연결, 무선 키보드/마우스 연결, 스마트워치와 스마트폰 간의 데이터 동기화 등에 활용된다. Wi-Fi가 '네트워크 접속'을 위한 기술이라면, 블루투스는 '기기 간 연결'을 위한 기술이라는 점에서 목적이 명확히 구분된다.

6. WiMAX(World Interoperability for Microwave Access)

(1) 개념
IEEE 802.16 표준에 기반한 무선 통신 기술로, Wi-Fi보다 훨씬 넓은 수십 km의 서비스 반경을 가지는 무선 도시권 통신망(WMAN)을 구축하기 위해 개발되었다.

(2) 특징 및 역사
① 개발 초기에는 유선 인터넷 설치가 어려운 지역에 무선으로 초고속 인터넷을 제공하는 '무선 DSL' 기술로 주목받았으며, 4G 이동통신 표준 경쟁에서 LTE와 경합했다.
② 하지만 최종적으로 LTE가 시장의 주류가 되면서, 현재는 일부 국가나 특정 목적(예 고정형 무선 백홀)으로 제한적으로 사용되는 틈새 기술(Niche Technology)로 남아있다.

7. 주요 무선기술 핵심 비교

기술명	기반 표준	네트워크 유형	주파수 대역	전송 거리	핵심 목적 및 용도
Wi-Fi	IEEE 802.11	WLAN	2.4 / 5 / 6 GHz	수십 m ~ 100m 내외	실내/근거리 인터넷 접속 (노트북, 스마트폰)
LTE/5G	3GPP 표준	WWAN	다양한 면허 대역	수 km (기지국)	전국/광역 모바일 인터넷 접속 (스마트폰)
Bluetooth	IEEE 802.15.1	PAN	2.4 GHz	~ 10m 내외	저전력 단거리 기기 간 연결 (이어폰, 키보드)
WiMAX	IEEE 802.16	WMAN	2~66 GHz 대역	수 km ~ 수십 km	고정형 무선 광대역 인터넷 (틈새 시장)

기출개념확인

01 무선네트워크 표준과 관련하여, IEEE가 제정한 기술 표준(예 802.11)을 기반으로 실제 상용 제품들이 표준을 잘 준수하는지 '인증(Certification)'하고 'Wi-Fi' 로고 사용을 허가하는 역할을 하는 기관은 무엇인가?

① IEEE(국제 전기전자공학자협회)
② Wi-Fi Alliance(와이파이 얼라이언스)
③ 3GPP(3rd Generation Partnership Project)
④ ISO(국제표준화기구)

02 다음 중 스마트폰과 무선 이어폰을 연결하거나, 노트북에 무선 마우스를 연결하는 등, 저전력으로 단거리에서 '기기 간 연결'을 주목적으로 하는 무선 기술은 무엇인가?

① Wi-Fi(와이파이)
② LTE(Long Term Evolution)
③ Bluetooth(블루투스)
④ WiMAX(와이맥스)

정답·해설

01 ② Wi-Fi Alliance는 IEEE가 제정한 802.11과 같은 기술적 원천 표준을 바탕으로, 실제 시장에 출시되는 제품들이 해당 표준을 정확히 준수하여 상호운용성을 갖추었는지를 검증하고 인증(Certification)하는 산업 협회이다.

02 ③ 블루투스(Bluetooth)는 개인 통신망(PAN)을 구성하는 대표적인 기술로, 저전력으로 동작하며 수 미터 이내의 단거리에서 디바이스들을 연결하는 데 최적화되어 있다.

제3절 모바일 컴퓨팅

01 모바일 기술

1. 모바일 기술의 개념

① 모바일 컴퓨팅(Mobile Computing)이란, 사용자가 특정 장소에 고정되지 않고 이동하는 중에도 휴대용 컴퓨팅 기기(스마트폰, 태블릿 등)를 통해 네트워크에 접속하여 데이터에 접근하고 업무를 처리할 수 있는 컴퓨팅 환경을 의미한다.
② 이는 비즈니스 활동에서 시간과 공간의 제약을 제거하여, 실시간 데이터 처리, 현장 업무 효율성 극대화, 그리고 고객과의 즉각적인 상호작용을 가능하게 하는 현대 경영정보시스템의 핵심 패러다임이다.
③ 모바일 컴퓨팅 환경에서는 물리적 세계의 객체나 정보를 디지털 데이터로 빠르고 쉽게 변환하여 입력하는 기술이 필수적이다. QR코드, RFID, NFC는 이러한 연결을 수행하는 대표적인 기술이다.

2. QR코드(Quick Response Code)

(1) 개념

흑백의 작은 사각형(셀)을 가로, 세로로 배열하여 정보를 담는 2차원 매트릭스형 바코드이다. 기존 1차원 바코드가 한 방향으로만 정보를 담는 것과 달리, 2차원으로 정보를 담아 훨씬 더 많은 데이터를 저장할 수 있다.

(2) 핵심 특징

① **대용량 정보 저장**: 숫자뿐만 아니라 알파벳, 한자 등 대량의 문자 데이터를 저장할 수 있으며, 주로 웹사이트 주소(URL), 제품 정보, 연락처 등을 담는다.
② **빠른 인식 속도**: 이름 그대로 빠른 응답을 목적으로 개발되어, 스마트폰 카메라로 비추는 즉시 정보를 인식한다.
③ **우수한 복원력**: 코드의 일부가 오염되거나 손상되어도, 내장된 오류 복원 기능 덕분에 데이터를 정상적으로 인식할 수 있다.
④ **저렴한 도입 비용**: 인쇄만 하면 되므로 생성 및 배포 비용이 거의 들지 않는다.

(3) 경영정보시스템 활용 사례
① O2O(Online to Offline) 마케팅: 잡지 광고의 QR코드를 스캔하면 온라인 쇼핑몰의 상품 페이지로 바로 연결한다.
② 간편 결제 시스템: 카카오페이, 제로페이 등 결제 시 QR코드를 스캔하여 간편하게 결제한다.
③ 정보 제공 및 관리: 박물관 전시물 옆의 QR코드를 통해 상세 해설 페이지로 연결, 공공자전거 대여 및 반납 관리한다.

3. RFID(Radio-Frequency Identification) ★★

(1) 개념
안테나와 집적회로로 구성된 '태그(Tag)'에 정보를 저장하고, '리더(Reader)'가 발신하는 전파(Radio-Frequency)를 이용하여 비접촉으로 태그의 정보를 읽고 쓰는 자동인식 기술이다.

(2) 핵심 특징
① 비접촉 및 비가시성 인식: 바코드처럼 스캐너를 직접 갖다 댈 필요(Line-of-Sight)가 없으며, 중간에 장애물(박스, 천 등)이 있어도 인식이 가능하다.
② 다중 동시 인식: 리더기의 인식 범위 내에 있는 여러 개의 태그를 동시에, 한 번에 읽을 수 있다.
③ 반영구적 사용: 태그에 내장된 정보는 수정하거나 덧씌울 수(Read/Write) 있으며, 물리적 손상이 없는 한 반영구적으로 사용 가능하다.

(3) 경영정보시스템 활용 사례
① 공급망 관리(SCM) 및 물류 자동화: 창고에 입고되는 상품 박스를 개봉하지 않고 리더기 게이트를 통과하는 것만으로 모든 상품의 종류와 수량을 실시간으로 파악한다.
② 자산 관리: 기업의 고가 장비나 중요 비품에 태그를 부착하여 재물조사 및 현황 파악을 자동화한다.
③ 출입 통제 및 보안: 교통카드, 사원증 등에 활용하여 출입을 통제한다.

4. NFC(Near Field Communication) ★★

(1) 개념
13.56MHz 주파수 대역을 사용하는 RFID 기술의 일종으로, 10cm 이내의 매우 짧은 근거리에서만 기기 간 무선 데이터 통신을 지원하는 기술을 말한다.

(2) 핵심 특징
① 높은 보안성: 통신 거리가 극히 짧기 때문에, 사용자가 의도적으로 기기를 가까이 접촉해야만 통신이 이루어진다. 이는 중간에서 신호를 가로채는 도청(Eavesdropping)의 위험을 원천적으로 줄여주어 결제와 같은 민감한 정보 교환에 매우 유리하다.
② 양방향 통신 지원: 리더(읽기) 모드, 카드(쓰기) 모드뿐만 아니라, 기기 간에 데이터를 직접 주고받는 P2P(Peer-to-Peer) 모드를 지원한다.

(3) 경영정보시스템 활용 사례
① **모바일 결제 시스템**: 삼성페이, 애플페이 등 스마트폰을 카드 단말기에 가까이 대는 것만으로 결제가 이루어지는 시스템의 핵심 기술이다.
② **데이터 교환 및 페어링**: 스마트폰끼리 접촉하여 연락처나 사진을 전송하거나, 블루투스 스피커에 스마트폰을 터치하여 간편하게 연결(페어링)한다.

5. 모바일 기술 핵심 비교

구분	QR코드	RFID	NFC
핵심 원리	2차원 바코드(광학)	무선 주파수(전파)	근거리 무선 주파수
인식 거리	수 cm	수 m ~ 수십 m	~ 10 cm
인식 방식	카메라 스캔(직접 조준)	비접촉, 다중 동시 인식	초근접 터치
핵심 용도	정보 연결, 간편 결제	물류/재고 관리 자동화	안전한 모바일 결제

02 사물인터넷 ★★★

1. 사물인터넷의 개념 및 정의

(1) 사물인터넷 정의
① 사물인터넷(Internet of Things, 이하 IoT)이란, 기존의 인터넷이 사람과 사람, 또는 사람과 컴퓨터 간의 정보 교환을 중심으로 했던 것에서 한 걸음 더 나아가, 우리 주변의 각종 물리적 사물(Things)에 센서와 통신 기능을 내장하여 인터넷에 연결함으로써, 사물들이 자율적으로 데이터를 수집 및 교환하고 상호작용하는 지능형 네트워크 환경을 의미한다.
② 이는 단순히 사물을 원격으로 제어하는 수준을 넘어, 사물들이 수집한 데이터를 기반으로 스스로 상황을 인지하고 판단하여 사용자에게 유용한 서비스를 제공하거나 다른 사물을 제어하는 것을 목표로 한다.

(2) 핵심 패러다임: 초연결성(Hyper-connectivity)
① IoT의 본질은 초연결성에 있다. 이는 사람 중심의 연결(Internet of People)을 넘어, 사람-사물(H2T), 사물-사물(T2T) 간의 연결을 기하급수적으로 확장하여, 물리적 세계와 디지털 세계를 완벽하게 융합시키는 새로운 컴퓨팅 패러다임을 창출한다.
② 이를 통해 과거에는 얻을 수 없었던 물리적 세계의 데이터를 실시간으로 수집하고 분석하여 새로운 부가가치를 창출할 수 있게 된다.

(3) 주요 특징

① **자율성(Autonomy)**: 사람의 직접적인 개입 없이 사물이 스스로 데이터를 수집하고 처리하며, 상황에 맞는 동작을 수행한다.

② **상황인식(Context-awareness)**: 내장된 센서를 통해 주변 환경의 변화나 자신의 상태(온도, 위치, 움직임 등)를 실시간으로 인지한다.

③ **확장성(Scalability)**: 연결되는 사물의 수가 수십억 개에서 수조 개에 이를 수 있는 대규모 네트워크로 확장될 수 있다.

④ **이종성(Heterogeneity)**: 가전제품, 자동차, 웨어러블 기기, 산업 설비 등 매우 다양한 종류의 이질적인 사물들이 하나의 네트워크에 공존한다.

2. IoT의 핵심 구성요소 및 아키텍처

IoT 시스템은 일반적으로 4개의 논리적인 계층으로 구성된 아키텍처를 가진다.

(1) 제1계층: 디바이스 / 사물 계층(Device / Thing Layer)

① IoT의 가장 말단에 위치하며, 물리적 세계와 직접 상호작용하는 계층이다.

② **센서(Sensor)**: 온도, 습도, 조도, 압력, 가속도, 위치(GPS) 등 물리적 현상이나 상태를 감지하여 디지털 데이터로 변환하는 역할을 한다.

   예 스마트 온도계, 동작 감지 센서

③ **액추에이터(Actuator)**: 플랫폼으로부터 받은 제어 신호에 따라 물리적인 동작을 수행하는 장치이다.

   예 스마트 밸브를 잠그는 동작, 스마트 조명의 불을 켜는 동작

④ **통신 모듈**: 센서가 수집한 데이터를 상위 계층으로 전송하기 위한 근거리 통신 기능(Wi-Fi, 블루투스, Zigbee 등)을 탑재한다.

(2) 제2계층: 네트워크 / 게이트웨이 계층(Network / Gateway Layer)

① 사물 계층에서 생성된 데이터를 상위 플랫폼으로 안전하고 효율적으로 전달하는 통신 인프라 계층이다.

② **네트워크**: Wi-Fi, 블루투스와 같은 근거리 통신망(LAN)부터, LTE, 5G와 같은 이동통신망(WWAN), 그리고 저전력 장거리 통신을 위한 LPWAN(LoRa, NB-IoT 등)까지 다양한 유무선 통신 기술이 활용된다.

③ **게이트웨이(Gateway)**: 서로 다른 통신 방식을 사용하는 사물 네트워크(예 블루투스)와 인터넷을 연결해주는 '관문' 역할을 한다. 데이터를 수집하고, 프로토콜을 변환하며, 데이터를 1차적으로 처리(엣지 컴퓨팅)하는 기능도 수행한다.

(3) 제3계층: 플랫폼 / 서비스 계층(Platform / Service Layer)

① IoT 시스템의 '두뇌'에 해당하는 핵심 계층으로, 주로 클라우드 환경에 구축된다.

② **데이터 저장 및 처리**: 수많은 사물로부터 수집된 막대한 양의 데이터(빅데이터)를 저장하고 관리한다.

③ **데이터 분석**: 수집된 데이터를 분석하여 의미 있는 정보나 패턴을 추출한다.

   예 머신러닝, 인공지능 분석

④ **서비스 제공**: 분석된 결과를 바탕으로 사용자에게 지능형 서비스를 제공하거나, 다시 사물 계층의 액추에이터를 제어하는 신호를 보낸다.

(4) 제4계층: 응용 / 서비스 계층(Application / Service Layer)
① 플랫폼에서 가공된 데이터를 최종 사용자가 직접 활용할 수 있도록 다양한 응용 서비스를 제공하는 계층이다.
② **응용 프로그램**: 스마트폰 앱, 웹 대시보드, 기업의 업무 시스템(ERP, SCM) 등 사용자와 직접 상호작용하는 인터페이스를 제공한다.
③ **활용 분야**: 스마트 홈, 스마트 팩토리, 스마트 시티, 스마트 헬스케어 등 특정 산업 분야에 특화된 서비스를 구현한다.

3. 주요 응용 분야 및 경영정보시스템(MIS) 활용 사례

IoT는 개인의 삶을 넘어 산업 전반의 생산성과 효율성을 혁신하는 핵심 동력으로 작용한다.

응용 분야	핵심 내용 및 목적	경영정보시스템(MIS) 활용 사례
스마트 홈	가전제품, 조명, 냉난방 시스템 등을 인터넷에 연결하여 자동화하고 원격으로 제어함으로써 사용자의 편의성, 안전, 에너지 효율성을 높임	인공지능 스피커를 통해 음성으로 가전제품을 제어하고, 사용자의 생활 패턴을 학습하여 자동으로 냉난방을 조절
스마트 팩토리	공장 내 생산 설비, 로봇, 물류 시스템에 센서를 부착하여 모든 생산 과정을 실시간으로 모니터링하고 제어하는 지능형 공장	예지보전(Predictive Maintenance): 설비의 진동, 온도 데이터를 실시간 분석하여 고장이 발생하기 전에 미리 교체 시기를 예측하고 알려줌으로써 공장 가동 중단을 최소화
스마트 시티	도시의 교통, 환경, 에너지, 안전 등 다양한 기반 시설에 IoT 기술을 접목하여 도시 운영의 효율성을 높이고 시민의 삶의 질을 향상	스마트 가로등: 유동인구를 감지하여 밝기를 자동으로 조절하고, 도시 미세먼지 농도나 소음 데이터를 수집하여 시청 관제 센터로 전송
스마트 헬스케어	웨어러블 기기나 의료 센서를 통해 개인의 생체 신호(심박수, 혈당 등)를 실시간으로 수집하고 분석하여 질병 예방 및 만성질환 관리	당뇨병 환자의 몸에 부착된 연속혈당측정기가 실시간 혈당 데이터를 스마트폰 앱과 병원 시스템으로 전송하여 원격 모니터링 및 진료에 활용
스마트 물류/유통	화물, 차량, 창고 등에 센서를 부착하여 공급망 전체의 가시성을 확보하고, 물류 프로세스를 자동화 및 최적화	콜드체인(Cold-Chain) 관리: 백신이나 신선식품 운송 시, 화물에 부착된 온도 센서가 운송 전 과정의 온도를 기록하고, 이상 발생 시 즉시 관리자에게 경고 알림 전송

4. IoT의 과제 및 전망

IoT는 무한한 가능성을 가지고 있지만, 성공적인 확산을 위해 해결해야 할 여러 과제를 안고 있다.

① **보안 및 프라이버시 문제**: 연결되는 사물의 수가 폭발적으로 증가함에 따라, 해킹의 대상이 되는 공격 표면(Attack Surface) 또한 넓어진다. 경량화된 IoT 기기의 보안 취약점을 노린 사이버 공격이나, 수집된 개인의 민감한 데이터(생활 패턴, 건강 정보 등) 유출 문제가 가장 시급한 과제이다. ★

② **표준화 및 상호운용성**: 수많은 제조사가 각기 다른 통신 방식과 데이터 형식을 사용함에 따라, 서로 다른 기기나 플랫폼 간의 호환성 문제가 발생한다. 원활한 데이터 교환을 위한 표준화 노력이 지속적으로 필요하다.

③ **데이터 처리 및 관리**: 수십억 개의 사물에서 쏟아지는 방대한 양의 비정형 데이터(빅데이터)를 어떻게 효율적으로 저장, 처리, 분석하여 가치 있는 정보로 변환할 것인가 하는 기술적 과제가 존재한다.

④ **법률 및 제도적 문제**: 데이터의 소유권, 책임 소재(IoT 기기 오작동 시), 개인정보 보호 규제 등 기술 발전에 따른 새로운 법률 및 제도적 기틀 마련이 요구된다.

03 엣지 컴퓨팅 ★★★

1. 엣지 컴퓨팅의 정의 및 등장 배경

(1) 정의

① 엣지 컴퓨팅(Edge Computing)이란, 데이터가 생성되는 물리적 위치, 즉 네트워크의 '가장자리(Edge)' 또는 그 데이터 소스와 가까운 곳에서 데이터를 즉각적으로 처리하고 분석하는 분산 컴퓨팅(Distributed Computing) 패러다임이다.

② 이는 데이터를 중앙의 데이터 센터나 클라우드까지 전송하지 않고, 현장에서 실시간으로 처리하는 방식을 의미한다.

③ 여기서 '엣지'란 스마트폰, IoT 게이트웨이, 공장의 제어 장치, 차량 내 컴퓨터 등 데이터가 발생하는 모든 장소와 그 주변 인프라를 포괄하는 개념이다.

(2) 등장 배경: 중앙 집중형 클라우드 컴퓨팅의 한계

① 사물인터넷(IoT), 인공지능(AI), 5G 기술이 발전하면서, 스마트 팩토리, 자율주행차, 스마트 시티 등에서 수십억 개의 기기들이 실시간으로 방대한 양의 데이터를 생성하기 시작했다.

② 이 모든 데이터를 원격지의 중앙 클라우드 서버로 보내 처리하는 기존의 중앙 집중형 클라우드 컴퓨팅(Centralized Cloud Computing) 방식은 다음과 같은 명백한 한계에 직면했다.

㉠ 물리적 지연 시간(Latency) 문제: 데이터가 데이터 소스(엣지)에서 수백, 수천 km 떨어진 클라우드 데이터 센터까지 물리적으로 왕복하는 데는 시간이 걸릴 수밖에 없다. 0.01초의 지연도 치명적인 결과를 초래할 수 있는 자율주행차의 돌발상황 판단이나, 스마트 팩토리의 실시간 로봇 제어와 같은 초저지연(Ultra-Low Latency)이 필수적인 서비스에는 이 방식이 부적합하다.

㉡ 네트워크 대역폭(Bandwidth) 부하 및 비용 문제: 고화질 CCTV 영상이나 산업용 센서 데이터와 같은 막대한 양의 원시 데이터(Raw Data)를 모두 클라우드로 전송하려면 엄청난 네트워크 대역폭이 필요하며, 이는 곧 막대한 통신 비용 발생으로 이어진다.

㉢ 데이터 보안 및 프라이버시(Security & Privacy) 문제: 기업의 민감한 생산 데이터나 개인의 사적인 정보를 외부 인터넷망을 통해 원격지의 클라우드로 전송하는 과정에서 데이터 유출이나 해킹의 위험에 노출될 수 있다.

2. 엣지 컴퓨팅의 동작 방식과 아키텍처

(1) 클라우드와의 관계: 대체가 아닌 보완

엣지 컴퓨팅은 클라우드 컴퓨팅을 대체하는 기술이 아니라, 상호 보완적인 관계를 형성하며 시너지를 창출한다. 두 기술은 다음과 같이 역할을 분담하는 계층적 구조를 이룬다.

① 엣지(Edge)의 역할: 실시간 처리와 즉각적인 반응
㉠ 현장에서 생성된 데이터를 즉시 처리하여 빠른 응답을 제공한다.
㉡ 데이터를 필터링하고 정제하여, 클라우드로 보낼 필요가 없는 불필요한 데이터를 걸러낸다.
㉢ 인터넷 연결이 끊긴 상황에서도 제한적인 서비스 수행이 가능하다.
(비유: 현장 사무소, 공장 제어실)

② 클라우드(Cloud)의 역할: 대규모 분석과 장기 저장
㉠ 엣지에서 1차 처리되어 넘어온 핵심 데이터들을 모아 빅데이터 분석을 수행한다.
㉡ 복잡한 인공지능(AI) 모델을 학습시키고, 그 결과를 다시 엣지 디바이스로 배포한다.
㉢ 전사적인 데이터를 통합 관리하고 장기적으로 보관한다.
(비유: 본사, 중앙 데이터 분석 센터)

3. 엣지 컴퓨팅의 핵심 장점

(1) 초저지연 및 실시간성(Low Latency & Real-time)
데이터가 생성된 위치에서 바로 처리되므로, 데이터 왕복 시간이 최소화되어 거의 실시간에 가까운 응답 속도를 제공할 수 있다. 이는 즉각적인 반응이 필수적인 서비스의 핵심 경쟁력이 된다.

(2) 네트워크 대역폭 효율성(Bandwidth Efficiency)
모든 원시 데이터를 클라우드로 보낼 필요 없이, 엣지에서 처리된 결과나 요약된 정보만을 전송하므로 네트워크 부하와 통신 비용을 획기적으로 절감할 수 있다.

(3) 보안 및 프라이버시 강화(Enhanced Security & Privacy)
민감한 데이터를 외부로 전송하지 않고 로컬 네트워크 내에서 처리하고 저장할 수 있어, 데이터 유출 위험을 줄이고 개인정보보호 규정을 준수하는 데 유리하다.

(4) 안정성 및 가용성 향상(Improved Reliability & Availability)
중앙 클라우드 서버나 인터넷 연결에 장애가 발생하더라도, 엣지 디바이스는 독립적으로 핵심 기능을 수행할 수 있어 서비스의 전체적인 안정성과 가용성을 높인다.

4. 주요 응용 분야 및 경영정보시스템(MIS) 활용 사례

응용 분야	핵심 내용 및 목적	경영정보시스템(MIS) 활용 사례
스마트 팩토리	생산 라인의 효율성과 안정성을 극대화하기 위해 실시간 데이터 처리와 즉각적인 제어가 필수적인 분야	실시간 품질 검사: 컨베이어 벨트를 지나는 제품의 이미지를 엣지 서버에서 AI로 실시간 분석하여 즉시 불량품을 판정하고 분류함(클라우드로 보내면 판정 지연으로 생산 라인 속도를 맞출 수 없음)
자율주행차	차량 주변의 센서(라이다, 레이더, 카메라)가 수집하는 방대한 데이터를 실시간으로 처리하여 돌발상황에 즉각적으로 반응	전방의 보행자나 장애물을 감지했을 때, 차량 내의 고성능 컴퓨터(엣지 디바이스)가 0.01초 내에 상황을 판단하고 긴급 제동 장치를 작동
스마트 리테일	매장 내 고객 경험을 향상시키고 운영을 최적화하기 위해 현장 데이터의 즉각적인 분석이 필요	지능형 CCTV: 매장 내 카메라가 고객의 동선을 엣지에서 실시간 분석하여 특정 상품 앞에서의 체류 시간을 측정하고, 이탈 고객 발생 시 근처 직원에게 알림을 전송
스마트 시티	도시의 교통, 안전, 환경 등 다양한 문제를 해결하기 위해 도시 곳곳에서 발생하는 데이터를 실시간으로 처리	스마트 교차로: 교차로의 엣지 서버가 각 방향의 교통량을 실시간으로 분석하여 신호등 주기를 최적화함으로써 교통 체증을 완화

기출개념확인

01 창고에 입고되는 수많은 상품 박스를 개봉하지 않고, 게이트를 통과하는 것만으로 모든 상품의 종류와 수량을 실시간으로 파악하는 자동화 기술이 있다. 비접촉, 비가시성, 다중 동시 인식이 특징인 이 기술은 무엇인가?

① QR코드(QR Code)
② RFID(Radio-Frequency Identification)
③ NFC(Near Field Communication)
④ 블루투스(Bluetooth)

02 자율주행차가 전방의 보행자를 감지했을 때, 데이터를 원격 클라우드로 보내 응답을 기다릴 경우 치명적인 지연이 발생할 수 있다. 이러한 문제를 해결하기 위해 차량 내부의 컴퓨터에서 데이터를 즉각적으로 처리하여 실시간 반응을 가능하게 하는 컴퓨팅 패러다임은 무엇인가?

① 클라우드 컴퓨팅(Cloud Computing)
② 엣지 컴퓨팅(Edge Computing)
③ 그리드 컴퓨팅(Grid Computing)
④ 사물인터넷(Internet of Things)

정답·해설

01 ② '박스를 개봉하지 않고(비가시성)', '게이트를 통과하는 것만으로(비접촉)', '모든 상품을 파악(다중 동시 인식)'하는 특징은 RFID의 핵심 기능이다. 이는 물류 및 공급망 관리(SCM) 자동화에 가장 널리 활용되는 방식이다.

02 ② 자율주행차와 같이 초저지연(Ultra-Low Latency)이 필수적인 서비스에서 발생하는 클라우드 컴퓨팅의 한계를 극복하기 위한 기술은 엣지 컴퓨팅이다.

제7장 | 실전연습문제

*기출유형 은 해당 문제가 실제 시험에 출제된 유형임을 나타냅니다.

[기출유형]
01 모바일 기술에 대한 설명으로 가장 거리가 먼 것은?
① QR코드는 코드 일부가 손상되어도 내장된 오류 복원 기능으로 데이터를 인식할 수 있다.
② RFID는 리더기의 인식 범위 내에 있는 여러 개의 태그를 동시에 읽을 수 있다.
③ NFC는 통신 거리가 수 미터에 달해 원거리 결제 시스템에 주로 활용된다.
④ RFID는 중간에 장애물이 있어도 태그를 인식할 수 있다.

02 사물인터넷(IoT)의 주요 특징으로 보기 어려운 것은?
① 자율성(Autonomy)
② 상황인식(Context-awareness)
③ 종속성(Dependency)
④ 확장성(Scalability)

[기출유형]
03 IoT 시스템 아키텍처에서 물리적 현상이나 상태를 감지하여 디지털 데이터로 변환하는 역할을 하는 구성요소는 무엇인가?
① 액추에이터(Actuator)
② 게이트웨이(Gateway)
③ 센서(Sensor)
④ 플랫폼(Platform)

04 다음 중 엣지 컴퓨팅이 등장하게 된 배경으로 가장 적절하지 않은 것은?
① 중앙 클라우드 서버의 처리 용량 부족 문제
② 자율주행차와 같이 초저지연이 필수적인 서비스의 등장
③ IoT 기기에서 생성되는 데이터 전송에 따른 막대한 네트워크 대역폭 비용 문제
④ 원격지로 민감한 데이터를 전송할 때 발생하는 보안 및 프라이버시 문제

05 엣지 컴퓨팅과 클라우드 컴퓨팅의 관계를 가장 올바르게 설명한 것은?
① 엣지 컴퓨팅은 클라우드 컴퓨팅을 완전히 대체하는 차세대 기술이다.
② 클라우드 컴퓨팅은 엣지 컴퓨팅의 데이터 처리 결과를 받아 저장하는 역할만 한다.
③ 엣지와 클라우드는 실시간 처리와 대규모 분석의 역할을 분담하는 상호 보완적 관계이다.
④ 엣지 컴퓨팅은 클라우드 컴퓨팅보다 항상 더 뛰어난 보안성을 제공한다.

[기출유형]
06 모바일 기술 중, 광학적 원리(카메라 스캔)를 사용하며 생성 및 배포 비용이 가장 저렴한 기술은 무엇인가?
① QR코드
② RFID
③ NFC
④ 비콘(Beacon)

07 스마트 팩토리에서 생산 설비의 진동 데이터를 실시간으로 분석하여 고장이 발생하기 전에 미리 경고하는 IoT 활용 사례를 무엇이라고 하는가?

① 콜드체인 관리
② 스마트 그리드
③ 예지보전(Predictive Maintenance)
④ 공급망 관리(SCM)

08 다음 중 RFID 기술의 핵심 특징이 아닌 것은?

① 직접 조준 필요(Line-of-Sight)
② 다중 동시 인식
③ 비접촉 인식
④ 데이터 수정 가능(Read/Write)

09 사물인터넷(IoT)의 가장 시급하고 중요한 과제로 언급되는 것은?

① 데이터 처리 속도 문제
② 통신 기술의 표준화 문제
③ 보안 및 프라이버시 문제
④ 센서의 소형화 문제

10 삼성페이, 애플페이와 같이 스마트폰을 단말기에 가까이 터치하여 결제하는 시스템에 사용되는 핵심 기술은 무엇인가?

① QR코드
② RFID
③ NFC
④ 와이파이 다이렉트

11 IoT 아키텍처에서 서로 다른 통신 방식을 사용하는 사물 네트워크와 인터넷을 연결해주는 '관문' 역할을 하는 것은?

① 센서
② 액추에이터
③ 게이트웨이
④ 응용 프로그램

12 다음 중 엣지 컴퓨팅의 활용 사례로 가장 적절한 것은?

① 전 세계 사용자의 소셜 미디어 데이터를 분석하여 트렌드 예측
② 기업의 지난 10년간 재무 데이터를 저장하고 백업
③ 스마트 교차로에서 실시간 교통량을 분석하여 신호등 주기 최적화
④ 대학의 모든 강의 동영상을 저장하고 스트리밍 서비스 제공

13 IoT의 특징 중, 가전제품, 자동차, 산업 설비 등 매우 다양한 종류의 사물들이 하나의 네트워크에 공존하는 특성을 무엇이라고 하는가?

① 자율성
② 상황인식
③ 확장성
④ 이종성(Heterogeneity)

14 다음 모바일 기술들을 인식 거리가 먼 순서대로 올바르게 나열한 것은?

① RFID 〉 QR코드 〉 NFC
② RFID 〉 NFC 〉 QR코드
③ QR코드 〉 RFID 〉 NFC
④ NFC 〉 QR코드 〉 RFID

15 엣지 컴퓨팅의 장점으로 보기 어려운 것은?

① 네트워크 대역폭 비용 절감
② 데이터 처리의 중앙 집중화
③ 서비스의 안정성 및 가용성 향상
④ 민감한 데이터의 보안 강화

16 물리적 세계의 정보를 감지하는 '센서'와 달리, 제어 신호를 받아 물리적 동작을 수행하는 IoT 구성요소는 무엇인가?

① 통신 모듈
② 게이트웨이
③ 플랫폼
④ 액추에이터

17 클라우드 컴퓨팅과 비교하여 엣지 컴퓨팅이 가지는 가장 큰 강점은?

① 저렴한 초기 도입 비용
② 거의 무한대에 가까운 저장 공간
③ 초저지연을 통한 실시간 응답
④ 강력한 중앙 데이터 처리 능력

18 IoT 플랫폼(서비스 계층)의 핵심 역할로 가장 적절한 것은?

① 물리적 현상을 감지하여 데이터로 변환
② 데이터를 분석하여 의미있는 정보를 추출하고 지능형 서비스 제공
③ 사물 네트워크와 인터넷 간의 프로토콜 변환
④ 사용자와 직접 상호작용하는 스마트폰 앱 제공

19 다음 〈보기〉에서 RFID 기술이 QR코드에 비해 갖는 장점으로 옳은 것을 모두 고른 것은?

〈보기〉
가. 다중 동시 인식 가능
나. 장애물 투과 인식 가능
다. 도입 비용이 훨씬 저렴함
라. 데이터 수정 및 재기록 가능

① 가, 나
② 가, 나, 라
③ 나, 다, 라
④ 가, 나, 다, 라

20 중앙 인터넷 연결이 불안정한 원격지의 건설 현장에서, 현장 안전 시스템이 비상 상황(예 가스 누출)을 감지했을 때 즉시 경보를 울리고 밸브를 차단해야 한다. 이러한 서비스에 가장 적합한 컴퓨팅 방식은 무엇인가?

① 클라우드 컴퓨팅
② 그리드 컴퓨팅
③ 메인프레임 컴퓨팅
④ 엣지 컴퓨팅

제7장 | 정답·해설

01	02	03	04	05
③	③	③	①	③
06	07	08	09	10
①	③	①	③	③
11	12	13	14	15
③	③	④	①	②
16	17	18	19	20
④	③	②	②	④

01 ③

NFC(Near Field Communication)는 이름 그대로 10cm 이내의 매우 짧은 근거리에서만 통신이 가능하다. 이러한 특성 때문에 오히려 보안성이 높아져 모바일 결제와 같은 근접 통신에 활용된다.

02 ③

사물인터넷의 핵심 특징 중 하나는 사람의 직접적인 개입 없이 사물이 '자율적으로' 데이터를 수집하고 상황을 판단하여 동작하는 '자율성(Autonomy)'이다. 종속성은 자율성과 반대되는 개념이다.

03 ③

센서(Sensor)는 온도, 습도, 움직임 등 물리적 세계의 정보를 감지하여 IoT 시스템이 처리할 수 있는 디지털 데이터로 변환하는 역할을 한다. 액추에이터는 반대로 제어 신호를 받아 물리적 동작을 수행한다.

04 ①

엣지 컴퓨팅의 등장은 클라우드의 '처리 용량' 자체가 부족해서라기보다는, 물리적 거리로 인한 '지연 시간(Latency)', 데이터 전송량으로 인한 '대역폭 비용', '보안' 등의 문제를 해결하기 위함이다. 클라우드는 여전히 대규모 데이터 처리와 분석에 있어 강력한 성능을 제공한다.

05 ③

엣지 컴퓨팅은 현장에서의 실시간 처리를, 클라우드 컴퓨팅은 대규모 데이터의 심층 분석 및 장기 저장을 담당하며 서로의 단점을 보완하고 시너지를 창출하는 상호 보완적인 관계이다.

06 ①

QR코드는 2차원 바코드로, 스마트폰 카메라와 같은 광학 장비로 인식한다. 별도의 전자 칩이 필요한 다른 기술과 달리 인쇄만 하면 되므로 비용이 매우 저렴하다.

07 ③

예지보전(Predictive Maintenance)은 IoT 센서를 통해 수집된 데이터를 분석하여 기계나 설비의 고장을 사전에 예측하고 유지보수 시점을 알려주는 스마트 팩토리의 핵심 응용 분야이다.

08 ①

RFID는 전파를 사용하므로 바코드처럼 직접 조준할 필요가 없으며(비가시성), 중간에 장애물이 있어도 인식이 가능한 것이 큰 장점이다. 직접 조준이 필요한 것은 QR코드나 바코드이다.

09 ③

수십억 개의 기기가 네트워크에 연결됨에 따라 해킹의 공격 표면이 넓어지고, 개인의 민감한 데이터가 수집되므로 보안 및 프라이버시 문제가 IoT 확산의 가장 큰 장애물이자 중요한 과제로 꼽힌다.

10 ③

NFC는 10cm 이내의 초근접 거리에서만 통신이 가능하여 보안성이 높기 때문에, 모바일 결제 시스템에 핵심적으로 사용된다.

11 ③

게이트웨이(Gateway)는 프로토콜이 다른 두 네트워크(예 블루투스 네트워크와 인터넷) 사이에서 데이터를 변환하고 중계해주는 관문 역할을 수행한다.

12 ③

스마트 교차로의 신호등 제어는 실시간성과 즉각적인 반응이 필수적이므로, 현장(엣지)에서 데이터를 처리하는 엣지 컴퓨팅에 가장 적합한 사례이다. 나머지는 대규모 데이터의 저장 및 분석이 중요하므로 클라우드 컴퓨팅에 더 적합하다.

13 ④

이종성(Heterogeneity)은 서로 다른 종류와 특성을 가진 다양한 기기들이 표준화된 프로토콜을 통해 하나의 네트워크를 구성하고 상호작용하는 특징을 의미한다.

14 ①

일반적으로 RFID는 수 m~수십 m, QR코드는 수 cm, NFC는 ~10cm의 인식 거리를 가진다. 따라서 RFID가 가장 멀고, 그 다음 QR코드, 가장 가까운 것이 NFC이다.

15 ②

엣지 컴퓨팅은 데이터를 발생지 근처에 '분산'하여 처리하는 '분산 컴퓨팅' 패러다임이다. 데이터 처리의 '중앙 집중화'는 엣지 컴퓨팅이 극복하고자 하는 클라우드 컴퓨팅의 특징이다.

16 ④

액추에이터(Actuator)는 IoT 시스템의 '팔다리'와 같은 역할을 하며, 플랫폼으로부터 받은 명령(예 '밸브를 잠가라')에 따라 실제 물리적인 동작(밸브를 잠그는 행위)을 수행한다.

17 ③

엣지 컴퓨팅이 클라우드 컴퓨팅에 비해 갖는 가장 독보적인 강점은 물리적 거리를 줄여 데이터 처리의 '지연 시간(Latency)'을 최소화함으로써 실시간에 가까운 응답을 가능하게 한다는 점이다.

18 ②

IoT 플랫폼은 IoT 시스템의 '두뇌'로서, 하위 계층에서 수집된 방대한 데이터를 분석하여 가치 있는 정보로 만들고, 이를 기반으로 지능형 서비스를 제공하거나 액추에이터를 제어하는 핵심적인 역할을 수행한다.

19 ②

RFID는 전파를 사용하므로 여러 태그를 동시에(가), 장애물을 투과하여(나) 인식할 수 있으며, 태그에 데이터를 새로 쓰거나 수정할 수 있다(라). 반면, 전자 칩과 리더기가 필요하므로 인쇄만 하면 되는 QR코드에 비해 도입 비용이 비싸다(다).

20 ④

인터넷 연결이 불안정한 환경에서 즉각적인 반응과 자율적인 동작이 요구되는 상황이므로, 현장에서 직접 데이터를 처리하고 제어하는 엣지 컴퓨팅이 가장 적합하다. 클라우드 컴퓨팅은 인터넷 연결이 끊기면 무용지물이 될 수 있다.

무료 학습자료 제공 · 독학사 단기합격 **해커스독학사**
haksa2080.com

전문가가 분석한 출제경향 및 학습전략

인터넷의 기본 주소 체계(IP, DNS)와 서비스(WWW)의 개념을 명확히 이해하고, 웹 2.0으로의 패러다임 변화를 파악하는 것이 중요하다. 전자상거래는 거래 주체별 유형(B2C, B2B 등)을 구분하고, 모바일 상거래의 특징과 핵심 지원 기술(전자결제, SEO)을 연계하여 학습해야 한다. 미래 기술 동향(AI, D2C)도 주목할 필요가 있다.

제8장 | 핵심 키워드 Top 10
핵심 키워드 Top 10은 본문에도 동일하게 ★로 표시하였습니다.

01	IP 주소(IPv4/IPv6) ★★★	p.219
02	DNS(도메인 네임 시스템) ★★	p.219
03	웹 2.0(참여, 공유, 개방) ★★★	p.227
04	웹 애플리케이션(Web Application) ★★★	p.222
05	인트라넷 / 엑스트라넷 ★★	p.224
06	전자상거래 유형(B2C, B2B, C2C) ★★★	p.231
07	모바일 상거래(M-Commerce) ★★★	p.232
08	전자결제 시스템(PG, Escrow) ★★★	p.234
09	검색 엔진 최적화(SEO) ★★★	p.235
10	소셜 커머스 / D2C ★★	p.236, p.237

제8장

인터넷과 전자상거래

제1절 인터넷
제2절 전자상거래

제1절 인터넷

01 인터넷 주소체계/구성

1. 인터넷의 개념 및 역사

(1) 인터넷의 개념
① 인터넷(Internet)이란 여러 통신망을 하나로 연결한다는 의미의 '인터 네트워크(inter-network)'라는 말에서 시작되었다.
② 인터넷은 TCP/IP(Transmission Control Protocol/Internet Protocol)라는 표준화된 프로토콜을 사용하여 전 세계의 이기종(異機種) 컴퓨터 네트워크들을 상호 연결한 거대한 네트워크 시스템이다.
③ 인터넷은 이러한 컴퓨터 네트워크가 전 세계적인 규모로 수없이 많이 모여서 이루어진 일종의 컴퓨터 네트워크 시스템이다.
④ 즉, 인터넷이란 수많은 클라이언트 컴퓨터와 서버 컴퓨터, TCP/IP라는 기본 프로토콜 그리고 이들로 구성된 네트워크들의 집합체이다.

(2) 인터넷의 역사
① 1969년 미국 국방성의 ARPANET에서 출발했으며, 초기에는 분산된 네트워크 구조를 통해 핵 공격에도 살아남을 수 있는 통신망을 목표로 설계되었다.
② 미국 국방부에서 연구 기관과 국방 관련 사업체 등 관련 기관 간의 정보 공유를 지원하기 위해 추진한 ARPA(The Advanced Research Project Agency) 프로젝트에 의해 개발된 컴퓨터망의 연동망이다.
③ 1969년 가동된 후에 연구 기관, 교육 기관 등 사용 계층이 증가하면서 원격 접속 개시(remote log-in), 파일 전송, 전자 우편, 동호인 그룹(Usenet) 들의 정보 교환과 같은 기능을 갖추게 되어 1986년까지 인터넷의 근간망을 이루고 있었다.
④ 1990년 미국 국방부의 결정에 따라 해체될 때까지 인터넷의 중요한 부분으로 남아 있었다.
⑤ 1990년대 월드 와이드 웹(WWW)의 등장과 상업적 이용이 허용되면서 폭발적으로 성장, 현대 비즈니스와 사회의 근간이 되는 핵심 인프라로 자리 잡았다.

2. 인터넷 주소 체계

(1) IP 주소(Internet Protocol Address) ★★★
네트워크상의 각 노드(컴퓨터, 서버, 스마트폰 등)를 식별하는 고유한 논리적 주소이다.

① IPv4(Internet Protocol version 4)
  ㉠ 32비트(4바이트) 주소 체계로, 약 43억 개의 주소를 할당할 수 있다.
  ㉡ 192.168.0.1과 같이 8비트씩 4부분으로 나누어 10진수로 표기한다. 현재 주소 고갈 문제에 직면해 있다.
  ㉢ 주소 고갈 문제로 인해 NAT(Network Address Translation) 기술과 함께 사용되거나 IPv6로의 전환이 진행 중이다.

② IPv6
  ㉠ 128비트(16바이트) 주소 체계로, 사실상 무한대의 주소 공간을 제공한다.
  ㉡ 사물 인터넷(IoT) 시대의 도래에 따라 중요성이 더욱 커지고 있다.

(2) 도메인 네임(Domain Name)
① 숫자로 구성된 IP 주소를 domain.com과 같이 의미 있는 문자 형태로 표현한 것이다.
② 복잡한 IP 주소를 google.com과 같이 인간이 기억하고 사용하기 쉬운 문자 형태로 표현한 것이다.
③ 계층적 구조(최상위 도메인 - 차상위 도메인)를 가진다.
④ 최상위 도메인(TLD, .com, .kr 등), 차상위 도메인(SLD, google, naver 등)으로 구성된다.
⑤ 도메인명의 길이는 최대 256자까지 가능하며, 도메인명은 숫자(0~9)나 영문자(A~Z), 영문자와 숫자의 조합으로 구성된다.
⑥ 쉼표(,)나 언더바(_) 등은 사용할 수 없으며, 하이픈(-)은 사용 가능하다.
⑦ 전 세계적으로 중복되지 않은 고유 주소를 사용해야 한다. 이는 사용자의 편의성과 기억 용이성을 높인다.

(3) DNS(Domain Name System) ★★
① 도메인 네임을 IP 주소로, 또는 그 반대로 변환시켜주는 분산 데이터베이스 시스템이다.
② IP 주소 같이 숫자로 되어 있는 주소 정보를 문자열 정보로 변환하여 관리하는 서버이며, 주로 인터넷에서 사용한다.
③ 이 시스템이 없다면 사용자는 모든 웹사이트의 IP 주소를 직접 외워야 한다.
④ 인터넷의 전화번호부와 같은 역할을 하는 시스템이다.

(4) URL(Uniform Resources Locator)
① 인터넷에서 자원의 위치를 통일적으로 표현하는 주소이다.
② 웹 브라우저에 URL을 입력하면 그 URL이 가리키는 웹 서버에 있는 하이퍼미디어 문서를 불러올 수 있다.

02 인터넷 서비스

1. WWW(World Wide Web)

(1) 웹의 개념 ★★★ 기출개념
① 월드 와이드 웹(World Wide Web)이란 인터넷에 연결된 사용자들이 서로의 정보를 공유할 수 있는 공간을 의미한다.
② 'WWW'나 'W3'라고도 부르며, 간단히 웹(Web)이라고 줄여서 칭한다.
③ 현재 인터넷과 웹이라는 단어가 서로 혼용되어 사용될 만큼 인터넷의 가장 큰 부분을 차지하고 있지만, 웹은 인터넷상의 서비스이다.
④ 1989년 3월 스위스와 프랑스 사이에 위치한 유럽 입자 물리 연구소(CERN)의 소프트웨어 공학자인 팀 버너스리 등의 제안으로 시작되어 연구·개발되었다.
⑤ 본래 목적은 세계의 여러 대학과 연구기관에서 일하는 물리학자들 상호간의 신속한 정보교환과 공동연구를 위해 고안되었으며, 웹브라우저를 통해 문자나 사진, 동영상, 음성 등이 조합된 데이터베이스인 사이트의 정보를 입수할 수 있었다.

(2) 웹의 구성
① 웹은 인터넷 상에서 텍스트나 그림, 소리, 영상 등과 같은 멀티미디어 정보를 하이퍼텍스트 방식으로 연결하여 제공한다.
② 하이퍼텍스트(hypertext)란 문서 내부에 또 다른 문서로 연결되는 참조를 삽입하여 웹 상에 존재하는 여러 문서끼리 서로 참조할 수 있는 기술을 의미한다.
③ 문서 내부에서 또 다른 문서로 연결되는 참조를 '하이퍼링크(hyperlink)'라고 부른다.
④ 웹은 HTML이라는 언어를 사용하여 누구나 자신만의 문서를 작성할 수 있다.
⑤ 작성된 웹상의 문서에는 HTTP라는 프로토콜을 사용하며, 누구나 검색하고 접근할 수 있다.
⑥ 웹에서는 HTML 언어를 사용하여 작성된 하이퍼텍스트 문서를 '웹 페이지(web page)'라고 한다.
⑦ 웹 페이지들 중에서 서로 관련된 내용으로 작성된 웹 페이지들의 집합을 '웹 사이트(web site)'라고 한다.
⑧ 사용자가 웹 페이지에 포함된 하이퍼링크를 따라 다른 웹 페이지들로 계속하여 이동하는 것을 '웹 서핑(web surfing)'이라고 한다.
⑨ 사용자가 웹 페이지를 검색하기 위해 사용하는 프로그램을 '웹 브라우저(web browser)'라고 한다.

2. 전자우편(e-mail)
① 전자 우편은 컴퓨터 통신망(주로 인터넷)을 통해 편지를 주고받을 수 있는 시스템과 해당 편지를 일컫는다.
② 전자우편 주소는 '아이디@메일서버이름'의 형식이다.
③ 전자우편 주소의 아이디로 한글 등 영문 외 문자를 지원하는 경우도 있으나, 대부분의 서비스들은 영문, 숫자, 일부 기호만을 사용할 수 있게 하고 있다.
④ 메일 서버이름(domain)은 대·소문자를 구분하지 않고 아이디(local-part)는 대·소문자를 구분한다.
⑤ 대부분의 메일 서비스들은 아이디도 대·소문자를 구분하지 않는다.

3. FTP(File Transfer Protocol)
① 파일 전송 프로토콜(FTP)은 TCP/IP 프로토콜을 가지고 서버와 클라이언트 사이의 파일 전송을 하기 위한 프로토콜이다. 파일 전송 프로토콜은 TCP/IP 프로토콜 테이블의 응용 계층에 속한다.
② 최초의 FTP 클라이언트 애플리케이션들은 운영 체제가 그래픽 사용자 인터페이스를 갖추기 이전에 개발된 명령 줄 프로그램이었다.
③ 대부분의 윈도우, 유닉스, 리눅스 운영 체제에 현재도 기본 포함되어 있다.
④ FTP는 웹 페이지 편집기와 같은 생산성 응용 프로그램들에 통합되고 있다.

4. 텔넷(Telnet)
① 텔넷은 인터넷이나 로컬 영역 네트워크 연결에 쓰이는 네트워크 프로토콜이다.
② 'telnet'이라는 용어는 프로토콜의 클라이언트 일부 기능이 추가된 소프트웨어를 일컫는다.

5. 아키(Archie)
① 아키는 FTP 서버의 아카이브(archive)의 인덱스를 만들어, 사람이 특정한 파일을 찾을 수 있도록 만들어진 최초의 검색 엔진이다.
② 아키는 파일명만 검색 가능하며, 파일 내용은 검색이 불가능하였다. 파일명을 모를 경우 해당 파일을 검색할 수 없다.

6. 고퍼(Gopher)
① 고퍼 프로토콜은 인터넷을 위해 고안된 문서 검색 프로토콜이다.
② 고퍼의 목적은 월드 와이드 웹과 비슷하나, 현재는 거의 완전히 웹에 의해 대체되었다.
③ 고퍼 프로토콜은 웹에서 지원하지 않는 몇 가지 사항들을 지원하는데, 특히 웹보다 훨씬 강력한 정보 분류 체계를 지원한다.

7. 유즈넷(Usenet)
① 유즈넷은 유저 네트워크의 줄인 말이다.
② 주로 텍스트 형태의 기사들을 전 세계의 사용자들이 공개된 공간에서 주고 받아 토론할 수 있게 고안된 분산 네트워크이다.
③ 유즈넷은 전 세계에 퍼져있는 서버들끼리 연동하여 글을 저장하고 발송하여 서로 동기화시키는 작업을 통해 어느 서버를 접속하든지 같은 내용의 글들을 볼 수 있게 해준다.

03 인터넷 및 웹 애플리케이션

1. 웹 애플리케이션 ★★★

(1) 웹 애플리케이션(Web Application)의 개념
① 정의
　㉠ 웹 애플리케이션(Web Application)이란 웹 브라우저를 사용자 인터페이스(UI)로 활용하며, HTTP 프로토콜을 통해 서버와 데이터를 교환하는 응용 소프트웨어를 의미한다.
　㉡ 별도의 설치 과정 없이 인터넷 접속이 가능한 환경이라면 어디서든 접근할 수 있다는 플랫폼 독립성과 높은 접근성을 특징으로 한다.
　㉢ 대표적인 예로 웹 메일, 온라인 문서 편집 도구(Google Docs), 전사적자원관리(ERP) 시스템 등이 있다.
② 웹사이트 vs. 웹 애플리케이션
　㉠ 웹사이트(Website): 주로 정보 전달을 목적으로 하며, 사용자는 콘텐츠를 읽거나 보는 등 정적인 활동을 한다. 예 기업 소개 페이지, 뉴스 사이트
　㉡ 웹 애플리케이션(Web Application): 정보 전달을 넘어 사용자와의 상호작용에 중점을 두며, 사용자는 데이터를 입력하고, 수정하며, 다양한 기능을 실행할 수 있다. 즉, 웹사이트보다 훨씬 동적이고 복잡한 기능을 제공하는 경우를 지칭한다.

구분	웹사이트(Website)	웹 애플리케이션(Web Application)
주요 목적	정보의 정적인 제공 및 전달 (Read-Only)	사용자와의 상호작용을 통한 기능 수행
상호작용성	낮음 (주로 하이퍼링크를 통한 페이지 이동)	높음 (데이터의 입력, 처리, 수정, 삭제 등)
데이터 처리	클라이언트 측에서 제한적으로 처리	서버 측에서 비즈니스 로직에 따라 동적 처리
예시	기업 소개 페이지, 뉴스 기사, 블로그 포스트	온라인 뱅킹, 소셜 미디어, 예약 시스템

(2) 웹 애플리케이션의 작동 원리

① 웹 애플리케이션은 본질적으로 클라이언트-서버 아키텍처(Client-Server Architecture)를 기반으로 동작한다. 여기서 클라이언트는 사용자의 웹 브라우저를, 서버는 비즈니스 로직과 데이터를 처리하는 원격 컴퓨터를 지칭한다.
② 그 작동 과정은 HTTP 요청-응답 주기(Request-Response Cycle)로 설명할 수 있다.
③ HTTP 요청(Request): 사용자가 웹 브라우저에서 특정 동작(예 버튼 클릭, 정보 입력)을 수행하면, 클라이언트는 해당 요청을 HTTP 메시지 형태로 서버에 전송한다.
④ 서버 처리(Processing): 서버는 수신한 요청을 해석하고, 정의된 비즈니스 로직에 따라 데이터베이스 조회, 연산 등의 작업을 수행한다.
⑤ HTTP 응답(Response): 서버는 처리 결과를 바탕으로 클라이언트에게 보여줄 새로운 웹 페이지(HTML, CSS, JavaScript)나 데이터를 생성하여 HTTP 응답 메시지에 담아 전송한다.
⑥ 렌더링(Rendering): 클라이언트(웹 브라우저)는 서버로부터 받은 응답을 해석하여 사용자 화면에 시각적으로 표현한다.

(3) 웹 애플리케이션의 발전과 유형

웹 기술의 발전에 따라 애플리케이션의 구현 방식과 사용자 경험은 지속적으로 진화해왔다.

① 정적 웹 페이지(Static Web Page)
  ㉠ 서버에 미리 완성된 형태로 저장된 HTML 파일을 그대로 클라이언트에게 전달하는 초기 웹의 형태이다.
  ㉡ 모든 사용자에게 동일한 콘텐츠를 제공하며, 콘텐츠 변경을 위해서는 서버의 원본 파일을 직접 수정해야 한다.

② 동적 웹 애플리케이션(Dynamic Web Application)
  ㉠ 사용자의 요청에 따라 서버 측에서 실시간으로 데이터를 가공하여 동적으로 HTML 페이지를 생성하는 방식이다.
  ㉡ PHP, JSP, ASP.NET과 같은 서버 사이드 스크립트 언어를 통해 구현되며, 사용자별 맞춤형 콘텐츠 제공이 가능하다.
  ㉢ 게시판, 회원 시스템 등 대부분의 웹 서비스가 이에 해당한다.

③ 단일 페이지 애플리케이션(Single Page Application, SPA)
  ㉠ 최초 요청 시 애플리케이션에 필요한 모든 정적 리소스를 한 번에 로드하고, 이후에는 AJAX(Asynchronous JavaScript and XML) 통신을 통해 필요한 데이터만 서버로부터 비동기적으로 받아와 화면의 특정 부분만 동적으로 갱신하는 방식이다.
  ㉡ 페이지 전체를 새로고침 하지 않으므로 반응 속도가 빠르고, 마치 데스크톱 애플리케이션과 같은 부드러운 사용자 경험(UX)을 제공한다.

④ 프로그레시브 웹 앱(Progressive Web App, PWA)
  ㉠ 네이티브 앱과 웹 앱의 장점을 결합한 최신 웹 애플리케이션 형태이다.
  ㉡ 서비스 워커(Service Worker) 기술을 통해 오프라인 상태에서도 작동하거나 푸시 알림을 보낼 수 있으며, 웹 앱 매니페스트(Web App Manifest) 파일을 통해 사용자의 홈 화면에 설치할 수 있다.

(4) 웹 애플리케이션 개발의 핵심 요소

웹 애플리케이션 개발은 크게 사용자가 직접 마주하는 프론트엔드와 보이지 않는 서버 측의 백엔드로 구분된다.

① 프론트엔드(Frontend) 개발
  ㉠ 클라이언트 사이드(Client-side) 개발이라고도 하며, 사용자가 직접 상호작용하는 사용자 인터페이스(UI)와 사용자 경험(UX)을 구현하는 영역이다.
  ㉡ HTML(HyperText Markup Language): 웹 페이지의 구조를 정의하는 마크업 언어이다.
  ㉢ CSS(Cascading Style Sheets): 웹 페이지의 레이아웃, 색상 등 시각적 표현을 담당하는 스타일 시트 언어이다.
  ㉣ JavaScript: 웹 페이지의 동적인 동작과 사용자 상호작용을 구현하는 프로그래밍 언어이다. 현대에는 React, Vue, Angular와 같은 프레임워크를 사용하여 복잡한 UI를 효율적으로 개발한다.

② 백엔드(Backend) 개발
  서버 사이드(Server-side) 개발이라고도 하며, 프론트엔드로부터 전달받은 요청을 처리하는 비즈니스 로직을 구현하는 영역이다.
  ㉠ 역할: 데이터 처리 및 저장, 사용자 인증 및 권한 관리, 데이터베이스와의 상호작용, API(Application Programming Interface) 제공 등을 수행한다.
  ㉡ 주요 기술
    ⓐ 프로그래밍 언어 및 프레임워크: Java(Spring), Python(Django, Flask), JavaScript(Node.js) 등
    ⓑ 데이터베이스 관리 시스템(DBMS): MySQL, PostgreSQL(관계형), MongoDB(NoSQL) 등

04 인트라넷/엑스트라넷 ★★

1. 인트라넷(Intranet)의 개념과 활용

(1) 정의
① 인트라넷이란 인터넷 표준 프로토콜인 TCP/IP와 HTTP 등을 활용하여 조직 내부의 정보 공유 및 업무 처리를 위해 구축된 사설 네트워크 시스템(Private Network System)이다.

② 외부로부터의 비인가 접근을 차단하기 위해 방화벽(Firewall)과 같은 보안 장치를 경계에 두는 폐쇄적인 네트워크 구조를 가진다.
③ 본질적으로 인터넷 기술을 기업 환경에 맞게 적용한 내부 정보 시스템이라 할 수 있다.

(2) 주요 특징
① **보안성(Security)**: 방화벽을 통해 네트워크 접근을 통제함으로써, 외부 위협으로부터 조직의 핵심 정보 자산을 보호한다.
② **표준 기술의 채택(Adoption of Standard Technologies)**: 월드 와이드 웹(WWW)의 표준 기술을 기반으로 하므로, 사용자들은 별도의 교육 없이 웹 브라우저를 통해 쉽게 접근하고 활용할 수 있으며 시스템의 개발 및 유지보수가 용이하다.
③ **정보 자원의 통합 관리(Integrated Management of Information Resources)**: 조직 내 부서별로 분산된 정보를 중앙에서 통합 관리하고, 일관된 인터페이스를 통해 제공함으로써 정보 접근의 효율성을 증대시킨다.

(3) 기업 내 활용 분야
① 인트라넷은 조직의 커뮤니케이션을 활성화하고 비즈니스 프로세스의 효율을 높이는 데 핵심적인 역할을 수행한다.
② **효율적인 정보 전달 채널**: 전사적 공지, 경영 방침, 사내 규정과 같은 정보를 시공간의 제약 없이 신속하고 정확하게 전파한다.
③ **협업 및 그룹웨어(Groupware) 환경 제공**: 전자결재, 일정 관리, 프로젝트 협업 공간, 사내 메신저 등의 기능을 통해 부서 내 및 부서 간의 협업을 촉진한다.
④ **지식 관리 시스템(KMS, Knowledge Management System) 플랫폼**: 조직 구성원이 보유한 암묵지(Tacit Knowledge)와 형식지(Explicit Knowledge)를 데이터베이스화하여 조직의 지적 자산으로 축적하고 공유하는 기반을 제공한다.

2. 엑스트라넷(Extranet)의 개념과 활용

(1) 정의
① 엑스트라넷은 기업의 인트라넷을 공급업체, 협력사, 주요 고객 등 인가된 외부 이해관계자(Stakeholders)까지 확장하여, 통제된 접근을 허용하는 네트워크이다.
② 이는 기업 내부 네트워크의 경계를 넘어 조직 간 협업을 지원하기 위해 설계된 B2B(Business-to-Business) 정보 시스템의 한 형태이다.

(2) 주요 특징
① **제한적 접근 제어(Controlled Access)**: 사용자 인증, 접근 권한 설정 등을 통해 외부 파트너가 허가된 특정 정보와 자원에만 접근할 수 있도록 엄격하게 통제한다.
② **기업 간 프로세스 연동 및 자동화(Inter-organizational Process Integration)**: 기업 간에 발생하는 주문, 재고 조회, 납품 관리 등의 업무 프로세스를 온라인상에서 연동하여 수작업을 최소화하고 효율성을 극대화한다.
③ **보안 채널의 활용(Use of Secure Channels)**: 공용 인터넷망을 통신 기반으로 사용하면서도 가상사설망(VPN, Virtual Private Network)과 같은 암호화 터널링 기술을 적용하여, 데이터 전송 과정의 기밀성과 무결성을 보장한다.

(3) 기업 간 활용 분야
① 엑스트라넷은 가치 사슬(Value Chain) 상의 파트너들과의 협력 관계를 강화하고 운영 효율성을 제고하는 데 활용된다.
② 공급망 관리(SCM, Supply Chain Management): 부품 공급업체와 실시간으로 재고 정보, 생산 계획을 공유하고 전자적 데이터 교환(EDI)을 통해 발주 및 납품 프로세스를 자동화한다.
③ 고객 관계 관리(CRM, Customer Relationship Management): 특정 고객이나 대리점을 대상으로 제품의 기술 정보, 주문 처리 현황, AS 요청 등을 처리하는 전용 포털을 제공하여 고객 만족도를 높인다.
④ B2B 전자상거래(e-Commerce): 협력사가 엑스트라넷에 로그인하여 온라인 카탈로그를 보고 직접 발주를 넣는 등 기업 간의 상거래를 지원한다.

3. 인터넷, 인트라넷, 엑스트라넷의 비교
인터넷, 인트라넷, 엑스트라넷은 동일한 인터넷 기술을 기반으로 하지만, 접근 주체와 활용 목적에 따라 다음과 같이 명확히 구분된다.

구분	인터넷 (Internet)	인트라넷 (Intranet)	엑스트라넷 (Extranet)
접근 주체	불특정 다수(Public)	특정 조직의 내부 구성원 (Private)	인가된 내부 구성원 및 외부 파트너 (Semi-Private)
네트워크 접근 범위	전면 개방 (Open)	완전 통제 (Closed)	제한적 개방 (Controlled)
정보의 성격 및 범위	공개된 공용 정보	조직 내부의 기밀 및 운영 정보	조직 간 공유되는 협업 정보
주요 활용 목적	정보 검색, 일반적 커뮤니케이션	조직 내 정보 공유, 업무 프로세스 효율화	기업 간 협업, 공급망 및 고객 관리 최적화

05 웹의 미래(블로그, 위키, SNS, 소셜네트워크, RSS피드, 팟캐스트 등)

1. 웹의 발전 ★

(1) 웹 1.0의 한계
① 초기 웹 환경인 웹 1.0(Web 1.0)은 소수의 콘텐츠 공급자가 정보를 생산하여 다수의 사용자에게 일방적으로 전달하는 '읽기 전용(Read-Only Web)'의 성격이 강했다.
② 사용자들은 하이퍼링크를 통해 정적인 정보를 소비하는 수동적인 역할에 머물렀으며, 상호작용이 매우 제한적이었다.

(2) 웹 패러다임의 전환: 웹 2.0의 등장

① 웹 2.0의 핵심 철학: 참여, 공유, 개방 ★★★
- ㉠ 2000년대 중반부터 등장한 웹 2.0(Web 2.0)은 웹의 패러다임을 근본적으로 변화시켰다.
- ㉡ 웹 2.0의 핵심 철학은 참여(Participation), 공유(Sharing), 개방(Openness)으로 요약할 수 있다.
- ㉢ 사용자가 단순한 정보 소비자를 넘어, 직접 콘텐츠를 생산하고 다른 사용자와 공유하며 적극적으로 참여하는 '읽기-쓰기 웹(Read-Write Web)'으로 진화한 것이다.

② 플랫폼으로서의 웹(Web as a Platform)
- ㉠ 웹 2.0 환경에서 웹은 특정 기업이 독점하는 소프트웨어가 아닌, 모든 사용자가 참여하여 가치를 만들어가는 플랫폼으로 기능한다.
- ㉡ 데이터와 서비스가 API(Application Programming Interface)를 통해 개방되고, 이를 통해 다양한 서비스가 결합하는 매시업(Mashup)이 활성화되었다.

2. 웹 2.0의 주요 기술 및 서비스 ★★

(1) 사용자 제작 콘텐츠(UCC)와 소셜 미디어
① 사용자 제작 콘텐츠(UCC, User-Created Content)는 웹 2.0의 가장 대표적인 특징으로, 전문가가 아닌 일반 사용자들이 직접 만든 텍스트, 이미지, 동영상 등을 의미한다.
② 이러한 UCC가 유통되고 확산되는 온라인 플랫폼을 통칭하여 소셜 미디어(Social Media)라고 한다.

(2) 블로그(Blog)와 위키(Wiki): 개인 미디어와 집단 지성의 발현
① 블로그
- ㉠ '웹(Web)'과 '로그(Log)'의 합성어로, 시간의 역순으로 포스트(Post)를 배열하는 개인화된 웹사이트이다.
- ㉡ 개인이 자신의 의견, 지식, 일상을 기록하고 대중과 소통하는 1인 미디어로서의 역할을 수행한다.

② 위키
- ㉠ 다수의 사용자가 협업을 통해 콘텐츠를 생성하고 수정해나가는 웹사이트이다.
- ㉡ 대표적인 예인 위키피디아(Wikipedia)는 특정 전문가가 아닌 불특정 다수의 참여로 지식이 축적되고 발전하는 집단 지성(Collective Intelligence)의 힘을 명확히 보여준다.

(3) 소셜 네트워크 서비스(SNS): 관계의 확장
① 소셜 네트워크 서비스(SNS, Social Network Service)는 온라인상에서 개인의 프로필을 기반으로 타인과 관계를 형성하고 유지하며 정보를 교환하도록 지원하는 서비스이다.
② SNS는 개인 간의 관계 정보인 소셜 그래프(Social Graph)를 기반으로 작동하며, 이는 사회적 관계를 디지털 공간으로 확장시키는 역할을 한다.

(4) 콘텐츠 신디케이션: RSS와 팟캐스트
콘텐츠 신디케이션(Content Syndication)은 사용자가 특정 웹사이트를 직접 방문하지 않아도, 업데이트된 콘텐츠를 자동으로 수집하여 제공하는 기술이다.
① RSS(Really Simple Syndication): 뉴스, 블로그 등 자주 업데이트되는 웹사이트의 콘텐츠를 요약하여 지정된 리더(Reader) 프로그램으로 자동 배달하는 기술이다.
② 팟캐스트(Podcast): 오디오나 비디오 파일을 RSS 기술을 통해 구독자에게 정기적으로 제공하는 서비스로, '듣는 블로그'라고도 불린다.

3. 웹의 미래: 웹 3.0과 그 이후 ★
웹 2.0이 인간의 사회적 상호작용을 웹으로 옮겨왔다면, 웹 3.0(Web 3.0)은 웹 자체를 거대한 데이터베이스로 보고, 컴퓨터가 정보의 의미를 이해하여 사용자에게 맞춤형 정보를 제공하는 '지능형 웹'을 지향한다.

(1) 시맨틱 웹과 인공지능(AI)
① 시맨틱 웹(Semantic Web)은 컴퓨터가 단어의 의미적 관계를 이해하고 추론할 수 있도록 하는 기술이다.
② 여기에 인공지능(AI)과 머신러닝이 결합하여, 사용자의 의도와 상황을 정확히 파악하고 고도로 개인화(Personalization)된 서비스를 제공하는 것이 웹 3.0의 핵심 목표이다.

(2) 탈중앙화와 블록체인
① 웹 3.0의 또 다른 중요한 특징은 탈중앙화(Decentralization)이다.
② 블록체인(Blockchain) 기술을 기반으로, 소수의 거대 플랫폼 기업이 데이터를 독점하던 웹 2.0의 구조에서 벗어나, 데이터의 소유권과 통제권을 개인 사용자에게 돌려주려는 움직임이 나타나고 있다.
③ 이는 투명하고 안전한 P2P(Peer-to-Peer) 거래와 새로운 형태의 분산형 애플리케이션(dApp)을 가능하게 한다.

기출개념확인

01 다음 중 웹 2.0에 대한 특성으로 옳지 <u>않은</u> 것은?

① 개방
② 참여
③ 쌍방향
④ 단방향

02 다음 〈보기〉와 관련된 인터넷 용어는 무엇인가?

〈보기〉
네트워크 상에서 자원이 어디 있는지를 알려주기 위한 규약

① URL
② DNS
③ IP
④ Domain Name

정답·해설

01 ④ 웹 1.0이 인터넷을 통해 일방적으로 정보를 보여주었다면, 웹 2.0은 사용자가 직접 콘텐츠를 생산하여 쌍방향으로 소통할 수 있다.

02 ① URL(Uniform Resource Locator)은 네트워크 상에서 자원이 어디 있는지를 알려주기 위한 규약으로 컴퓨터 네트워크와 검색 메커니즘에서의 위치를 지정하는 웹 리소스에 대한 참조이다.

제2절 전자상거래

01 개념 및 유형 ★★

1. 전자상거래의 정의와 특징

(1) 전자상거래 정의
① 전자상거래(E-commerce)는 협의의 관점에서는 인터넷이라는 네트워크를 통해 상품과 서비스를 판매하고 구매하는 상업적 거래 활동을 지칭한다.
② 광의의 관점에서는 인터넷을 포함한 모든 전자적 네트워크를 통해 이루어지는 비즈니스 프로세스 전반을 포괄한다.
③ 여기에는 기업 간 전자문서교환(EDI, Electronic Data Interchange), 온라인 광고, 공급망 관리(SCM), 고객 관계 관리(CRM) 등 기업의 가치 사슬(Value Chain)을 지원하는 모든 전자적 활동이 포함된다.

(2) 전자상거래 특징
전자상거래는 전통적인 상거래와 구분되는 다음과 같은 고유한 특징을 지닌다.
① 유비쿼티(Ubiquity): 전자상거래는 시간과 장소의 제약을 초월하여 언제 어디서든 시장 공간(Marketspace)에 접근할 수 있게 한다. 이는 소비자의 탐색 비용(Search Cost)과 거래 비용(Transaction Cost)을 현저히 감소시킨다.
② 글로벌 시장 접근성(Global Reach): 지리적 경계 없이 전 세계의 잠재 고객에게 접근할 수 있도록 하여, 기업이 최소한의 물리적 투자로 글로벌 시장에 진출하는 것을 가능하게 한다.
③ 보편적 표준 기술(Universal Standards): 전 세계적으로 공유되는 인터넷 표준 기술(TCP/IP, HTTP 등)을 기반으로 하므로, 기업의 시장 진입 비용(Market Entry Cost)을 낮추고 기술적 호환성 문제를 최소화한다.
④ 정보의 풍부성(Richness): 텍스트, 이미지, 오디오, 비디오 등 복합적인 멀티미디어 정보를 다수의 소비자에게 동시에 전달할 수 있다. 이는 전통적인 매체가 정보의 풍부성과 도달 범위(Reach) 사이에서 상충 관계를 가졌던 것과 대비된다.
⑤ 상호작용성(Interactivity): 판매자와 소비자 간의 양방향 커뮤니케이션을 촉진한다. 이를 통해 기업은 고객의 요구사항에 즉각적으로 반응하고 관계를 형성할 수 있다.
⑥ 개인화 및 맞춤화(Personalization & Customization): 축적된 고객 데이터를 기반으로 개인에게 최적화된 상품이나 광고를 추천(개인화)하고, 사용자가 직접 자신의 기호에 맞게 상품이나 서비스의 사양을 변경(맞춤화)하도록 지원한다.

2. 전자상거래의 유형

전자상거래는 거래에 참여하는 경제 주체, 비즈니스 운영 모델 등 다양한 기준에 따라 분류될 수 있다.

(1) 거래 주체에 따른 분류 ★★★

① **B2C**(Business-to-Consumer): 기업이 최종 소비자를 대상으로 상품과 서비스를 판매하는 형태로, 가장 보편적인 전자상거래 모델이다. 브랜드 구축, 마케팅, 고객 경험(UX/UI) 관리가 핵심 성공 요인이다.

② **B2B**(Business-to-Business): 기업과 기업 간에 이루어지는 거래를 의미한다. 거래 건수는 B2C보다 적으나 거래액의 규모가 훨씬 크며, 주로 공급망의 효율성 증대와 비용 절감을 목적으로 한다. 전자 조달(e-Procurement) 시스템이 대표적인 예이다.

③ **C2C**(Consumer-to-Consumer): 개인 소비자들이 온라인 플랫폼을 통해 상호 간에 상품을 거래하는 모델이다. 플랫폼은 거래의 신뢰성을 보장하고(예 에스크로 서비스), 거래를 중개하는 역할을 수행한다.

④ **B2G**(Business-to-Government): 기업이 정부 기관이나 공공 조직을 대상으로 물품, 용역, 서비스를 공급하는 전자적 조달 활동을 의미한다.

(2) 비즈니스 모델에 따른 분류

① **온라인 직판몰**(Online Retailer): 특정 기업이 자사의 브랜드 상품이나 직접 매입한 상품을 자체적으로 구축한 온라인 채널을 통해 소비자에게 직접 판매하는 모델이다.

② **온라인 마켓플레이스**(Online Marketplace): 다수의 판매자와 구매자를 연결하는 중개자 역할을 수행하는 플랫폼 모델이다. 플랫폼은 거래 장소를 제공하고, 거래 수수료를 통해 수익을 창출한다. 오픈마켓(Open Market)이라고도 칭한다.

③ **소셜 커머스**(Social Commerce): 소셜 네트워크 서비스(SNS)를 전자상거래에 통합한 형태로, 소셜 관계망과 사회적 증거(Social Proof)를 활용하여 구매를 유도하는 모델이다.

④ **구독 커머스**(Subscription Commerce): 소비자가 정기적인 비용을 지불하면 특정 상품이나 서비스를 주기적으로 제공받는 모델이다. 안정적인 반복 매출과 고객 충성도 확보에 강점이 있다.

02 모바일 상거래

1. 모바일 상거래(M-Commerce)의 개념 ★★★

(1) 정의 및 등장 배경
① 모바일 상거래(M-Commerce)란 스마트폰, 태블릿 PC와 같은 무선 모바일 단말기를 통해 상품, 서비스, 정보를 거래하는 모든 종류의 상업적 활동을 의미한다.
② 2000년대 후반 스마트폰의 대중화와 4G/LTE, 5G 등 무선 통신 기술의 비약적인 발전은 모바일 상거래가 폭발적으로 성장하는 기술적 기반이 되었다.

(2) 전자상거래(E-Commerce)와의 관계
① 모바일 상거래는 전자상거래(E-commerce)의 하위 집합(Subset)으로 정의된다. 즉, PC를 중심으로 이루어지던 전자상거래의 채널이 모바일 환경으로 확장된 것이다.
② 그러나 M-커머스는 단순한 채널의 확장을 넘어, 모바일 기기가 지닌 고유한 특성과 결합하여 기존 전자상거래와는 질적으로 차별화되는 새로운 비즈니스 모델과 가치를 창출하고 있다.

2. 모바일 상거래의 핵심 특징

모바일 상거래는 PC 기반 전자상거래와 구분되는 다음과 같은 고유한 특징을 가진다.
① 휴대성(Portability): 사용자가 단말기를 항상 신체에 가깝게 소지하므로, 이동 중에도 중단 없는 상거래 활동이 가능하다.
② 유비쿼티(Ubiquity): 시간과 공간의 제약을 초월하여 언제 어디서든 네트워크에 접속하고 상거래를 이용할 수 있는 환경을 제공한다.
③ 즉시성(Immediacy): 정보 탐색부터 구매 결정, 결제에 이르는 전 과정이 실시간으로 압축되어 즉각적인 거래가 이루어진다.
④ 개인화(Personalization): 모바일 단말기는 대부분 특정 개인에게 귀속되어 사용되므로, 사용자의 행태, 선호도, 구매 이력 등 개인 데이터를 기반으로 한 정교한 1:1 맞춤형 서비스 제공에 매우 유리하다.
⑤ 상황 인식(Context Awareness): 사용자의 지리적 위치, 시간, 활동 상태 등 상황 정보(Contextual Information)를 시스템이 인지하고, 이를 활용하여 특정 상황에 가장 적합한 정보나 서비스를 능동적으로 제공할 수 있다.

3. 모바일 상거래의 주요 기술 요소

(1) 모바일 플랫폼: 앱(App) vs. 모바일 웹(Mobile Web)
① 네이티브 앱(Native App): 특정 운영체제(iOS, Android)에 최적화되어 기기에 직접 설치되는 애플리케이션이다. 성능이 우수하고 GPS, 카메라 등 하드웨어 자원에 직접 접근할 수 있어 풍부한 사용자 경험(UX)을 제공한다.

② **모바일 웹(Mobile Web)**: 별도의 설치 없이 웹 브라우저를 통해 접근하는 웹 페이지이다. 플랫폼 간 호환성이 높고 개발이 용이하나, 네이티브 앱에 비해 성능과 기능 활용에 제약이 있다.

(2) 모바일 결제 시스템(Mobile Payment Systems)

신용카드 정보를 사전에 등록한 후, 비밀번호나 생체 인증(지문, 안면 인식)만으로 결제 과정을 간소화하는 간편 결제(Simple Payment)는 모바일 환경에서의 구매 전환율을 높이는 핵심적인 요소이다.

(3) 위치 기반 서비스(LBS, Location-Based Services)

GPS, Wi-Fi 신호, 이동통신 기지국 정보 등을 복합적으로 활용하여 사용자의 실시간 위치를 파악하고, 이를 기반으로 지도, 주변 정보 검색, 타겟 마케팅 등 다양한 부가 가치를 창출하는 기술이다.

(4) 근거리 통신 기술 ★★★

① **NFC(Near Field Communication)**: 10cm 이내의 초근접 거리에서 단말기 간 무선 데이터를 교환하는 기술로, 오프라인 모바일 결제(Contactless Payment)의 표준으로 사용된다.

② **비콘(Beacon)**: 저전력 블루투스(BLE)를 사용하여 수십 미터 반경 내의 단말기를 감지하고 특정 정보를 송출하는 기술이다. 실내 위치 측위, 근접 마케팅(Proximity Marketing) 등에 활용된다.

4. 모바일 상거래의 유형 및 비즈니스 모델

① **모바일 쇼핑(Mobile Shopping)**: 모바일 플랫폼을 통해 물리적 상품 및 서비스를 거래하는 가장 대표적인 유형이다.

② **모바일 금융(Mobile Banking & Fintech)**: 은행 업무, 증권 거래와 같은 전통적인 금융 서비스는 물론, 송금, 결제, 자산 관리 등 혁신적인 핀테크(Fintech) 서비스를 모바일 환경에서 제공하는 모델이다.

③ **O2O(Online-to-Offline) 서비스**: 온라인(모바일)에서 사용자를 유치하여 오프라인 매장으로 유도하거나, 온라인에서 주문·결제 후 오프라인에서 서비스를 제공받도록 연계하는 모든 비즈니스 모델을 포함한다.

④ **콘텐츠 및 앱 마켓(Content & App Markets)**: 구글 플레이스토어, 애플 앱스토어와 같이 애플리케이션, 미디어, E-book 등 디지털 콘텐츠를 유통하고 판매하는 디지털 마켓플레이스 모델이다.

03 전자상거래 지원 기술

1. 전자결제 시스템(Electronic Payment Systems) ★★★

(1) 개념 및 중요성
① 전자결제 시스템은 온라인 환경에서 고객이 상품이나 서비스의 대가를 안전하고 편리하게 지불할 수 있도록 지원하는 모든 기술 및 프로세스를 의미한다.
② 신뢰할 수 있는 결제 시스템은 고객의 구매 전환율을 높이고 거래의 신뢰도를 확보하는 데 결정적인 역할을 한다.

(2) 전자결제 시스템의 구성 요소 ★
① 결제 게이트웨이(Payment Gateway, PG): 온라인 쇼핑몰과 카드사, 은행 등 금융기관 간의 결제 정보를 암호화하여 안전하게 중개하고 정산을 대행하는 핵심 솔루션이다. PG사는 가맹점을 대신하여 다양한 결제수단을 일괄적으로 계약하고 제공한다.
② 전자지불보증(Escrow Service): 구매자가 결제한 대금을 제3의 독립 기관이 예치하고 있다가, 상품 배송이 정상적으로 완료되면 판매자에게 지급하는 거래 안전장치이다. 정보 비대칭성이 존재하는 C2C 거래나 고가 상품 거래에서 구매자의 신뢰를 확보하는 데 중요한 역할을 한다.

(3) 주요 결제 수단
① 신용카드 기반 결제: 온라인 쇼핑몰에서 가장 보편적으로 사용되는 결제 방식이다.
② 간편 결제 서비스(Simple Payment Services): 카드 정보나 은행 계좌를 최초 1회만 등록하면, 이후에는 비밀번호나 생체 인증만으로 신속하게 결제할 수 있는 서비스이다. 모바일 환경에서 결제 과정의 이탈률을 낮추는 데 크게 기여한다.
③ 전자지갑(Digital Wallets): 신용카드, 멤버십 카드, 쿠폰 등을 스마트폰 앱에 저장하여 온·오프라인에서 사용하는 서비스이다.

2. 웹 마케팅(Web Marketing)

(1) 개념 및 목표
웹 마케팅은 웹사이트를 중심으로 잠재 고객을 유치하고, 최종적으로 구매나 회원가입과 같은 목표 행동으로 전환시키기 위한 모든 온라인 활동을 의미한다.

(2) 검색 엔진 마케팅(Search Engine Marketing, SEM)
검색 엔진 마케팅은 검색 엔진을 활용하여 잠재 고객에게 도달하는 가장 효과적인 마케팅 기법 중 하나이며, 크게 검색 엔진 최적화와 키워드 광고로 나뉜다.
① 검색 엔진 최적화(SEO): 별도의 광고비 없이, 검색 결과 페이지(SERP)에서 자사 웹사이트가 자연적으로 상위에 노출되도록 웹사이트의 구조와 콘텐츠를 최적화하는 활동이다.

② 키워드 광고(Keyword Advertising / PPC): 특정 키워드를 검색한 사용자에게 광고주의 사이트를 노출하고, 사용자가 해당 광고를 클릭할 때마다 비용을 지불하는 방식(Pay-Per-Click)의 유료 광고이다.

(3) 디스플레이 광고(Display Advertising)
① 포털 사이트나 언론사 웹사이트 등의 광고 지면에 텍스트, 이미지, 비디오 형태의 배너 광고를 노출하는 방식이다.
② 브랜드 인지도를 높이거나 특정 캠페인을 홍보하는 데 효과적이다.

(4) 콘텐츠 마케팅(Content Marketing)
잠재 고객에게 가치 있고 유용한 정보를 담은 콘텐츠(블로그 포스트, 동영상, E-book 등)를 제공하여, 자연스럽게 브랜드에 대한 신뢰와 긍정적 인식을 형성하는 장기적인 마케팅 전략이다.

3. 모바일 마케팅(Mobile Marketing)

(1) 개념 및 특징
모바일 마케팅은 스마트폰, 태블릿 등 모바일 기기를 매개로 이루어지는 마케팅 활동이다. 개인화, 위치 기반, 즉시성이라는 모바일의 특징을 활용하여 고객과 상호작용한다.

(2) 주요 모바일 마케팅 기법
① 모바일 앱 마케팅
   자사 앱을 설치한 고객을 대상으로 푸시 알림(Push Notification)을 보내 재방문을 유도하거나, 앱 내에서 특정 행동을 유도하는 인앱(In-app) 마케팅을 수행한다.
② 위치 기반 마케팅(Location-Based Marketing)
   지오펜싱(Geo-fencing) 기술을 활용하여 특정 상업 지역에 진입한 고객에게 할인 쿠폰을 발송하는 등, 사용자의 실시간 위치 정보를 기반으로 맞춤형 메시지를 전달한다.
③ QR 코드 및 NFC 활용 마케팅
   오프라인 매체의 QR 코드나 제품의 NFC 태그를 통해 사용자를 모바일 웹사이트로 즉시 연결하여 온·오프라인 채널을 연계하는 브릿지(Bridge) 역할을 수행한다.

4. 검색 엔진 최적화(Search Engine Optimization, SEO) ★★★

(1) SEO의 정의 및 필요성
① 검색 엔진 최적화(SEO)란 검색 엔진이 웹사이트의 콘텐츠를 쉽게 이해하고 색인(Indexing)할 수 있도록 사이트의 내·외부 구조를 개선하여, 광고가 아닌 자연 검색(Organic Search) 결과에서 상위 노출을 유도하는 디지털 마케팅 전략이다.
② SEO는 단기적인 광고 효과와 달리, 장기적으로 안정적인 트래픽을 확보하고 브랜드 신뢰도를 구축하는 데 필수적이다.

(2) SEO의 핵심 구성 요소
① 기술적 SEO(Technical SEO)
  ㉠ 검색 엔진 로봇이 사이트를 원활하게 크롤링(Crawling)하고 색인할 수 있도록 기술적인 기반을 다지는 작업이다.
  ㉡ 사이트맵 제출, 페이지 로딩 속도 개선, 모바일 친화적 디자인 등이 포함된다.
② 온페이지 SEO(On-Page SEO)
  ㉠ 웹사이트의 각 페이지 내부 콘텐츠를 최적화하는 작업이다.
  ㉡ 핵심 키워드를 제목(Title), 본문, URL 등에 적절히 배치하고, 사용자의 검색 의도를 충족시키는 양질의 콘텐츠를 생산하는 것이 핵심이다.
③ 오프페이지 SEO(Off-Page SEO)
  ㉠ 웹사이트 외부에서 발생하는 활동을 통해 사이트의 신뢰도와 권위를 높이는 작업이다.
  ㉡ 다른 신뢰도 높은 웹사이트로부터 자연스러운 링크(Backlink)를 얻는 것이 가장 대표적인 방법이다.

04 전자상거래의 미래

1. 소셜 커머스(Social Commerce)의 심화와 진화 ★★
① 전자상거래는 기술의 발전과 소비자 행태의 변화에 따라 끊임없이 진화하고 있다.
② 미래의 전자상거래는 단순한 상품 판매 채널을 넘어, 소셜 네트워크, 인공지능, 경험 기술과 융합하여 더욱 지능적이고 개인화되며 관계 지향적인 형태로 발전할 것이다.

(1) 개념 및 작동 원리
① 소셜 커머스는 소셜 미디어 플랫폼(SNS, 커뮤니티 등)을 통해 이루어지는 모든 상거래 활동을 의미한다.
② 이는 사용자의 사회적 관계망과 상호작용을 쇼핑 경험에 통합한 형태로, 친구의 추천, 인플루언서의 후기 등 사회적 증거(Social Proof)가 소비자의 구매 결정에 핵심적인 영향을 미친다.

(2) 주요 유형: 라이브 커머스, 콘텐츠 기반 커머스
① 라이브 커머스(Live Commerce)
  ㉠ 실시간 동영상 스트리밍을 통해 상품을 소개하고 판매하는 방식으로, 판매자와 소비자 간의 즉각적인 상호작용을 극대화한다.
  ㉡ 한정된 시간 동안 제공되는 혜택과 시청자 참여는 구매의 긴급성과 재미를 부여하여 높은 전환율을 이끌어낸다.

② 콘텐츠 기반 커머스(Content-driven Commerce)
　㉠ 유용한 정보나 흥미로운 스토리를 담은 콘텐츠를 통해 소비자의 자연스러운 관심과 구매를 유도하는 방식이다.
　㉡ 인플루언서의 상품 리뷰, 브랜드의 스토리텔링 영상 등이 이에 해당한다.

2. 초개인화(Hyper-personalization)와 인공지능(AI)의 역할

(1) 초개인화의 개념
초개인화는 과거 구매 이력과 같은 정적인 데이터를 넘어, 고객의 실시간 행동, 접속 위치, 시간 등 상황(Context)까지 분석하여 개인에게 완벽하게 맞춤화된 경험을 1:1로 제공하는 단계를 의미한다.

(2) AI 기반 추천 시스템과 예측 분석
① 인공지능(AI)과 머신러닝 기술은 방대한 고객 데이터를 분석하여 개인의 잠재적 니즈를 예측하고, 최적의 상품과 서비스를 실시간으로 추천한다.
② 이는 고객의 탐색 노력을 최소화하고 구매 만족도를 극대화하는 역할을 한다.

(3) 대화형 커머스(Conversational Commerce)
챗봇(Chatbot)과 음성 비서(Voice Assistant)를 활용한 대화형 커머스는 사용자가 대화를 통해 자연스럽게 상품을 탐색하고, 질문하며, 구매까지 완료할 수 있는 새로운 쇼핑 인터페이스를 제공한다.

3. 경험 기술(Experiential Technology)의 융합
미래의 전자상거래는 온라인의 한계를 극복하고 오프라인과 유사한, 혹은 그 이상의 쇼핑 경험을 제공하는 방향으로 발전한다.

(1) 증강현실(AR)과 가상현실(VR)
① AR 기술을 통해 가구를 자신의 공간에 가상으로 배치해보거나, 의류를 가상으로 입어보는(Virtual Try-on) 경험을 제공한다.
② VR은 완전한 가상 매장을 구축하여 몰입감 높은 쇼핑 환경을 제공할 수 있다.

(2) 메타버스 커머스(Metaverse Commerce)
메타버스라는 3차원 가상 세계 속에서 사용자의 아바타가 직접 쇼핑하고, 브랜드를 체험하며, 다른 사용자들과 소통하는 새로운 형태의 상거래가 부상하고 있다.

4. D2C(Direct-to-Consumer) 모델과 하이퍼소셜 조직 ★★

(1) D2C 전략의 부상
① D2C는 제조업체가 중간 유통 단계를 제거하고, 자사몰을 통해 소비자에게 직접 제품을 판매하는 전략이다.
② 이를 통해 브랜드는 유통 비용을 절감할 뿐만 아니라, 가장 중요한 고객 데이터를 직접 확보하여 제품 개발과 마케팅에 활용하고, 고객과의 직접적인 관계를 구축할 수 있다.

(2) 하이퍼소셜 조직(Hyper-social Organization)
   ① 하이퍼소셜 조직은 소셜 미디어를 단순한 마케팅 채널이 아닌, 기업의 핵심 운영 체계에 통합하는 조직을 의미한다.
   ② 고객의 피드백과 아이디어를 실시간으로 수집하여 제품 기획, 개발, 고객 서비스 등 모든 비즈니스 프로세스에 반영하며, 고객과의 긴밀한 소통을 통해 강력한 브랜드 커뮤니티를 형성한다.

5. 지속가능성 및 윤리적 소비의 부상

미래의 소비자는 상품의 기능뿐만 아니라, 생산 과정의 환경적, 사회적 영향까지 고려하는 경향이 뚜렷해지고 있다.

(1) 친환경 이커머스

과대포장을 줄이고 재활용 가능한 소재를 사용하는 친환경 패키징과, 탄소 배출을 줄이는 배송 옵션 등이 중요한 경쟁 요소로 부상하고 있다.

(2) 중고 및 재판매 시장(Re-commerce)의 성장

지속 가능한 소비에 대한 관심이 높아지면서, 신제품 구매 대신 중고 제품을 거래하는 온라인 재판매 시장이 가파르게 성장하며 순환 경제를 촉진하고 있다.

기출개념확인

01 다음 중 모바일 상거래(M-Commerce)의 특징으로 볼 수 없는 것은?

① 사용자의 실시간 위치 정보를 기반으로 맞춤형 할인 쿠폰을 제공하였다.
② 심야 시간에도 소비자가 침대에 누워 스마트폰으로 상품을 주문하였다.
③ 해외의 소비자가 국내 쇼핑몰에 접속하여 상품 정보를 확인하였다.
④ 오프라인 매장에서 NFC 기술을 활용하여 스마트폰으로 간편하게 결제하였다.

02 온라인 쇼핑몰을 운영하는 A사는 광고비를 지출하지 않고, 잠재 고객이 특정 키워드를 검색했을 때 자사의 쇼핑몰이 검색 결과 상단에 자연스럽게 노출되도록 웹사이트의 구조와 콘텐츠를 개선하였다. 이러한 마케팅 활동에 해당하는 것은?

① 키워드 광고(PPC)
② 검색 엔진 최적화(SEO)
③ 디스플레이 광고
④ 소셜 커머스(Social Commerce)

정답·해설

01 ③ 모바일 상거래의 핵심 특징은 '개인 기기'를 기반으로 한 '이동성'과 '상황 인식'이다.
02 ② 검색 엔진 최적화(SEO)는 광고비를 사용하지 않고, 검색 엔진이 웹사이트를 잘 이해하도록 기술적, 내용적 요소를 개선하여 '자연 검색(Organic Search)' 결과에서 상위 노출을 목표로 하는 장기적인 마케팅 전략이다.

제8장 | 실전연습문제

기출유형 은 해당 문제가 실제 시험에 출제된 유형임을 나타냅니다.

[기출유형]

01 다음 중 인터넷의 핵심 기반 프로토콜에 대한 설명으로 가장 옳은 것은?

① HTML을 사용하여 웹 페이지의 구조를 정의한다.
② HTTP를 통해 클라이언트와 서버 간의 통신을 규약한다.
③ TCP/IP를 표준으로 사용하여 전 세계의 다양한 네트워크를 상호 연결한다.
④ DNS를 이용하여 숫자로 된 주소를 문자 형태로 변환한다.

02 인터넷 주소 체계인 IP 주소에 대한 설명으로 옳지 <u>않은</u> 것은?

① 네트워크에 연결된 모든 장치를 식별하기 위한 고유한 논리적 주소이다.
② IPv4는 32비트 주소 체계로, 주소 고갈 문제에 직면해 있다.
③ IPv6는 128비트 주소 체계로, 사물 인터넷(IoT) 시대에 중요성이 커지고 있다.
④ IPv4의 주소 고갈 문제를 해결하기 위해 등장한 DNS 기술과 함께 사용된다.

[기출유형]

03 사용자가 웹 브라우저 주소창에 'www.google.com'이라는 도메인 네임을 입력했을 때, 이를 컴퓨터가 통신할 수 있는 IP 주소로 변환해주는 시스템은 무엇인가?

① URL(Uniform Resources Locator)
② DNS(Domain Name System)
③ FTP(File Transfer Protocol)
④ TCP/IP(Transmission Control Protocol/Internet Protocol)

[기출유형]

04 인터넷과 월드 와이드 웹(WWW)의 관계에 대한 설명으로 가장 정확한 것은?

① 인터넷과 월드 와이드 웹은 동일한 개념이다.
② 인터넷은 월드 와이드 웹을 사용하기 위한 응용 프로그램이다.
③ 월드 와이드 웹은 인터넷이라는 거대한 네트워크 위에서 동작하는 서비스 중 하나이다.
④ 월드 와이드 웹은 인터넷의 물리적인 통신망을 의미한다.

05 웹 2.0의 핵심 철학인 '참여, 공유, 개방'의 특징을 가장 잘 나타내는 서비스로 짝지어진 것은?

① FTP, 텔넷
② 블로그, 위키
③ 아키, 고퍼
④ 정적 웹 페이지, 기업 소개 사이트

[기출유형]

06 A 기업이 자사의 내부 직원들만 접근하여 업무 정보 공유, 전자결재, 사내 공지 등을 확인할 수 있도록 인터넷 기술을 활용하여 구축한 폐쇄적인 네트워크는 무엇인가?

① 엑스트라넷(Extranet)
② 인터넷(Internet)
③ 인트라넷(Intranet)
④ 가상사설망(VPN)

기출유형

07 최초 요청 시 한 번만 페이지를 로드하고, 이후에는 필요한 데이터만 비동기적으로 교환하여 화면을 갱신함으로써 네이티브 앱과 같은 사용자 경험을 제공하는 웹 애플리케이션 유형은?

① 정적 웹 페이지(Static Web Page)
② 단일 페이지 애플리케이션(SPA)
③ 동적 웹 애플리케이션(Dynamic Web Application)
④ 프로그레시브 웹 앱(PWA)

08 소비자가 시간과 장소에 구애받지 않고 언제 어디서든 시장에 접근할 수 있게 하는 전자상거래의 특징은 무엇인가?

① 정보의 풍부성(Richness)
② 글로벌 시장 접근성(Global Reach)
③ 개인화(Personalization)
④ 유비쿼티(Ubiquity)

기출유형

09 개인이 사용하던 중고 물품을 온라인 플랫폼을 통해 다른 개인에게 판매하는 거래 형태는 전자상거래 유형 중 어디에 해당하는가?

① B2B(Business-to-Business)
② B2C(Business-to-Consumer)
③ C2C(Consumer-to-Consumer)
④ B2G(Business-to-Government)

기출유형

10 PC 기반 전자상거래와 비교했을 때, 모바일 상거래(M-Commerce)만이 가지는 가장 두드러진 특징은?

① 전 세계 소비자를 대상으로 판매할 수 있다.
② 24시간 언제든지 상품을 구매할 수 있다.
③ 사용자의 실시간 위치 정보를 활용하여 맞춤형 서비스를 제공할 수 있다.
④ 텍스트, 이미지, 동영상 등 다양한 정보를 제공할 수 있다.

기출유형

11 C2C 거래에서 구매자가 상품을 안전하게 받은 것을 확인한 후에야 판매자에게 대금이 지급되도록 하여 거래의 신뢰도를 높이는 전자결제 시스템의 구성 요소는?

① 결제 게이트웨이(PG)
② 전자지불보증(Escrow Service)
③ 전자지갑(Digital Wallets)
④ 간편 결제 서비스(Simple Payment)

12 광고비를 지출하지 않고, 검색 엔진이 자사의 웹사이트를 쉽게 이해하도록 구조와 콘텐츠를 개선하여 자연 검색 결과에서 상위 노출을 유도하는 마케팅 활동은?

① 키워드 광고(PPC)
② 디스플레이 광고
③ 검색 엔진 최적화(SEO)
④ 콘텐츠 마케팅

기출유형

13 컴퓨터가 정보의 의미를 이해하고 추론하여 사용자에게 맞춤형 정보를 제공하는 '지능형 웹'과, 데이터의 소유권을 개인에게 돌려주는 '탈중앙화'를 핵심 특징으로 하는 차세대 웹 패러다임은?

① 웹 1.0
② 웹 2.0
③ 웹 3.0
④ 유즈넷

기출유형

14 오프라인 매장에서 스마트폰을 결제 단말기에 가까이 대는 것만으로 결제가 완료되는 비접촉식 결제 방식에 주로 사용되는 근거리 통신 기술은?

① 비콘(Beacon)
② NFC(Near Field Communication)
③ GPS(Global Positioning System)
④ Wi-Fi

15 소비자가 매월 일정한 금액을 지불하고 면도기나 커피 원두와 같은 상품을 정기적으로 배송받는 비즈니스 모델은 무엇인가?

① 온라인 마켓플레이스
② 구독 커머스
③ 소셜 커머스
④ 온라인 직판몰

16 의류 브랜드 매장 근처를 지나가는 앱 사용자에게 스마트폰으로 신상품 할인 쿠폰을 푸시 알림으로 발송하는 모바일 마케팅 기법은?

① QR 코드 활용 마케팅
② 인앱 마케팅
③ 위치 기반 마케팅
④ 콘텐츠 마케팅

기출유형

17 다음 중 실시간 동영상 스트리밍을 통해 판매자와 소비자가 상호작용하며 상품을 판매하는 '라이브 커머스'에 대한 설명으로 가장 적절한 것은?

① 사용자의 사회적 관계망을 활용하여 공동구매를 유도한다.
② 판매자와 소비자 간의 즉각적인 소통을 통해 높은 전환율을 이끌어낸다.
③ 유용한 정보를 담은 콘텐츠를 통해 소비자의 자연스러운 관심을 유도한다.
④ 과거 구매 이력을 분석하여 개인에게 맞춤화된 상품을 추천한다.

18 제조업체가 중간 유통사를 거치지 않고 자사의 온라인 몰을 통해 소비자에게 직접 상품을 판매하는 D2C(Direct-to-Consumer) 전략의 가장 큰 장점은?

① 높은 브랜드 인지도를 빠르게 확보할 수 있다.
② 다양한 판매 채널을 동시에 운영할 수 있다.
③ 유통 비용 절감 및 고객 데이터를 직접 확보할 수 있다.
④ 제3자 플랫폼의 마케팅 지원을 받을 수 있다.

기출유형

19 웹사이트 개발 시, 사용자가 직접 눈으로 보고 상호작용하는 화면(UI) 영역을 개발하는 것을 무엇이라고 하는가?

① 백엔드(Backend) 개발
② 프론트엔드(Frontend) 개발
③ 서버 사이드(Server-side) 개발
④ 데이터베이스 관리

기출유형

20 인터넷의 시초로, 미국 국방성이 군사적 목적으로 분산된 컴퓨터 네트워크를 연결하여 구축했던 시스템의 이름은 무엇인가?

① 유즈넷(Usenet)
② 고퍼(Gopher)
③ ARPANET
④ WWW

제8장 | 정답·해설

01	02	03	04	05
③	④	②	③	②
06	07	08	09	10
③	②	④	③	③
11	12	13	14	15
②	③	③	②	③
16	17	18	19	20
③	②	③	②	③

01 ③

인터넷은 전 세계의 다양한 네트워크들을 표준 프로토콜인 TCP/IP를 사용하여 연결한 거대한 네트워크 시스템이다.

02 ④

DNS는 도메인 네임을 IP 주소로 변환하는 시스템으로, IPv4의 주소 고갈 문제와 직접적인 해결 관계에 있지는 않다. 주소 고갈 문제는 NAT 기술이나 IPv6 전환으로 해결할 수 있다.

03 ②

도메인 네임 시스템(DNS)은 사람이 기억하기 쉬운 문자 주소(도메인)를 컴퓨터가 이해하는 숫자 주소(IP)로 변환해주는 '인터넷의 전화번호부' 역할을 한다.

04 ③

인터넷은 물리적, 논리적 네트워크 자체를 의미하며, 월드 와이드 웹(WWW)은 그 인터넷 위에서 동작하는 수많은 서비스 중 하나이다.

05 ②

블로그(개인 참여)와 위키(집단 참여)는 사용자가 직접 콘텐츠를 생산하고 공유하는 대표적인 웹 2.0 서비스이다.

06 ③

인트라넷은 방화벽으로 보호되는 조직 내부 전용 네트워크이다. 외부 협력사까지 확장하면 엑스트라넷이 된다.

07 ②

단일 페이지 애플리케이션(SPA)은 최초 로딩 후 필요한 데이터만 비동기적으로 교환하여 페이지 전체의 새로고침 없이 화면을 갱신하는 방식이다.

08 ④

유비쿼티(Ubiquity)는 시간과 공간의 제약 없이 언제 어디서든 시장에 접근할 수 있다는 전자상거래의 특징을 의미한다.

09 ③

개인과 개인 간의 거래(Consumer-to-Consumer)는 C2C 유형에 해당한다.

10 ③

사용자의 실시간 위치나 상황을 인지하여 서비스를 제공하는 '상황 인식(Context Awareness)'은 모바일 기기 고유의 기능을 활용한 M-커머스의 가장 독특한 특징이다.

11 ②

전자지불보증(Escrow)은 제3자가 거래 대금을 보관하다가 거래가 정상 완료되면 판매자에게 지급하여 구매자를 보호하는 안전장치이다.

12 ③

검색 엔진 최적화(SEO)는 광고비 지출 없이(유기적), 검색 결과 상위 노출을 목표로 웹사이트를 개선하는 활동을 의미한다.

13 ③

웹 3.0은 인공지능 기반의 '지능형 웹'과 블록체인 기반의 '탈중앙화'를 핵심적인 특징으로 하는 차세대 웹 패러다임이다.

14 ②

NFC는 10cm 이내의 초근접 거리에서 통신하는 기술로, 스마트폰을 단말기에 태그하는 방식의 오프라인 간편 결제에 사용된다.

15 ②

구독 커머스는 매월 정기 결제를 통해 상품이나 서비스를 주기적으로 제공받는 비즈니스 모델이다.

16 ③

사용자의 실시간 위치 정보를 기반으로 마케팅 메시지를 전달하는 것은 위치 기반 마케팅의 대표적인 사례이다.

17 ②

라이브 커머스의 가장 큰 특징은 실시간 동영상 스트리밍을 통한 판매자와 소비자 간의 즉각적인 상호작용(소통)이다.

18 ③

D2C 전략은 중간 유통 마진을 줄여 가격 경쟁력을 확보하고, 고객 데이터를 직접 수집하여 제품 개발과 마케팅에 활용할 수 있다는 것이 가장 큰 장점이다.

19 ②

사용자가 직접 보는 화면단을 개발하는 것을 프론트엔드, 보이지 않는 서버단을 개발하는 것을 백엔드라고 한다.

20 ③

ARPANET은 1969년 미국 국방성에서 구축한 네트워크로, 현대 인터넷의 시초로 평가받고 있다.

무료 학습자료 제공 · 독학사 단기합격 **해커스독학사**
haksa2080.com

전문가가 분석한 출제경향 및 학습전략

정보보안의 3요소, 기술/관리/물리적 위협 유형 등 기본 개념의 정확한 이해를 요구하는 문제가 다수 출제된다. 특히 랜섬웨어, 피싱, 잊힐 권리, 디지털 격차 등 시의성 있는 용어의 정의를 묻는 경향이 뚜렷하다. 각 용어의 핵심 개념을 명확히 구분하고 암기하는 것이 중요하며, 윤리 파트는 각 쟁점의 핵심 딜레마를 파악하는 전략이 유효하다.

제9장 | 핵심 키워드 Top 10
핵심 키워드 Top 10은 본문에도 동일하게 ★로 표시하였습니다.

01	정보 보안 3요소(기밀성, 무결성, 가용성) ★★★	p.248
02	사회 공학(Social Engineering) ★★	p.250
03	랜섬웨어(Ransomware) ★★	p.249
04	잊힐 권리(Right to be Forgotten) ★★	p.254
05	개인정보 자기결정권 ★★	p.253
06	디지털 격차(Digital Divide) ★★★	p.256
07	지식 재산권(Intellectual Property Rights) ★★★	p.256
08	악성 소프트웨어(Malware) ★★	p.249
09	방화벽(Firewall) ★★★	p.251
10	온라인 탈억제 효과(Online Disinhibition Effect) ★★	p.254

제9장

정보보호 및 윤리적 이슈

제1절 정보 보안
제2절 윤리 문제

제1절 정보 보안

01 정보기술 위험요소

1. 정보 보안의 개념

(1) 정의

① 정보 보안(information security)은 정보의 수집, 가공, 저장, 검색, 송신, 수신 도중에 정보의 훼손, 변조, 유출 등을 방지하기 위한 관리적, 기술적 방법을 의미한다.
② 정보 보안은 정보뿐만 아니라 정보시스템을 허가되지 않은 접근, 사용, 공개, 손상, 변경, 파괴 등으로부터 보호함으로써 기밀성, 무결성, 가용성을 제공하는 것을 뜻한다.
③ 정보기술의 위험요소는 정보 시스템의 기밀성(Confidentiality), 무결성(Integrity), 가용성(Availability)을 저해하는 모든 잠재적 위험을 의미한다.
④ 정보시스템 및 정보통신망을 통해 수집·가공·저장·검색·송수신 되는 정보의 유출·위변조·훼손 등을 방지하기 위하여 관리적·물리적·기술적 수단을 강구하는 일체의 행위로서 사이버안전을 포함한다.
⑤ 정보 보안은 정보보호를 포함한다.

> **개념 Plus**
> **정보보호 (information protection)**
> 정보를 제공하는 공급자 측면과 사용자 측면에서 논리적이고 물리적인 장치를 통해 미연에 방지를 하는 것에 목적을 두고 있다.

(2) 정보 보안의 3요소 ★★★

① **기밀성(Confidentiality)**: 인가(authorization)된 사용자만 정보 자산에 접근할 수 있는 것을 의미하며, 방화벽이나 암호, 패스워드 같은 것들이 기밀성의 대표적인 예이다.
  ㉠ 허락되지 않은 사용자 또는 객체가 정보의 내용을 알 수 없도록 하는 것이다.
  ㉡ 프라이버시 보호와도 밀접한 관계가 있다.
  ㉢ 네트워크 보안 측면에서 기밀성은 '시스템 간 안전한 데이터 전송'과 관련이 있다.
  ㉣ 스니핑(Sniffing)은 기밀성을 해치는 가장 일반적인 공격 형태이다.
  ㉤ 통신의 암호화가 가장 일반적인 보안 대책이다.
② **무결성(Integrity)**: 적절한 권한을 가진 사용자에 의해 인가된 방법으로만 정보를 변경할 수 있도록 하는 것을 말한다.
  ㉠ 허락되지 않은 사용자 또는 객체가 정보를 임의로 수정할 수 없도록 하는 것이다.

> **핵심 Check**
> **정보 보안의 3요소**
> 정보보안의 3요소는 ① 기밀성(C), ② 무결성(I), ③ 가용성(A)이다.

ⓒ 네트워크에서의 무결성은 클라이언트 서버 간 데이터 변조가 이루어지지 않고 전송되었음을 의미한다.
　　ⓒ 중간에 유효한 다른 연결을 빼앗는 세션 하이재킹, 두 시스템 간의 데이터를 중간에 변조하는 MITM 공격은 무결성을 해치는 대표적인 공격 형태이다.
　　② 통신의 암호화가 가장 일반적인 보안 대책이다.
　　⑩ 공개키기반구조(Public Key Infrastructure, PKI)와 밀접한 관련이 있다.
　③ **가용성(Availability)**: 정보 자산에 대해 적절한 시간에 접근 가능한 것을 의미한다.
　　㉠ 허락된 사용자 또는 객체가 정보 접근을 원할 때 방해받지 않도록 하는 것이다.
　　ⓒ DoS(Denial of Service)가 가용성을 해치는 대표적인 공격이다.

2. 정보기술 위협 유형

정보기술 위협은 다양한 형태로 나타나며, 크게 기술적 위협, 관리적 위협, 물리적 위협으로 분류할 수 있다.

(1) 기술적 위협(Technical Threats)

시스템의 기술적 취약점을 이용하여 발생하는 위협으로, 가장 일반적인 형태의 정보보안 위협이다.

① **악성 소프트웨어(Malware)** ★★
　바이러스(Virus): 정상적인 프로그램이나 데이터 파일에 기생하여 자신을 복제하고 다른 파일을 감염시키는 프로그램으로, 컴퓨터 시스템을 파괴하거나 원치 않는 동작을 유발한다.
　㉠ 웜(Worm): 네트워크를 통해 스스로를 복제하고 전파하는 독립적인 프로그램으로, 네트워크에 과부하를 주어 시스템을 마비시킬 수 있다.
　ⓒ 트로이 목마(Trojan Horse): 유용한 프로그램으로 위장하여 사용자가 실행하도록 유도한 뒤, 시스템에 침투하여 정보를 유출하거나 파괴하는 악성 코드이다.
　ⓒ 랜섬웨어(Ransomware): 사용자의 컴퓨터 시스템에 있는 파일들을 암호화하여 접근할 수 없게 만든 후, 이를 해제하는 대가로 금전을 요구하는 악성 프로그램이다.
　② 스파이웨어(Spyware): 사용자의 동의 없이 컴퓨터에 설치되어 개인 정보, 금융 정보, 웹 서핑 기록 등을 수집하여 외부로 전송하는 프로그램이다.

② **해킹(Hacking)**
　㉠ 시스템 침입: 허가되지 않은 접근 권한을 획득하여 시스템의 내부 정보를 열람, 복제, 변경, 파괴하는 행위이다.
　ⓒ 서비스 거부 공격(DoS, Denial of Service): 특정 서버에 대량의 데이터를 집중적으로 전송하여 시스템의 정상적인 운영을 방해하고 서비스를 마비시키는 공격이다. 여러 대의 컴퓨터를 동원하여 공격하는 경우 분산 서비스 거부 공격(DDoS)이라고 한다.
　ⓒ 스니핑(Sniffing): 네트워크상에 떠도는 데이터를 엿듣는 행위로, 아이디, 비밀번호 등 민감한 정보가 암호화되지 않은 상태로 전송될 때 유출될 위험이 있다.

> **핵심 Check**
> **정보시스템 취약 영역**
> 정보보안 취약점 기본항목은 기술적, 관리적, 물리적으로 구분하며, 기본 항목은 3단계(상, 중, 하)로 중요도를 분리한다.

ㄹ **스푸핑(Spoofing)**: 자신을 다른 사람이나 신뢰할 수 있는 출처인 것처럼 속여 정보를 빼내거나 악의적인 행위를 하는 것을 말한다. 예 IP 스푸핑, 이메일 스푸핑

③ **사회 공학(Social Engineering)** ★★
기술적인 방법이 아닌, 사람의 심리나 사회적 관계를 이용하여 정보를 얻는 비기술적인 공격 기법이다.
  ㉠ **피싱(Phishing)**: 금융기관이나 공공기관을 사칭하여 이메일, 문자 메시지 등을 보내고, 가짜 웹사이트로 접속을 유도하여 금융 정보나 개인 정보를 빼내는 수법이다.
  ㉡ **보이스피싱(Vishing)**: 전화를 통해 상대를 기만하여 정보를 탈취하거나 금전적 이득을 취하는 사기 수법이다.

(2) 관리적 위협(Administrative Threats)
보안 정책, 절차, 표준, 지침 등이 없거나 부족하여 발생하는 위협이다. 인적 요인과 밀접한 관련이 있다.
① **보안 정책의 부재**: 정보보호에 대한 명확한 정책이나 지침이 없어 보안 활동이 체계적으로 이루어지지 않는 경우
② **보안 인식 부족**: 임직원들이 보안의 중요성을 인지하지 못하고, 부주의하게 정보를 다루거나 보안 규정을 준수하지 않는 경우
③ **권한 관리 미흡**: 사용자에게 필요 이상의 시스템 접근 권한을 부여하여 정보 유출이나 시스템 파괴의 위험을 높이는 경우
④ **보안 교육 및 훈련 부족**: 최신 보안 위협이나 대응 방법에 대한 교육이 부족하여 임직원들이 위협에 적절히 대처하지 못하는 경우

(3) 물리적 위협(Physical Threats)
정보 시스템 자산에 대한 직접적인 물리적 행위를 통해 발생하는 위협이다. 자연재해와 인적 재해를 포함한다.
① **자연재해**: 화재, 홍수, 지진, 번개 등 통제 불가능한 자연 현상으로 인해 전산 설비나 데이터가 파괴되는 경우
② **설비 파손 및 도난**: 외부인의 침입으로 서버, PC, 저장 매체 등 정보 시스템 장비가 파손되거나 도난당하는 경우
③ **전원 공급 중단**: 정전이나 전력 공급 장치의 문제로 시스템이 비정상적으로 종료되어 데이터가 손실되거나 서비스가 중단되는 경우
④ **허가되지 않은 접근**: 비인가자가 전산실이나 중요 시설에 물리적으로 접근하여 정보를 유출하거나 시스템을 조작하는 경우

02 보안기술

1. 암호화(Encryption)

데이터를 권한이 없는 사람이 알아볼 수 없도록 암호화 알고리즘을 이용하여 변환하는 기술이다. 허가된 사용자만이 복호화 키를 이용해 원래의 데이터로 복원할 수 있어 정보의 기밀성을 보장하는 핵심 기술이다.

① **대칭키 암호화**: 암호화와 복호화에 동일한 키를 사용하는 방식으로, 속도가 빠르지만 키 배송 및 관리가 어렵다는 단점이 있다. 예 DES, AES
② **공개키 암호화**: 암호화와 복호화에 서로 다른 키(공개키, 개인키)를 사용하는 방식으로, 키 관리가 용이하고 부인 방지 기능을 제공하지만 속도가 느리다.
예 RSA, ECC

2. 접근 통제(Access Control)

허가된 사용자만이 정보 시스템의 자원에 접근할 수 있도록 통제하는 기술이다.

① **사용자 식별 및 인증**: 아이디와 비밀번호, 공인인증서, 생체 정보(지문, 홍채 등)를 통해 사용자의 신원을 확인한다.
② **방화벽(Firewall)**: 외부 네트워크와 내부 네트워크 사이에 위치하여, 미리 정의된 보안 규칙에 따라 외부의 불법적인 침입이나 내부의 불법적인 정보 유출을 차단하는 시스템이다. ★★★
③ **침입 탐지 시스템(IDS) / 침입 방지 시스템(IPS)**: 네트워크나 시스템의 비정상적인 사용이나 악의적인 공격을 실시간으로 탐지하고(IDS), 더 나아가 이를 차단(IPS)하는 시스템이다.

3. 보안 관리 및 정책

기술적인 보안 조치뿐만 아니라, 체계적인 관리와 정책 수립이 중요하다.

① **보안 정책 수립**: 조직의 정보 자산을 보호하기 위한 목표, 책임, 절차 등을 명문화한 규정이다.
② **정기적인 보안 감사 및 취약점 분석**: 시스템의 보안 상태를 주기적으로 점검하고 잠재적인 취약점을 찾아내어 개선한다.
③ **백업 및 복구 계획**: 데이터 손실이나 시스템 장애 발생 시 신속하게 복구할 수 있도록 정기적으로 데이터를 백업하고 복구 절차를 마련한다.
④ **보안 교육 및 훈련**: 임직원들의 보안 인식을 높이고, 보안 위협에 대한 대응 능력을 향상시키기 위한 교육을 실시한다.

핵심 Check

보안기술의 역할
정보 기술의 위험 요소로부터 정보 자산을 보호하기 위해 다양한 보안 기술이 개발되고 적용된다. 이러한 기술들은 위협을 예방, 탐지, 대응하는 역할을 수행한다.

기출개념확인

01 여러 대의 컴퓨터를 동원하여 특정 서버에 대량의 데이터를 집중적으로 전송함으로써 시스템의 정상적인 운영을 방해하고 서비스를 마비시키는 공격 유형은 정보 보안의 3요소 중 무엇을 가장 심각하게 침해하는가?

① 기밀성(Confidentiality)
② 무결성(Integrity)
③ 가용성(Availability)
④ 부인 방지(Non-repudiation)

02 금융기관이나 공공기관을 사칭하여 이메일, 문자 메시지 등을 보내고, 가짜 웹 사이트로 접속을 유도하여 금융 정보나 개인 정보를 빼내는 공격 기법은 다음 중 무엇에 해당하는가?

① 스니핑(Sniffing)
② 피싱(Phishing)
③ 랜섬웨어(Ransomware)
④ 트로이 목마(Trojan Horse)

정답·해설

01 ③ 분산 서비스 거부 공격(DDoS)은 허가된 사용자가 정보 자산에 접근하는 것을 방해하므로, 정보 보안의 3요소 중 가용성을 직접적으로 침해하는 행위이다. 기밀성은 정보 유출, 무결성은 정보 위변조와 관련이 있다.

02 ② 신뢰할 수 있는 출처를 사칭하여 사용자를 속여 민감한 정보를 빼내는 사회 공학적 공격 기법을 피싱이라고 한다. 스니핑은 네트워크상의 데이터를 엿듣는 행위, 랜섬웨어는 데이터를 암호화하고 금전을 요구하는 악성코드, 트로이 목마는 유용한 프로그램으로 위장한 악성코드를 지칭한다.

제2절 윤리 문제

01 프라이버시 문제 ★★

1. 개요
① 프라이버시란 '혼자 있을 권리(the right to be let alone)'에서 출발하여, 현대 정보 사회에서는 '개인이 자신에 관한 정보를 통제하고 관리할 수 있는 권리', 즉 개인정보 자기결정권으로 그 의미가 확장되었다.
② 빅데이터, 사물인터넷(IoT) 등 정보통신기술의 발달로 개인 정보의 수집 및 활용이 용이해지면서 프라이버시 침해는 더욱 심각하고 복잡한 양상으로 나타나고 있다.

2. 빅데이터 시대의 개인정보 수집과 오남용

(1) 프로파일링(Profiling)
① 방대하게 수집된 개인 정보를 분석하여 개인의 특성, 행동 패턴, 기호 등을 예측하고 분류하는 기술이다.
② 이러한 프로파일링 결과는 개인 맞춤형 광고 등 긍정적으로 활용될 수 있으나, 개인에 대한 편견을 강화하거나 차별적인 결과를 초래할 수 있다.
예 신용등급 평가, 채용 심사에서의 차별

(2) 목적 외 이용 및 제3자 제공
정보 주체의 동의 없이 수집된 개인 정보가 본래의 목적을 벗어나 다른 용도로 사용되거나, 다른 기업이나 기관에 판매·제공되는 경우 심각한 프라이버시 침해를 야기한다. 이는 대한민국 개인정보 보호법에서 엄격히 규제하고 있다.

3. 감시 사회의 도래와 전자 감시(Electronic Surveillance)
① 감시의 일상화: CCTV, 차량 블랙박스, 인터넷 활동 기록, GPS 기반 위치 추적 등 다양한 기술을 통해 개인의 일거수일투족이 기록되고 감시되는 감시 사회(Surveillance Society)가 현실화되고 있다.
② 감시의 주체 다변화: 과거에는 국가가 안보나 범죄 수사를 목적으로 감시의 주체가 되었으나, 현재는 기업이 마케팅이나 직원 통제를 위해, 심지어 개인이 SNS 등을 통해 타인을 감시하는 등 감시의 주체와 목적이 다변화되고 있다. 이는 공공의 안전과 개인의 사생활 보호라는 가치가 충돌하는 지점이다.

4. 디지털 시대의 새로운 권리: 잊힐 권리(Right to be Forgotten) ★★

(1) 개념 및 배경
① 온라인상에 한번 공개된 정보는 무한히 복제되고 유통되어 영구적으로 남게 된다.
② '잊힐 권리'는 개인이 온라인 공간에서 자신과 관련된 특정 정보의 삭제나 유통 중단을 요구할 수 있는 권리이다.
③ 유럽연합(EU)의 일반개인정보보호법(GDPR)을 통해 강력하게 보장되면서 전 세계적인 논의로 확산되었다.

(2) 쟁점
잊힐 권리는 개인의 프라이버시와 인격권을 보호하는 중요한 수단이지만, 국민의 알 권리, 표현의 자유, 언론의 자유와 같은 다른 기본권과 충돌할 수 있어 사회적 합의와 법제화 과정에서 많은 논쟁이 이루어지고 있다.

5. 정보 주체의 권리 보장

개인정보 보호법은 정보 주체가 자신의 정보에 대해 가지는 권리를 명시적으로 보장하고 있다.
① 개인정보 열람권: 자신의 개인정보가 어떻게 이용되고 있는지 확인할 수 있는 권리이다.
② 개인정보 정정·삭제권: 사실과 다르거나 불필요하게 된 개인정보의 수정을 요구할 수 있는 권리이다.
③ 개인정보 처리정지 요구권: 법률에 위반되는 개인정보 처리에 대해 중단을 요구할 수 있는 권리이다.
이러한 정보 주체의 권리를 이해하고 적극적으로 행사하는 것은 스스로 프라이버시를 지키는 중요한 방법이다.

02 정보기술의 윤리적 문제

1. 네트워크 윤리(네티켓)

(1) 정의와 배경
① 네티켓은 네트워크(Network)와 에티켓(Etiquette)의 합성어로, 온라인 공간에서 지켜야 할 규범과 예절을 의미한다.
② 익명성을 악용한 악성 댓글, 허위 사실 유포, 사이버 불링(Cyberbullying) 등은 심각한 사회 문제를 야기하며, 건전한 온라인 문화를 저해한다.
③ 익명성과 비대면성을 특징으로 하는 온라인 환경에서는 현실보다 윤리적 규범이 완화되는 '온라인 탈억제 효과(Online Disinhibition Effect)'가 나타나기 쉬워 네티켓의 중요성이 더욱 강조된다. ★★

(2) 주요 비윤리적 행위
  ① **사이버 명예훼손 및 모욕**: 악성 댓글, 허위 사실 유포 등을 통해 타인의 명예를 훼손하는 행위이다.
  ② **사이버 스토킹 및 불링(Bullying)**: 정보통신망을 이용하여 특정인을 지속적으로 괴롭히는 행위이다.
  ③ **신상털기(Doxing)**: 개인정보를 무단으로 수집하여 온라인에 공개하는 행위이다.
  ④ **가짜뉴스 및 허위정보 유포**: 사회적 혼란을 야기할 목적으로 조작된 정보를 유포하는 행위이다.

(3) 대응 방안
  ① 법적 규제(정보통신망법 등) 강화와 더불어, 올바른 정보 활용 능력과 책임 의식을 함양하는 디지털 시민성(Digital Citizenship) 교육이 근본적인 해결책으로 제시된다.
  ② 상대방에 대한 존중, 책임감 있는 정보 공유, 불법 정보 유포 금지 등 성숙한 시민 의식이 요구된다.

2. 검열(Censorship)

(1) 정의와 딜레마
  ① 검열은 국가나 특정 단체가 불법·유해하다고 판단되는 정보의 유통을 차단하거나 제한하는 행위로, 특정 콘텐츠에 대한 접근을 제한하는 것을 의미한다.
  ② 음란물, 폭력물 등 유해 정보의 확산을 막고 사회 안정을 유지한다는 긍정적 측면도 있지만, 표현의 자유를 억압하고 국민의 알 권리를 침해할 수 있다는 비판도 존재한다.
  ③ 이는 사회 안녕과 공공질서 유지를 위한 순기능이 있으나, 헌법이 보장하는 표현의 자유 및 국민의 알 권리를 침해할 수 있다는 점에서 윤리적 딜레마가 발생한다.

(2) 새로운 형태의 검열
  최근에는 정부의 직접적인 검열 외에도, 포털이나 소셜 미디어 플랫폼이 자체 규정에 따라 콘텐츠를 삭제하거나 노출을 제한하는 '플랫폼 검열'이나, 인공지능 알고리즘이 이용자에게 맞춤화된 정보만을 제공하여 시야를 제한하는 '필터 버블(Filter Bubble)' 현상도 새로운 검열의 형태로 논의된다.

(3) 논의의 핵심
  ① 검열의 기준과 범위에 대한 사회적 합의가 중요하며, 권력 남용에 대한 견제 장치가 필요하다.
  ② 검열의 기준, 주체, 절차의 정당성과 투명성을 확보하고, 개인의 기본권과 공익적 가치 간의 균형점을 찾는 것이 핵심 과제이다.

3. 지식 재산권(Intellectual Property Rights) ★★★

(1) 지식 재산권의 개념
① 지식 재산권은 인간의 창의적 활동의 결과물(저작물, 발명 등)에 부여되는 독점적 권리이다.
② 창작물이나 발명 등 인간의 지적 활동으로 발생한 무형의 자산에 대한 권리를 의미한다.
③ 디지털 기술의 발달로 콘텐츠의 복제와 배포가 쉬워지면서 지식 재산권 침해 문제가 심각해졌다.
④ 저작권(Copyright): 소프트웨어, 음악, 영화, 서적 등 창작물에 대한 권리로, 불법 복제 및 공유(P2P)는 저작권 침해에 해당한다.
⑤ 특허권(Patent): 새로운 기술적 발명에 대한 독점적 권리이다.

(2) 기술적 보호 조치와 한계
불법 복제를 막기 위해 디지털 저작권 관리(DRM, Digital Rights Management) 와 같은 기술이 도입되었으나, 이용자의 불편을 초래하고 정당한 사용까지 제한할 수 있다는 비판이 있다.

(3) 대안적 모델의 등장
① 창작자의 권리를 보호하고 창작 의욕을 고취하는 동시에, 지식과 정보의 자유로운 공유라는 가치 사이의 균형점을 찾는 것이 중요하다.
② 엄격한 저작권 보호와 정보의 자유로운 공유라는 두 가치의 조화를 위해 크리에이티브 커먼즈 라이선스(CCL)나 소스 코드를 공개하는 오픈 소스 소프트웨어(Open Source Software) 와 같은 대안적 모델이 확산되고 있다.
③ 이는 창작자의 권리를 일정 부분 보호하면서도 지식의 공유와 발전을 촉진하는 것을 목표로 한다.

4. 디지털 격차(Digital Divide) ★★★

(1) 개념의 확장
① 디지털 격차는 정보 기술에 대한 접근성과 활용 능력의 차이로 인해 발생하는 사회적, 경제적 불평등을 의미한다.
② 디지털 격차는 초기의 정보기기에 대한 물리적 '접근성 격차'(1차 격차) 에서, 정보의 '활용 능력 및 질적 격차'(2차 격차) 로 그 개념이 심화, 확장되고 있다.
③ 즉, 인터넷에 접속할 수 있더라도 이를 통해 유의미한 가치를 창출하지 못한다면 실질적인 격차는 여전히 존재하는 것이다.

(2) 격차의 다차원성
경제적 요인 외에도 연령(고령층), 지역(농어촌), 신체적 조건(장애인) 등 복합적인 요인에 의해 발생하며, 이는 교육, 고용, 금융, 복지 등 사회 전반의 불평등으로 이어진다.

(3) 해결 과제

① 경제적 수준, 거주 지역, 연령, 신체적 장애 등의 요인에 따라 정보 격차가 발생하며, 이는 교육 기회, 취업, 사회 참여 등 다양한 영역에서 불평등을 심화시킬 수 있다.
② 정보 소외 계층을 위한 정보 통신 인프라 확충, 디지털 활용 능력 교육 강화 등 격차 해소를 위한 사회적 노력이 필요하다.
③ 단순한 장비 보급을 넘어, 정보 활용 능력(디지털 리터러시) 교육을 강화하고, 모든 사람이 기술의 혜택을 누릴 수 있도록 보편적 설계를 적용하는 등 디지털 포용(Digital Inclusion) 정책으로의 전환이 요구된다.

기출개념확인

01 초기에는 정보기기에 대한 물리적 접근성의 차이를 의미했으나, 최근에는 정보 활용 능력 및 질적 차이로 그 의미가 심화, 확장되고 있는 정보 윤리 개념은 무엇인가?

① 필터 버블(Filter Bubble)
② 디지털 격차(Digital Divide)
③ 온라인 탈억제 효과(Online Disinhibition Effect)
④ 잊힐 권리(Right to be Forgotten)

02 디지털 콘텐츠의 지식 재산권을 보호하면서도 정보의 자유로운 공유와 발전을 촉진하기 위한 대안적 모델로, 창작자가 일정한 조건 하에 자신의 저작물 이용을 허락하는 라이선스(License)는 다음 중 무엇인가?

① 디지털 저작권 관리(DRM)
② 프로파일링(Profiling)
③ 크리에이티브 커먼즈 라이선스(CCL)
④ 사이버 불링(Cyberbullying)

정답·해설

01 ② 초기 디지털 격차(1차 격차)가 PC나 인터넷 접근 가능 여부 등 물리적 측면에 초점을 맞추었다면, 현재는 정보 검색 능력, 비판적 이해 능력, 가치 창출 능력 등 활용 능력의 차이(2차 격차)를 포함하는 개념으로 확장되었다.

02 ③ 크리에이티브 커먼즈 라이선스(CCL)는 저작자가 자신의 저작물에 대해 '저작자 표시', '비영리', '변경 금지' 등 특정 이용 조건을 붙여 배포할 수 있도록 허용하는 라이선스 체계이다. 이는 창작자의 권리를 보호하면서도 지식과 정보의 공유를 활성화하는 대안으로 사용되고 있다.

제 9 장 | 실전연습문제

*기출유형 은 해당 문제가 실제 시험에 출제된 유형임을 나타냅니다.

01 정보보안의 3요소에 대한 설명으로 옳지 않은 것은?

① 기밀성은 인가된 사용자만 정보에 접근할 수 있도록 보장하는 것이다.
② 무결성은 정보가 권한 없는 자에 의해 변경되지 않았음을 보장하는 것이다.
③ 가용성은 사용자가 원할 때 언제든지 정보에 접근할 수 있도록 보장하는 것이다.
④ 부인 방지는 정보의 소유권을 명확히 하여 법적 책임을 묻는 것이다.

02 네트워크를 통해 스스로를 복제하고 전파하여 시스템에 과부하를 유발하는 악성 소프트웨어는 무엇인가?

① 바이러스(Virus)
② 웜(Worm)
③ 트로이 목마(Trojan Horse)
④ 스파이웨어(Spyware)

03 기술적인 방법이 아닌, 사람의 심리나 사회적 관계를 이용하여 정보를 탈취하는 공격 기법을 총칭하는 용어는 무엇인가?

① 스푸핑(Spoofing)
② 스니핑(Sniffing)
③ 사회 공학(Social Engineering)
④ 서비스 거부 공격(DoS)

04 암호화와 복호화에 서로 다른 키를 사용하는 암호화 방식으로, 키 관리가 용이하다는 장점이 있는 것은 무엇인가?

① 대칭키 암호화
② 공개키 암호화
③ 해시 함수
④ 양자 암호

05 외부 네트워크로부터 내부 네트워크를 보호하기 위해, 미리 정의된 보안 규칙에 따라 패킷을 차단하거나 허용하는 시스템은 무엇인가?

① 침입 탐지 시스템(IDS)
② 침입 방지 시스템(IPS)
③ 가상사설망(VPN)
④ 방화벽(Firewall)

06 정보보안 위협 유형 중, 직원의 보안 인식 부족이나 부주의로 인해 발생하는 위협은 어떤 유형에 속하는가?

① 기술적 위협
② 관리적 위협
③ 물리적 위협
④ 자연적 위협

기출유형

07 사용자의 컴퓨터에 있는 파일을 암호화하여 사용 불가능하게 만든 후, 이를 해제하는 대가로 금전을 요구하는 악성 프로그램은 무엇인가?

① 랜섬웨어(Ransomware)
② 애드웨어(Adware)
③ 스파이웨어(Spyware)
④ 루트킷(Rootkit)

기출유형

08 온라인상에 영구적으로 남는 자신과 관련된 정보의 삭제나 유통 중단을 요구할 수 있는 권리를 무엇이라고 하는가?

① 개인정보 열람권
② 표현의 자유
③ 알 권리
④ 잊힐 권리

09 현대 정보 사회에서 프라이버시의 의미로 가장 적합한 것은?

① 혼자 있을 권리
② 감시받지 않을 권리
③ 개인정보 자기결정권
④ 통신의 비밀을 보장받을 권리

기출유형

10 익명성이 보장되는 온라인 환경에서 현실 세계보다 윤리적 규범이 완화되는 현상을 설명하는 용어는 무엇인가?

① 필터 버블(Filter Bubble)
② 디지털 격차(Digital Divide)
③ 온라인 탈억제 효과(Online Disinhibition Effect)
④ 플랫폼 검열(Platform Censorship)

기출유형

11 수집된 개인 정보를 분석하여 개인의 특성, 행동 패턴 등을 예측하고 분류하는 기술은 무엇인가?

① 프로파일링(Profiling)
② 스푸핑(Spoofing)
③ 신상털기(Doxing)
④ 피싱(Phishing)

12 다음 중 네트워크 윤리(네티켓)에 어긋나는 비윤리적 행위로 보기 어려운 것은?

① 특정인에 대한 악성 댓글 작성
② 확인되지 않은 허위 정보 공유
③ 타인의 개인정보를 동의 없이 공개
④ 크리에이티브 커먼즈 라이선스가 적용된 이미지 사용

13 저작권자가 불법 복제 및 배포를 막기 위해 디지털 콘텐츠에 적용하는 기술적 보호 조치를 무엇이라고 하는가?

① 오픈 소스 소프트웨어(OSS)
② 디지털 저작권 관리(DRM)
③ 크리에이티브 커먼즈 라이선스(CCL)
④ 공개키 기반 구조(PKI)

14 인공지능 알고리즘이 이용자에게 맞춤화된 정보만을 제공하여, 이용자의 시야가 제한되고 편향된 정보에 갇히게 되는 현상은 무엇인가?

① 필터 버블(Filter Bubble)
② 에코 챔버(Echo Chamber)
③ 디지털 디톡스(Digital Detox)
④ 딥페이크(Deepfake)

15 디지털 격차에 대한 설명으로 가장 적절하지 않은 것은?

① 초기에는 정보 기기에 대한 물리적 접근성 차이를 의미했다.
② 최근에는 정보 활용 능력의 질적 격차로 의미가 확장되었다.
③ 디지털 격차는 경제적 요인에 의해서만 발생한다.
④ 디지털 격차는 교육, 고용 등 사회 전반의 불평등으로 이어질 수 있다.

16 다음 중 정보 주체의 권리에 해당하지 않는 것은?

① 자신의 개인정보가 어떻게 이용되는지 열람할 권리
② 사실과 다른 개인정보의 정정을 요구할 권리
③ 타인의 개인정보를 동의 없이 처리할 권리
④ 법률에 위반되는 개인정보 처리의 중단을 요구할 권리

17 네트워크상에 전송되는 데이터를 몰래 엿듣는 해킹 행위로, 암호화되지 않은 민감 정보 유출에 직접적인 원인이 되는 것은 무엇인가?

① 스니핑(Sniffing)
② 스푸핑(Spoofing)
③ 피싱(Phishing)
④ 파밍(Pharming)

18 창작물이나 발명 등 인간의 지적 활동으로 발생한 무형의 자산에 대한 독점적 권리를 총칭하는 말은 무엇인가?

① 소유권
② 저작권
③ 지식 재산권
④ 특허권

기출유형

19 다음 중 물리적 위협에 해당하는 사례는?

① 해커에 의한 데이터베이스 정보 유출
② 직원의 실수로 인한 고객 정보 삭제
③ 지진으로 인한 전산 서버 파손
④ 바이러스 감염으로 인한 시스템 마비

기출유형

20 정보 보안 대책 중 관리적 조치에 해당하는 것은?

① 전산실 출입 통제 장치 설치
② 데이터 암호화 솔루션 도입
③ 임직원 대상 정기적인 보안 교육 실시
④ 네트워크 트래픽 감시 시스템 구축

제9장 | 정답·해설

01	02	03	04	05
④	②	③	②	④
06	07	08	09	10
②	①	④	③	③
11	12	13	14	15
①	④	②	①	③
16	17	18	19	20
③	①	③	③	③

01 ④

부인 방지는 거래나 통신 사실을 나중에 부인할 수 없도록 증거를 제공하는 개념으로, 정보보안의 3요소(기밀성, 무결성, 가용성)에 포함되지 않는다.

02 ②

웜은 바이러스와 달리 다른 프로그램에 기생하지 않고 독립적으로 존재하며, 네트워크를 통해 스스로를 복제하여 전파하는 특징이 있다.

03 ③

사회 공학은 시스템의 취약점이 아닌 사람의 신뢰나 심리를 이용하여 보안을 뚫는 비기술적 공격 기법을 총칭한다. 피싱, 보이스피싱 등이 대표적인 예이다.

04 ②

공개키 암호화(비대칭키 암호화)는 암호화 키(공개키)와 복호화 키(개인키)를 분리하여 사용하므로, 키를 안전하게 전달해야 하는 대칭키 방식의 어려움을 해결한다.

05 ④

방화벽은 네트워크 경계에서 접근 제어 정책을 시행하여 신뢰할 수 없는 외부 네트워크로부터 내부 자산을 보호하는 가장 기본적인 보안 시스템이다.

06 ②

관리적 위협은 보안 정책의 부재, 권한 관리 미흡, 보안 교육 부족 등 조직의 관리 체계나 인적 요인으로 인해 발생하는 위협을 의미한다.

07 ①

랜섬웨어는 '몸값(Ransom)'과 '소프트웨어(Software)'의 합성어로, 데이터를 인질로 삼아 금전을 요구하는 대표적인 악성 코드이다.

08 ④

잊힐 권리는 온라인에 존재하는 자신과 관련된 정보를 통제하고자 하는 개인의 인격권 및 프라이버시 권리에 해당한다.

09 ③

현대 정보 사회에서 프라이버시는 단순히 '혼자 있을 권리'를 넘어, '자신에 관한 정보를 스스로 통제하고 관리할 수 있는 권리'인 개인정보 자기결정권으로 그 의미가 확장되었다.

10 ③

온라인 탈억제 효과는 익명성과 비대면성으로 인해 현실에서보다 공격적이거나 솔직한 행동을 하게 되는 심리적 현상으로, 네티켓의 중요성을 부각시킨다.

11 ①

프로파일링은 빅데이터를 기반으로 개인을 분석 및 예측하는 기술로, 맞춤형 서비스 제공에 활용되지만 개인에 대한 차별이나 편견을 유발할 수 있다.

12 ④

크리에이티브 커먼즈 라이선스(CCL)는 창작자가 설정한 이용 허락 조건에 따라 저작물을 사용하는 것으로, 정당한 권리 행사이며 비윤리적 행위로 볼 수 없다.

13 ②

디지털 저작권 관리(DRM)는 콘텐츠의 무단 복제, 캡처, 공유 등을 막기 위해 암호화 등의 기술을 적용하는 저작권 보호 기술이다.

14 ①

필터 버블은 개인화된 검색 결과나 뉴스피드로 인해 이용자가 자신의 기존 관점과 유사한 정보에만 둘러싸이게 되는 현상을 말하며, 새로운 형태의 검열로 논의된다.

15 ③

디지털 격차는 경제적 요인뿐만 아니라 연령, 지역, 신체적 조건 등 복합적이고 다차원적인 요인에 의해 발생한다.

16 ③

정보 주체의 권리는 자신의 개인정보에 대한 통제권을 의미하며, 타인의 정보를 동의 없이 처리할 권리는 포함되지 않는다. 이는 타인의 프라이버시를 침해하는 행위이다.

17 ①

스니핑은 네트워크 '코를 킁킁거리다(Sniff)'라는 뜻처럼, 네트워크상에서 오가는 패킷을 엿듣는 수동적 공격으로, 기밀성을 침해한다.

18 ③

지식 재산권은 저작권, 특허권, 상표권 등 인간의 지적 창작 활동으로 인해 발생하는 모든 무형의 결과물에 대한 권리를 포괄하는 상위 개념이다.

19 ③

물리적 위협은 화재, 홍수, 지진과 같은 자연재해나 장비 도난, 파손 등 정보 시스템 자산에 대한 직접적인 물리적 행위로 발생하는 위협을 말한다.

20 ③

보안 교육은 기술적, 물리적 조치가 아닌 조직의 보안 정책과 절차의 일부로서 사람을 대상으로 하는 관리적 보안 조치에 해당한다.

무료 학습자료 제공 · 독학사 단기합격 **해커스독학사**
haksa2080.com

독학학위제 전공기초과정 경영학과

기출동형모의고사

기출동형모의고사 **1회**
기출동형모의고사 **2회**
기출동형모의고사 **3회**

잠깐!

기출동형모의고사는 독학사 시험의 기출문제를 철저히 분석하여 구성한 실전 대비 모의고사입니다.
본 교재의 맨 뒤에 제공되는 총 3장의 OMR 카드를 활용하여 문제를 풀이해 주세요.

기출동형모의고사 풀이 전 아래 사항을 확인하세요.

☐ 휴대전화의 전원을 꺼주세요.
☐ 컴퓨터용 사인펜을 준비하세요.
☐ OMR 카드에 과목명과 성명을 기재한 후, 문제풀이를 시작하세요.
☐ 시험시간 50분 내에 문제풀이와 OMR 카드 마킹까지 완료하세요.

기출동형모의고사 1회

독학학위제
전공기초과정 **경영학과**

응시과목	시험시간	점수
경영정보론	50분	

01 다음 중 '데이터(Data)'와 '정보(Information)'의 관계를 가장 올바르게 설명한 것은?

① 데이터는 정보를 가공하여 얻어지는 결과물이다.
② 정보는 현실 세계의 사실을 그대로 기록한 원자료이다.
③ 데이터와 정보는 의사결정 지원이라는 동일한 역할을 수행한다.
④ 정보는 데이터를 특정 목적에 맞게 처리하여 유의미한 형태로 만든 것이다.

02 다음 〈보기〉는 좋은 정보가 갖추어야 할 내용적 특성 중 무엇과 가장 관련이 깊은가?

―〈보기〉―
주식 투자를 위한 의사결정에는 어제의 주가 정보가 아닌, 현재 시점의 실시간 주가 정보가 결정적인 가치를 가진다.

① 정확성 ② 적시성
③ 관련성 ④ 완전성

03 조직 계층에 따라 요구되는 정보의 특성이 다른 이유로 가장 적절한 것은?

① 모든 조직 구성원은 동일한 의사결정 문제를 다루기 때문이다.
② 정보의 가치는 사용자와 무관하게 항상 일정하기 때문이다.
③ 계층별로 수행하는 역할과 책임의 성격이 다르기 때문이다.
④ 하위경영층일수록 비구조적인 문제 해결을 요구받기 때문이다.

04 시스템의 기본 구성요소에 대한 설명으로 옳지 <u>않은</u> 것은?

① 입력(Input)은 시스템의 목표 달성을 위해 외부 환경으로부터 받아들이는 자원이다.
② 처리(Process)는 입력을 출력으로 변환하는 과정이다.
③ 통제(Control)는 출력된 결과가 목표와 일치하는지 평가하는 활동이다.
④ 환류(Feedback)는 출력 결과를 목표와 비교하여 그 차이를 수정하도록 입력이나 처리를 조절하는 행위이다.

05 다음 중 정보시스템의 구성요소에 해당하지 <u>않는</u> 것은?

① 서버, PC 등과 같은 하드웨어
② 조직의 업무 처리 절차 및 방법
③ 시스템 분석가, 소프트웨어 개발자
④ 기업의 자본 및 재무자원

06 기업의 일상적이고 반복적인 거래 데이터를 기록하고 처리하는 시스템으로, 다른 모든 정보시스템의 데이터 원천이 되는 가장 기본적인 정보시스템은 무엇인가?

① 거래처리시스템(TPS)
② 의사결정 지원시스템(DSS)
③ 중역정보시스템(EIS)
④ 전사적 자원관리(ERP)

07 중간관리자들이 정형화된 보고서를 통해 조직의 성과를 모니터링하고 통제 활동을 수행할 수 있도록 지원하는 정보시스템은 무엇인가?

① 거래처리시스템(TPS)
② 정보보고시스템(IRS/MIS)
③ 의사결정 지원시스템(DSS)
④ 전문가시스템(Expert System)

08 컴퓨팅 인프라스트럭처의 진화 과정 중, 각 PC가 독립적으로 운영되어 데이터 공유가 어려워지는 '정보의 섬(Information Island)' 현상이 주요 한계점으로 지적된 시대는?

① 메인프레임과 미니컴퓨터 시대
② 개인용 컴퓨터(PC) 시대
③ 클라이언트/서버 시대
④ 클라우드 컴퓨팅 시대

09 CPU 내에서 프로그램 명령어를 해석하고, 그에 따라 다른 장치들에게 동작을 지시하는 역할을 수행하는 구성요소는 무엇인가?

① 연산장치(ALU)
② 제어장치(CU)
③ 레지스터(Register)
④ 주기억장치(Main Memory)

10 주기억장치에 대한 설명으로 가장 올바른 것은?

① 전원이 꺼져도 데이터가 영구적으로 보관된다.
② CPU가 직접 접근하여 프로그램이나 데이터를 처리하는 공간이다.
③ 자기 테이프, 하드 디스크 등이 이에 속한다.
④ 주기억장치보다 속도가 느리고 가격이 저렴하다.

11 다음 중 입력장치가 아닌 것은?

① 마우스
② 스캐너
③ 키보드
④ 플로터

12 3D 프린팅 방식 중, 고체 필라멘트를 녹여 아래부터 층층이 쌓아가는 방식으로 가격이 저렴하여 보급형 프린터에 많이 사용되지만 출력물 표면이 거칠다는 단점이 있는 방식은?

① FDM(Fused Deposition Modeling)
② SLA(Stereo Lithography Apparatus)
③ SLS(Selective Laser Sintering)
④ AM(Additive Manufacturing)

13 컴퓨터 하드웨어를 제어하고 응용 소프트웨어를 위한 기반 환경을 제공하는 가장 핵심적인 시스템 소프트웨어는 무엇인가?

① 컴파일러
② 유틸리티
③ 운영체제(OS)
④ 데이터베이스 관리 시스템(DBMS)

14 다음 중 저급 언어에 대한 설명으로 옳은 것은?

① 사람이 이해하고 작성하기 쉬운 사람 중심 언어이다.
② C언어, JAVA 등이 대표적인 저급 언어에 속한다.
③ 특정 하드웨어에 종속적이며 기계가 이해하기 쉽게 작성되었다.
④ 별도의 번역 과정 없이 모든 컴퓨터에서 직접 실행할 수 있다.

15 정보시스템을 확보하는 방식 중, 월간 또는 연간 비용을 지불하고 서비스 형태로 빌려 쓰는 SaaS(Software as a Service) 모델은 다음 중 어디에 해당하는가?

① 구독(Subscription)
② 구매(Purchase)
③ 개발(Development)
④ 아웃소싱(Outsourcing)

16 상용 기성 소프트웨어(COTS)를 구매하여 도입할 때, 소프트웨어의 표준 기능과 우리 회사의 요구사항 간의 차이(Gap)를 분석하는 활동은 무엇인가?

① 타당성 조사(Feasibility Study)
② 갭 분석(Gap Analysis)
③ 요구사항 분석(Requirement Analysis)
④ 시스템 설계(System Design)

17 소프트웨어 개발 생명주기(SDLC) 모델 중, 사용자의 요구사항이 불명확할 때 시스템의 주요 기능을 시제품으로 만들어 사용자의 피드백을 받아 개선해 나가는 모델은?

① 폭포수 모델(Waterfall Model)
② 프로토타입 모델(Prototype Model)
③ 나선형 모델(Spiral Model)
④ 애자일 모델(Agile Model)

18 폭포수 모델의 개발 단계 순서가 올바르게 나열된 것은?

① 계획 → 설계 → 요구 분석 → 구현 → 테스트
② 요구 분석 → 계획 → 설계 → 구현 → 테스트
③ 계획 → 요구 분석 → 설계 → 구현 → 테스트
④ 요구 분석 → 설계 → 계획 → 구현 → 테스트

19 다음 중 애자일(Agile) 개발 방법론의 핵심 가치로 보기 어려운 것은?

① 개인과 상호작용보다 프로세스와 도구를 더 중시한다.
② 포괄적인 문서보다 작동하는 소프트웨어를 더 중시한다.
③ 계약 협상보다 고객과의 협력을 더 중시한다.
④ 계획을 따르기보다 변화에 대응하는 것을 더 중시한다.

20 소프트웨어 개발(Development)과 운영(Operations)을 결합하여, 개발부터 배포, 운영까지의 전 과정을 통합하고 자동화하려는 문화이자 방법론은 무엇인가?

① 애자일(Agile)
② 스크럼(Scrum)
③ 데브옵스(DevOps)
④ 마이크로서비스(Microservices)

21 공급망관리(SCM)의 핵심 목표로, 최종 소비자의 수요 정보가 공급망 상류로 갈수록 왜곡되고 증폭되는 현상을 무엇이라고 하는가?

① 채찍 효과(Bullwhip Effect)
② 공급망 가시성(Supply Chain Visibility)
③ 리드타임(Lead Time)
④ 재고 최적화(Inventory Optimization)

22 고객과의 장기적인 관계 구축을 통해 '평생 고객 가치(LTV)'를 높이는 것을 궁극적인 목표로 하는 경영 전략 및 시스템은 무엇인가?

① 공급망관리(SCM)
② 전사적 자원관리(ERP)
③ 고객관계관리(CRM)
④ 지식관리시스템(KMS)

23 ERP 시스템 도입을 성공적으로 이끌기 위해, 기존의 비효율적인 업무 방식을 시스템에 내장된 선진 프로세스(Best Practice)에 맞춰 혁신하는 활동은 무엇인가?

① 갭 분석(Gap Analysis)
② 업무 프로세스 재설계(BPR)
③ 시스템 통합(System Integration)
④ 변화 관리(Change Management)

24 조직 내 개인의 경험이나 노하우 같은 암묵지(Tacit Knowledge)를 문서나 매뉴얼 같은 형식지(Explicit Knowledge)로 변환하는 지식관리(KMS)의 핵심 프로세스는 무엇인가?(SECI 모델 기준)

① 사회화(Socialization)
② 표출화(Externalization)
③ 연결화(Combination)
④ 내재화(Internalization)

25 '만약 광고 예산을 20% 늘린다면, 예상 매출은 얼마나 증가할 것인가?' 와 같이 다양한 조건 변화에 따른 결과를 예측하여 비정형적 의사결정을 지원하는 분석 기법은?

① 목표 탐색 분석(Goal-seeking Analysis)
② 민감도 분석(Sensitivity Analysis)
③ 최적화 분석(Optimization Analysis)
④ What-if 분석(What-if Analysis)

26 다음 중 협업시스템을 '시간-공간 매트릭스'로 분류할 때, 서울과 뉴욕에 있는 직원들이 동시에 참여하는 화상회의는 어디에 해당하는가?

① 동일 시간 / 동일 공간
② 동일 시간 / 다른 공간
③ 다른 시간 / 동일 공간
④ 다른 시간 / 다른 공간

27 특정 전문 분야의 지식을 'IF-THEN'과 같은 규칙 형태로 지식 베이스에 저장하고, 추론 엔진을 통해 비전문가도 전문가 수준의 의사결정을 내리도록 지원하는 AI 시스템은?

① 전문가시스템(Expert System)
② 인공신경망(Artificial Neural Network)
③ 유전자 알고리즘(Genetic Algorithm)
④ 지능형 에이전트(Intelligent Agent)

28 기계학습(Machine Learning)의 종류 중, '정답(Label)'이 있는 데이터를 사용하여 모델을 학습시키는 방식은 무엇인가?

① 지도학습(Supervised Learning)
② 비지도학습(Unsupervised Learning)
③ 강화학습(Reinforcement Learning)
④ 딥러닝(Deep Learning)

29 문장이 길어질수록 앞부분의 정보를 잊어버리는 RNN의 '장기 의존성 문제'를 해결하고, BERT나 GPT와 같은 거대 언어 모델(LLM)의 기반이 된 자연어 처리 아키텍처는 무엇인가?

① CNN(Convolutional Neural Network)
② RNN(Recurrent Neural Network)
③ LSTM(Long Short-Term Memory)
④ 트랜스포머(Transformer)

30 현실 세계의 물리적 자산(공장, 설비 등)을 가상 공간에 동일하게 복제하여 시뮬레이션을 통해 최적의 운영 방안을 찾는 기술은 무엇인가?

① 증강현실(Augmented Reality)
② 가상현실(Virtual Reality)
③ 디지털 트윈(Digital Twin)
④ 사물인터넷(Internet of Things)

31 네트워크를 구성하는 컴퓨터, 장비 등이 연결된 물리적 또는 논리적 배치 구조를 무엇이라고 하는가?

① 프로토콜(Protocol)
② 토폴로지(Topology)
③ 아키텍처(Architecture)
④ 대역폭(Bandwidth)

32 OSI 7계층 참조 모델에서 종단 간(End-to-End) 신뢰성 있는 데이터 전송을 보장하고 오류 제어, 흐름 제어를 수행하는 계층은?

① 네트워크 계층(Network Layer)
② 전송 계층(Transport Layer)
③ 세션 계층(Session Layer)
④ 데이터링크 계층(Data Link Layer)

33 전송할 데이터를 '패킷(Packet)'이라는 작은 단위로 분할하고, 각 패킷에 주소 정보를 붙여 독립적으로 전송하는 데이터 교환 방식은?

① 회선 교환 방식(Circuit Switching)
② 메시지 교환 방식(Message Switching)
③ 패킷 교환 방식(Packet Switching)
④ 셀 교환 방식(Cell Switching)

34 다음 중 단거리 무선 기술에 해당하지 않는 것은?

① Wi-Fi
② Bluetooth
③ NFC
④ LTE

35 자율주행차와 같이 데이터가 생성되는 현장에서 즉각적인 처리가 요구될 때, 중앙 클라우드까지 데이터를 보내지 않고 네트워크의 '가장자리(Edge)'에서 처리하는 컴퓨팅 패러다임은 무엇인가?

① 클라우드 컴퓨팅(Cloud Computing)
② 그리드 컴퓨팅(Grid Computing)
③ 엣지 컴퓨팅(Edge Computing)
④ 분산 컴퓨팅(Distributed Computing)

36 숫자로 된 복잡한 IP 주소를 'https://www.google.com/search?q=hacker.com'과 같이 사람이 기억하기 쉬운 문자 형태로 표현한 것을 무엇이라고 하는가?

① URL(Uniform Resource Locator)
② 프로토콜(Protocol)
③ IP 주소(IP Address)
④ 도메인 네임(Domain Name)

37 웹 2.0의 핵심 철학으로 가장 거리가 먼 것은?

① 참여(Participation)
② 공유(Sharing)
③ 개방(Openness)
④ 통제(Control)

38 거래 주체에 따른 전자상거래 유형 중, 개인이 사용하던 중고 물품을 온라인 플랫폼을 통해 다른 개인에게 판매하는 형태는 어디에 해당하는가?

① B2C(Business-to-Consumer)
② B2B(Business-to-Business)
③ C2C(Consumer-to-Consumer)
④ G2C(Government-to-Consumer)

39 정보보안의 3요소에 해당하지 않는 것은?

① 기밀성(Confidentiality)
② 무결성(Integrity)
③ 가용성(Availability)
④ 부인 방지(Non-repudiation)

40 금융기관을 사칭하여 이메일이나 문자 메시지를 보내 가짜 웹사이트로 접속을 유도한 뒤, 개인의 금융 정보를 빼내는 공격 기법은 무엇인가?

① 랜섬웨어(Ransomware)
② 스니핑(Sniffing)
③ 피싱(Phishing)
④ 서비스 거부 공격(DoS)

기출동형모의고사 2회

독학학위제
전공기초과정 **경영학과**

응시과목	시험시간	점수
경영정보론	50분	

01 다음 중 '정보(Information)'의 정의로 가장 적절한 것은?
① 현실 세계에서 관찰된 가공되지 않은 사실이나 값
② 의사결정에 유용하도록 데이터를 처리, 가공한 결과물
③ 정보를 받아들인 사람이 주체적으로 가공한 실행력 있는 결과물
④ 여러 지식을 융합하여 새로운 아이디어를 창출하는 능력

02 정보는 사용하더라도 없어지지 않으며, 동시에 여러 사람이 사용할 수 있는 특성을 가진다. 이와 관련된 정보의 형태적 특성을 올바르게 짝지은 것은?
① 비소멸성, 병행성
② 이전성, 가변성
③ 확장성, 비소멸성
④ 병행성, 가변성

03 기업의 관리적 의사결정에 대한 설명으로 옳지 <u>않은</u> 것은?
① 중간관리계층에서 주로 수행된다.
② 기업의 외부보다는 내부 문제에 대한 의사결정과 관련이 있다.
③ 기업의 제반 자원을 최적으로 조직화하는 의사결정과 관련이 있다.
④ 경영자의 경험이나 직관에 의존하는 비구조적 문제 해결이 대부분이다.

04 시스템의 특징에 대한 설명으로 가장 적절한 것은?
① 시스템의 각 구성요소는 독립적으로 작동하며 상호작용하지 않는다.
② 시스템은 외부 환경과 상호작용 없이 자체적으로 운영되는 폐쇄적 구조를 가진다.
③ 시스템을 통제하지 않으면 무질서가 증가하는 엔트로피(Entropy) 속성이 있다.
④ 시스템은 더 작은 하위 시스템으로 분할할 수 없으며, 상위 시스템으로 통합될 수도 없다.

05 다음 중 환경과 정보, 자원 등을 상호 교환하며 환경 변화에 적응하는 시스템의 종류는 무엇인가?
① 폐쇄적 시스템(Closed System)
② 개방적 시스템(Open System)
③ 확정적 시스템(Deterministic System)
④ 비적응 시스템(Non-adaptive System)

06 계층별 경영정보시스템 중, 최고경영층이 기업의 핵심성공 요인(CSF)을 쉽게 파악하고 전략적 의사결정을 내릴 수 있도록 내외부 정보를 요약하여 제공하는 시스템은?
① 거래처리시스템(TPS)
② 의사결정 지원시스템(DSS)
③ 중역정보시스템(EIS)
④ 정보보고시스템(IRS)

07 다음 중 조직구조별 경영정보시스템의 유형에 해당하는 것은?

① 생산정보시스템
② 전사적 정보시스템
③ 의사결정 지원시스템
④ 마케팅정보시스템

08 하나의 물리적 서버 자원을 아주 짧은 시간 단위로 나누어 여러 사용자에게 순차적으로 할당함으로써, 여러 명이 동시에 컴퓨터를 사용하는 것처럼 느끼게 해준 운영 기법은?

① 일괄 처리(Batch Processing)
② 온라인 트랜잭션 처리(OLTP)
③ 시분할 시스템(Time-Sharing System)
④ 독립 실행 환경(Standalone)

09 다음 중 클라우드 컴퓨팅의 서비스 모델이 아닌 것은?

① IaaS(Infrastructure as a Service)
② PaaS(Platform as a Service)
③ SaaS(Software as a Service)
④ DaaS(Data as a Service)

10 전원이 공급되더라도 주기적으로 재충전(Refresh)을 해 주어야만 데이터가 유지되는 휘발성 메모리는 무엇인가?

① ROM(Read Only Memory)
② SRAM(Static RAM)
③ DRAM(Dynamic RAM)
④ Flash Memory

11 다음 중 출력장치에 대한 설명으로 옳지 않은 것은?

① 컴퓨터의 처리 결과를 사람이 인지할 수 있는 형태로 변환한다.
② 모니터, 프린터, 스피커 등이 대표적인 출력장치이다.
③ 스캐너는 이미지나 문서를 디지털 데이터로 변환하는 출력장치이다.
④ 3D 프린터는 3차원 입체물을 만들어내는 출력장치이다.

12 어셈블리어로 작성된 프로그램을 컴퓨터가 직접 실행할 수 있는 기계어로 번역해주는 시스템 소프트웨어는 무엇인가?

① 운영체제(OS)
② 컴파일러(Compiler)
③ 어셈블러(Assembler)
④ 인터프리터(Interpreter)

13 3세대 프로그래밍 언어에 대한 설명으로 옳은 것은?

① 주로 절차지향 중심의 언어들이 개발되었다.
② 0과 1로 구성된 기계어를 의미한다.
③ 데이터베이스 관련 프로그램을 개발하기 위한 언어이다.
④ 네트워크 관련 기능이 강화된 객체지향 언어이다.

14 다음 중 정보시스템을 '자체 개발' 방식으로 구축할 때 얻을 수 있는 가장 큰 장점은?

① 검증된 기능으로 인한 프로젝트 실패 위험 감소
② 낮은 초기 투자 비용
③ 신속한 시스템 도입
④ 경쟁 우위 확보

15 시스템 개발 수명주기(SDLC)의 단계 중, 소프트웨어의 오류를 탐지하고 수정하는 활동이 이루어지는 단계는?

① 분석 단계
② 설계 단계
③ 구현 단계
④ 시험(테스트) 단계

16 다음 중 폭포수 모델(Waterfall Model)에 대한 설명으로 옳지 않은 것은?

① 개발 과정 중 사용자의 요구사항 변경에 유연하게 대처하기 용이하다.
② 한번 다음 단계로 넘어가면 이전 단계로 돌아가기 어렵다.
③ 요구사항이 명확하고 변하지 않는 프로젝트에 효과적이다.
④ 각 단계별 결과물이 명확하게 문서화되는 특징이 있다.

17 폭포수 모델과 프로토타입 모델의 장점을 결합하고, 여기에 '위험 분석' 단계를 추가하여 대규모 시스템 개발에 적합하도록 만든 모델은?

① 애자일 모델
② 나선형 모델
③ V-모델
④ RAD 모델

18 하나의 큰 시스템을 독립적인 기능을 수행하는 작은 서비스들의 조합으로 분리하여 개발하는 방식으로, 애자일 개발에 적합한 최신 아키텍처는 무엇인가?

① 모놀리식 아키텍처(Monolithic Architecture)
② 3계층 아키텍처(3-Tier Architecture)
③ 클라이언트/서버 아키텍처(Client/Server Architecture)
④ 마이크로서비스 아키텍처(MSA)

19 공급망 계획(SCP)과 공급망 실행(SCE)에 대한 설명으로 옳은 것은?

① SCP는 주문 처리, 창고 관리 등 실제 물류 활동을 관리한다.
② SCE는 수요 예측, 재고 계획 등 미래 활동을 계획한다.
③ SCP는 '미래를 예측'하는 활동, SCE는 '계획을 실행'하는 활동이다.
④ SCE는 SCP보다 더 장기적인 관점의 의사결정을 지원한다.

20 고객 데이터를 분석하여 구매 패턴 예측, 고객 세분화 등을 수행하고 이를 통해 마케팅 전략 수립을 지원하는 CRM의 유형은 무엇인가?

① 운영 CRM(Operational CRM)
② 협업 CRM(Collaborative CRM)
③ 분석 CRM(Analytical CRM)
④ 소셜 CRM(Social CRM)

21 다음 중 ERP 시스템의 핵심적인 특징으로 가장 적절한 것은?

① 각 부서별로 독립적인 데이터베이스를 운영하여 보안을 강화한다.
② 최고 경영층의 비정형적 의사결정 지원에 특화되어 있다.
③ 단일 통합 데이터베이스를 통한 실시간 정보 공유를 지원한다.
④ 개인의 암묵지를 조직의 자산으로 전환하는 것을 목표로 한다.

22 지식관리시스템(KMS)의 성공적인 도입 및 활성화를 위한 요인으로 가장 거리가 먼 것은?

① 지식 공유 활동을 장려하는 조직 문화 조성
② 지식 등록 및 활용에 대한 적절한 보상 체계 마련
③ 최고 경영진의 강력한 지원과 CKO의 리더십
④ 각 부서별 독립적인 데이터베이스 구축을 통한 정보 보안 강화

23 최고 경영층이 기업의 전체 현황을 나타내는 요약 지표에서 시작하여, 특정 항목을 선택하면 그에 대한 세부적인 데이터로 단계적으로 접근할 수 있도록 하는 EIS의 분석 기능은?

① 드릴다운(Drill-down)
② What-if 분석
③ 목표 탐색(Goal seeking)
④ OLAP

24 기업의 데이터를 수집, 정리, 분석하여 경영 의사결정에 활용하는 기술과 프로세스를 총칭하며, 주로 '과거와 현재에 무슨 일이 일어났는가?'를 이해하는 데 초점을 맞추는 개념은?

① 비즈니스 분석(BA)
② 비즈니스 인텔리전스(BI)
③ 데이터 마이닝(Data Mining)
④ 인공지능(AI)

25 전문가시스템의 추론 방식 중, '환자의 증상'과 같은 주어진 사실에서 출발하여 규칙을 순차적으로 적용해 '예상 질병'이라는 최종 결론에 도달하는 데이터 주도적(Data-driven) 방식은?

① 순방향 추론(Forward Chaining)
② 역방향 추론(Backward Chaining)
③ 유전자 알고리즘
④ 인공신경망

26 다음 중 기계학습의 '분류(Classification)' 과제에 해당하는 것은?

① 주택의 크기, 위치 정보를 바탕으로 매매 가격 예측하기
② 이메일의 내용을 분석하여 스팸 메일인지 정상 메일인지 구분하기
③ 온라인 쇼핑몰 고객들을 구매 패턴에 따라 여러 그룹으로 나누기
④ 과거 판매 데이터를 기반으로 다음 분기 매출액 예측하기

27 학습 주체인 '에이전트'가 '환경'과 상호작용하며 '시행착오'를 통해 누적 '보상'을 최대화하는 최적의 행동 방식을 스스로 학습하는 기계학습 방법은?

① 지도학습
② 비지도학습
③ 강화학습
④ 준지도학습

28 컴퓨터가 인간의 언어를 이해하는 '자연어 이해(NLU)'와, 인간의 언어로 정보를 생성하는 '자연어 생성(NLG)'을 포괄하는 인공지능 분야는 무엇인가?

① 컴퓨터 비전(Computer Vision)
② 음성 인식(Speech Recognition)
③ 전문가시스템(Expert System)
④ 자연어 처리(NLP)

29 AI가 학습하는 데이터에 내재된 인간 사회의 편견이나 차별을 그대로 학습하여 불공정한 결과를 내놓는 윤리적 문제를 무엇이라고 하는가?

① 블랙박스 문제
② 알고리즘 편향성
③ 데이터 프라이버시 침해
④ 필터 버블

30 복잡한 AI 모델이 어떤 근거로 특정 결정을 내렸는지 그 과정을 인간이 이해할 수 있는 형태로 설명하고 제시하는 것을 목표로 하는 기술은?

① 설명가능 AI(XAI)
② 책임있는 AI(Responsible AI)
③ 연합 학습(Federated Learning)
④ 차분 프라이버시(Differential Privacy)

31 네트워크를 구성하는 장비들을 그물망 형태로 상호 연결하여, 특정 경로에 장애가 발생해도 다른 경로로 우회하여 통신할 수 있는 가장 안정적인 토폴로지는?

① 버스형(Bus Topology)
② 링형(Ring Topology)
③ 스타형(Star Topology)
④ 망형(Mesh Topology)

32 OSI 7계층 참조 모델의 최하위 계층으로, 데이터를 전기적, 기계적 신호(0과 1의 비트 스트림)로 변환하여 케이블을 통해 전송하는 역할을 담당하는 계층은?

① 물리 계층(Physical Layer)
② 데이터링크 계층(Data Link Layer)
③ 네트워크 계층(Network Layer)
④ 전송 계층(Transport Layer)

33 인터넷의 표준 프로토콜 스위트인 TCP/IP에서, 데이터가 손실되거나 순서가 뒤바뀌지 않도록 신뢰성 있는 종단 간 전송을 책임지는 프로토콜은 무엇인가?

① IP(Internet Protocol)
② TCP(Transmission Control Protocol)
③ UDP(User Datagram Protocol)
④ HTTP(HyperText Transfer Protocol)

34 10cm 이내의 매우 짧은 거리에서 기기 간 무선 통신을 지원하며, 높은 보안성을 바탕으로 모바일 결제 시스템의 핵심 기술로 사용되는 것은?

① Wi-Fi
② Bluetooth
③ RFID
④ NFC

35 사물인터넷(IoT) 시스템 아키텍처에서, 플랫폼으로부터 제어 신호를 받아 스마트 밸브를 잠그거나 조명을 켜는 등 물리적인 동작을 수행하는 구성요소는 무엇인가?

① 센서(Sensor)
② 액추에이터(Actuator)
③ 게이트웨이(Gateway)
④ 통신 모듈

36 월드 와이드 웹(WWW)에서 텍스트, 이미지 등과 같은 자원을 주고받기 위해 사용되는 통신 규약은 무엇인가?

① FTP(File Transfer Protocol)
② SMTP(Simple Mail Transfer Protocol)
③ TCP/IP(Transmission Control Protocol/Internet Protocol)
④ HTTP(HyperText Transfer Protocol)

37 인터넷 기술을 활용하되, 방화벽을 통해 외부 접근을 차단하고 조직 내부 구성원들만 사용하도록 구축된 사설 네트워크 시스템은 무엇인가?

① 엑스트라넷(Extranet)
② 인트라넷(Intranet)
③ 가상사설망(VPN)
④ 근거리 통신망(LAN)

38 다음 중 거래 주체에 따른 전자상거래 유형과 그 사례의 연결이 옳지 않은 것은?

① B2C: 온라인 쇼핑몰에서 소비자가 옷을 구매한다.
② B2B: 자동차 제조사가 부품 공급업체로부터 타이어를 대량 주문한다.
③ C2C: 개인이 중고거래 앱을 통해 다른 개인에게 책을 판매한다.
④ B2G: 정부가 운영하는 쇼핑몰에서 기업이 사무용품을 구매한다.

39 정보가 허가된 사용자에 의해서만 수정될 수 있으며, 권한 없는 자에 의해 변경, 삭제, 생성되지 않았음을 보장하는 정보보안의 원칙은 무엇인가?

① 기밀성(Confidentiality)
② 무결성(Integrity)
③ 가용성(Availability)
④ 인증성(Authentication)

40 유용한 프로그램으로 위장하여 사용자가 실행하도록 유도한 뒤, 시스템에 침투하여 정보를 유출하거나 시스템을 파괴하는 악성 소프트웨어는?

① 바이러스(Virus)
② 웜(Worm)
③ 트로이 목마(Trojan Horse)
④ 스파이웨어(Spyware)

기출동형모의고사 3회

응시과목	시험시간	점수
경영정보론	50분	

01 다음 중 '지식(Knowledge)'에 대한 설명으로 가장 적절한 것은?
① 의사결정에 활용하기 위해 데이터를 가공한 결과물이다.
② 현실 세계의 사실을 문자, 숫자 등으로 기록한 원자료이다.
③ 정보를 받아들인 사람이 주체적으로 가공하여 실행력을 갖게 된 결과물이다.
④ 외부로부터 수동적으로 받아들이는 객관적인 사실이다.

02 정보의 내용적 특성 중, 의사결정 목적과 실질적으로 관련이 있어 문제 해결에 도움이 되는 정보의 특성은 무엇인가?
① 정확성(Accuracy)
② 적시성(Timeliness)
③ 관련성(Relevance)
④ 완전성(Completeness)

03 다음 중 하위경영층의 운영적 의사결정에 대한 설명으로 옳은 것은?
① 기업의 장기적인 방향성을 결정하는 비정형적 문제 해결이 주를 이룬다.
② 주로 일상적이고 반복적인 업무를 다루며 명확한 절차와 규칙이 존재한다.
③ 외부 환경 변화에 대한 예측과 분석이 의사결정의 핵심이다.
④ 경영자의 직관과 판단이 계량적 기법보다 중요하게 작용한다.

04 다음 중 시스템의 구성요소와 그 역할에 대한 설명이 옳지 않은 것은?
① 입력(Input): 환경으로부터 자원을 받아들이는 과정
② 처리(Process): 입력을 출력으로 변환하는 기능
③ 출력(Output): 처리된 결과를 외부 환경으로 전달하는 과정
④ 통제(Control): 출력된 결과를 감지하여 목표와의 차이를 수정하는 행위

05 다음 중 정보시스템에 대한 접근 방법과 그 설명의 연결이 잘못된 것은?
① 기술적 접근: 하드웨어, 소프트웨어의 효율적 구현과 관련된 접근 방식
② 행태적 접근: 최종 사용자의 시스템 활용 및 만족도에 초점을 맞춘 접근 방식
③ 사회기술적 접근: 사회적 시스템과 기술적 시스템을 분리하여 분석하는 접근 방식
④ 사회기술적 접근: 최적의 조직 성과를 위해 사회적, 기술적 요소를 모두 고려하는 접근 방식

06 기업의 모든 부서에 걸쳐있는 업무 프로세스를 통합된 데이터베이스를 통해 관리하고, 정보의 불일치를 줄이며 전사적 자원 활용을 최적화하는 것을 목적으로 하는 정보시스템은 무엇인가?
① 거래처리시스템(TPS)
② 의사결정 지원시스템(DSS)
③ 전사적 자원관리(ERP)
④ 공급사슬관리(SCM)

07 다음 중 기능별 경영정보시스템의 유형에 해당하지 않는 것은?
① 생산정보시스템
② 회계정보시스템
③ 중역정보시스템
④ 마케팅정보시스템

08 클라이언트/서버 아키텍처에서 표현(클라이언트), 애플리케이션, 데이터(DB) 계층을 각각 분리하여 유연성과 확장성을 높인 구조는 무엇인가?
① 1계층 구조
② 2계층 구조
③ 3계층 구조
④ 4계층 구조

09 하나의 물리적 서버를 논리적으로 여러 개의 가상 서버(VM)로 분할하여 자원 활용률을 극대화하는, 클라우드 컴퓨팅의 핵심 기반 기술은 무엇인가?
① 가상화(Virtualization)
② 컨테이너(Container)
③ 마이크로서비스(Microservices)
④ 시분할(Time-Sharing)

10 다음 중 보조기억장치에 대한 설명으로 옳은 것은?
① CPU가 직접 접근하여 데이터를 처리한다.
② 전원이 꺼지면 저장된 내용이 모두 사라진다.
③ 주기억장치보다 접근 속도가 빠르다.
④ 다량의 자료를 영구적으로 저장할 수 있다.

11 다음 중 광학 입력 장치에 해당하지 않는 것은?
① OMR(광학마크판독기)
② OCR(광학문자판독기)
③ 바코드 판독기
④ 트랙 볼(Trackball)

12 소프트웨어의 종류 중, 사용자가 워드프로세서 작성, 스프레드시트 계산 등 특정 업무를 수행할 수 있도록 설계된 소프트웨어는 무엇인가?
① 시스템 소프트웨어
② 응용 소프트웨어
③ 운영체제
④ 유틸리티

13 프로그래밍 언어에 대한 설명으로 옳지 않은 것은?
① 저급 언어는 하드웨어 지향의 기계 중심 언어이다.
② 고급 언어는 사람이 이해하고 작성하기 쉬운 사람 중심 언어이다.
③ 어셈블리어는 별도의 번역 과정 없이 컴퓨터가 직접 실행할 수 있다.
④ C언어, JAVA 등은 고급 언어에 속한다.

14 정보시스템 확보 방식 중, 기업 고유의 요구사항을 반영하고 경쟁 우위를 확보하기 위해 처음부터 시스템을 직접 구축하는 방식은 무엇인가?

① 구독(Subscription)
② 구매(Purchase)
③ 개발(Development)
④ 리스(Lease)

15 시스템 개발 수명주기(SDLC)를 '정의', '구축', '이행', '운영'의 4단계로 구분할 때, 프로그래밍과 같은 활동이 이루어지는 단계는?

① 정의 단계
② 구축 단계
③ 이행 단계
④ 운영 단계

16 다음 중 애자일(Agile) 철학을 실제로 구현하는 구체적인 방법론(프레임워크)이 아닌 것은?

① 스크럼(Scrum)
② 칸반(Kanban)
③ 폭포수 모델(Waterfall Model)
④ XP(eXtreme Programming)

17 시스템이 개발 완료된 후, 법률이나 제도 변경 등 외부 환경 변화에 대응하기 위해 시스템을 수정하는 유지보수 활동은 무엇인가?

① 수정(Corrective) 유지보수
② 적응(Adaptive) 유지보수
③ 기능 보강(Enhancement) 유지보수
④ 예방(Preventive) 유지보수

18 하나의 거대한 덩어리로 개발되던 '모놀리식 아키텍처'의 한계를 극복하기 위해, 시스템을 독립적인 기능 단위의 작은 서비스들로 분리하여 개발하는 방식은 무엇인가?

① 마이크로서비스 아키텍처(MSA)
② 서비스 지향 아키텍처(SOA)
③ 3계층 아키텍처
④ 이벤트 기반 아키텍처

19 다음 중 공급망관리(SCM) 도입의 주된 효과로 보기 어려운 것은?

① 공급망 전체의 가시성 확보를 통한 대응 능력 향상
② 데이터 분석을 통한 정교한 타겟 마케팅의 성공률 증대
③ 수요 예측 정확도 향상에 따른 재고 유지 비용 절감
④ 제품 생산부터 고객 인도까지의 리드타임 단축

20 고객의 최근 구매일(Recency), 구매 빈도(Frequency), 구매 금액(Monetary)을 분석하여 우량 고객을 식별하고 차별화된 마케팅 전략을 수립하는 CRM 분석 기법은?

① What-if 분석
② SECI 모델
③ RFM 분석
④ BPR

21 ERP 시스템이 제공하는 여러 기능 중, 세계 유수 기업의 성공 사례를 바탕으로 표준화된 업무 절차를 시스템에 미리 내장하여 제공하는 것을 무엇이라 하는가?

① 선진 프로세스(Best Practice)
② 업무 프로세스 재설계(BPR)
③ 통합 데이터베이스
④ 확장형 ERP(ERP II)

22 노나카의 SECI 모델에서, 멘토가 제자에게 시범을 보이며 기술을 전수하는 것처럼 경험과 관찰을 통해 암묵지가 암묵지로 이전되는 과정은 무엇인가?

① 사회화(Socialization)
② 표출화(Externalization)
③ 연결화(Combination)
④ 내재화(Internalization)

23 "다음 분기 매출 목표 100억을 달성하려면, A 제품을 몇 개나 팔아야 하는가?"처럼 특정 목표를 정해놓고 그 목표를 달성하기 위한 조건을 역으로 찾아내는 DSS의 분석 기능은?

① 목표 탐색(Goal seeking)
② What-if 분석
③ 민감도 분석
④ 최적화 분석

24 메신저, 화상 회의, 파일 공유, 프로젝트 관리 등 다양한 기능을 하나의 플랫폼에서 제공하여 모든 업무를 처리할 수 있도록 지원하는 최신 협업시스템의 발전 방향을 무엇이라 하는가?

① 그룹웨어(Groupware)
② 지식관리시스템(KMS)
③ 소셜 네트워크 서비스(SNS)
④ 통합 협업 플랫폼(Digital Workplace)

25 전문가시스템의 추론 방식 중, '대출 승인'이라는 특정 가설을 먼저 설정하고, 그 가설이 참이 되기 위해 필요한 조건들이 현재 사실과 부합하는지를 역으로 추적하는 방식은?

① 순방향 추론(Forward Chaining)
② 역방향 추론(Backward Chaining)
③ 귀납적 추론(Inductive Reasoning)
④ 연역적 추론(Deductive Reasoning)

26 다음 중 비지도학습의 '군집화(Clustering)' 과제에 해당하는 것은?

① 고객의 이탈 가능성 예측하기
② 사진 속 객체가 고양이인지 개인지 판별하기
③ 온라인 쇼핑몰 고객을 구매 패턴에 따라 여러 그룹으로 나누기
④ 주택의 특성을 바탕으로 가격 예측하기

27 생물의 진화 과정(선택, 교차, 돌연변이)을 모방하여 복잡한 문제의 최적해를 찾아가는 AI 기술은?
① 인공신경망
② 전문가시스템
③ 유전자 알고리즘
④ 지능형 에이전트

28 다음 중 자연어 처리(NLP) 기술의 응용 분야로 가장 거리가 먼 것은?
① 구글 번역, 파파고와 같은 기계 번역 서비스
② 스마트 팩토리에서 제품의 미세 불량을 검출하는 시스템
③ 소셜 미디어의 글을 분석하여 긍정, 부정 여론을 파악하는 감성 분석
④ 사용자의 질문 의도를 파악하여 답변하는 챗봇

29 AI가 내린 결정의 근거를 사용자가 이해할 수 있도록 제시하는 '설명가능 AI(XAI)'가 해결하고자 하는 핵심 문제는 무엇인가?
① 알고리즘 편향성 문제
② 데이터 프라이버시 침해 문제
③ 블랙박스(Black Box) 문제
④ AI의 책임 소재 문제

30 데이터를 중앙 서버로 보내지 않고, 각 사용자의 기기에서 모델을 개별적으로 학습시킨 후, 개인정보를 식별할 수 없는 학습값만을 중앙에서 취합하는 프라이버시 보호 기술은?
① 차분 프라이버시(Differential Privacy)
② 동형 암호(Homomorphic Encryption)
③ 연합 학습(Federated Learning)
④ 데이터 익명화(Data Anonymization)

31 다음 중 지리적 범위가 가장 넓은 네트워크 유형은?
① PAN(Personal Area Network)
② LAN(Local Area Network)
③ MAN(Metropolitan Area Network)
④ WAN(Wide Area Network)

32 OSI 7계층 참조 모델에서 물리적 주소(MAC 주소)를 이용하여 인접한 노드 간의 신뢰성 있는 데이터 전송을 담당하는 계층은?
① 물리 계층(Physical Layer)
② 데이터링크 계층(Data Link Layer)
③ 네트워크 계층(Network Layer)
④ 전송 계층(Transport Layer)

33 다음 중 유선 전송 매체에 해당하지 않는 것은?
① 꼬임쌍선(Twisted-pair Cable)
② 동축 케이블(Coaxial Cable)
③ 광섬유 케이블(Fiber-optic Cable)
④ 마이크로파(Microwaves)

34 사물인터넷(IoT)을 구성하는 핵심 기술이 아닌 것은?
① 센서 기술
② 유무선 통신 및 네트워크 기술
③ 서비스 인터페이스 기술
④ 양자 컴퓨팅 기술

35 안테나와 칩으로 구성된 '태그'에 정보를 저장하고, '리더'가 발신하는 전파를 이용하여 비접촉으로 정보를 읽는 자동인식 기술은 무엇인가?
① QR 코드
② RFID
③ NFC
④ 바코드

36 사용자가 웹 페이지에 포함된 하이퍼링크를 따라 다른 웹 페이지들로 계속하여 이동하는 것을 무엇이라고 하는가?
① 웹 브라우징(Web Browsing)
② 웹 서핑(Web Surfing)
③ 웹 호스팅(Web Hosting)
④ 웹 크롤링(Web Crawling)

37 최초의 웹 환경인 웹 1.0의 가장 큰 특징은 무엇인가?
① 사용자들이 직접 콘텐츠를 생산하고 공유하는 '읽기-쓰기 웹'
② 소수의 콘텐츠 공급자가 정보를 일방적으로 전달하는 '읽기 전용 웹'
③ 컴퓨터가 정보의 의미를 이해하는 '지능형 웹'
④ 데이터 소유권이 개인에게 있는 '탈중앙화된 웹'

38 다음 중 모바일 상거래(M-Commerce)의 핵심 특징으로 보기 어려운 것은?
① 휴대성(Portability)
② 즉시성(Immediacy)
③ 상황 인식(Context Awareness)
④ 익명성(Anonymity)

39 특정 서버에 대량의 데이터를 집중적으로 전송하여 시스템의 정상적인 운영을 방해하고 서비스를 마비시키는 공격은 정보보안 3요소 중 무엇을 가장 직접적으로 침해하는가?
① 기밀성(Confidentiality)
② 무결성(Integrity)
③ 가용성(Availability)
④ 인증성(Authentication)

40 온라인상에 한번 공개되면 영구적으로 남아 개인에게 피해를 줄 수 있는 정보에 대해, 개인이 삭제나 유통 중단을 요구할 수 있는 권리는 무엇인가?
① 알 권리
② 표현의 자유
③ 개인정보 자기결정권
④ 잊힐 권리

기출동형모의고사 정답·해설

독학학위제
전공기초과정 **경영학과**

1회

p.266

01	02	03	04	05	06	07	08	09	10
④	②	③	③	④	①	②	②	②	②
11	12	13	14	15	16	17	18	19	20
④	①	③	③	①	②	②	③	①	③
21	22	23	24	25	26	27	28	29	30
①	③	②	②	④	②	①	①	④	③
31	32	33	34	35	36	37	38	39	40
②	②	③	④	③	④	④	③	④	③

01 ④

정보(Information)는 의사결정에 유용하게 활용할 수 있도록 데이터를 가공·처리한 결과물이다. 데이터(Data)는 가공되지 않은 원자료를 의미한다.

오답분석
① 데이터는 정보의 원재료이며, 정보를 가공하여 얻는 것이 아니다.
② 정보는 원자료를 가공한 것이며, 원자료 자체는 데이터이다.
③ 데이터 자체는 의사결정을 직접 지원하기 어려우며, 정보가 의사결정 지원 역할을 수행한다.

02 ②

적시성(Timeliness)은 정보가 필요한 시점에 제공되어야 가치가 있다는 특성이다. 의사결정 시점과 정보 제공 시점이 일치해야 한다.

03 ③

조직은 최고경영층, 중간관리층, 하위경영층으로 나뉘며, 각 계층은 전략기획, 관리통제, 운영통제 등 서로 다른 역할과 책임을 수행하므로 요구되는 정보의 성격(예 요약/상세, 내부/외부, 정형/비정형)이 다르다.

오답분석
① 모든 조직 구성원은 각자의 계층과 역할에 따라 상이한 의사결정 문제를 다룬다.
② 정보의 가치는 사용자의 목적과 상황에 따라 달라지는 사용자 의존적, 상황 의존적 특성을 가진다.
④ 하위경영층은 주로 일상적이고 반복적인 운영 통제 업무를 다루므로 구조적인 문제 해결을 요구받는다. 비구조적 문제는 최고경영층의 주된 과제이다.

04 ③

통제(Control)는 시스템이 목표를 달성하도록 변환 과정(Process)을 올바로 유지하는 행위이다. 출력된 결과가 목표와 일치하는지 평가하는 것은 환류(Feedback)의 일부이다. 환류는 그 평가 결과를 바탕으로 입력이나 처리를 조절한다.

오답분석
①, ②, ④는 시스템의 기본 구성요소인 입력, 처리, 환류에 대한 올바른 설명이다. 통제는 목표 달성을 위해 전체 과정을 감독하고 유지하는 기능이며, 출력 결과의 평가는 환류의 역할에 더 가깝다.

05 ④

정보시스템의 구성요소는 크게 정보기술(하드웨어, 소프트웨어, DB, 네트워크), 프로세스(업무 절차), 사람(사용자, 전문가)으로 구분된다. 재무자원은 기업의 경영자원이지만 정보시스템의 직접적인 구성요소는 아니다.

06 ①

거래처리시스템(TPS)은 기업의 가장 기본적인 활동인 구매, 판매, 입출금 등의 거래 데이터를 처리하고 기록하는 시스템이다. 다른 정보시스템들은 TPS에 축적된 데이터를 가공하여 활용한다.

오답분석

② DSS는 비정형적 의사결정을 지원한다.
③ EIS는 최고경영층의 전략적 의사결정을 지원한다.
④ ERP는 전사적 자원을 통합 관리하는 시스템으로, TPS를 포함하는 더 큰 개념이다.

07 ②

정보보고시스템(IRS 또는 MIS)은 TPS에 저장된 데이터를 바탕으로 요약 보고서, 예외 보고서 등 정형화된 보고서를 생성하여 중간관리자들의 관리 및 통제 활동을 지원한다.

08 ②

개인용 컴퓨터(PC) 시대에는 각 컴퓨터가 네트워크로 연결되지 않은 독립 실행(Standalone) 환경이 주를 이루었다. 이로 인해 데이터가 개인 PC에 흩어져 조직 전체의 데이터 공유 및 통합이 어려운 '정보의 섬' 현상이 발생했다.

오답분석

① 메인프레임 시대는 중앙 집중식 컴퓨팅이 특징이었다.
③ 클라이언트/서버 시대는 '정보의 섬' 문제를 해결하기 위해 등장했다.
④ 클라우드 컴퓨팅 시대는 인터넷을 통해 자원을 공유하는 모델이다.

09 ②

제어장치(CU)는 주기억장치에서 읽어온 프로그램 명령어를 해석하고, 그 의미에 따라 연산장치(ALU), 기억장치 등 다른 장치들에게 제어 신호를 보내 전체 시스템의 동작을 지휘하는 역할을 한다.

10 ②

주기억장치(RAM)는 CPU가 현재 실행 중인 프로그램 코드나 데이터를 보조기억장치로부터 가져와 임시로 저장하는 공간으로, CPU가 직접 고속으로 접근할 수 있다. RAM은 전원이 꺼지면 내용이 사라지는 휘발성 메모리이다.

오답분석

① 전원이 꺼져도 데이터가 보관되는 것은 ROM이나 보조기억장치의 특징이다.
③ 자기 테이프, 하드 디스크 등은 보조기억장치이다.
④ 주기억장치는 보조기억장치보다 속도가 빠르고 가격이 비싸다.

11 ④

플로터(Plotter)는 펜을 이용하여 설계 도면과 같이 복잡하고 큰 그래픽 정보를 종이에 인쇄하는 출력장치이다.

12 ①

FDM 방식은 열가소성 플라스틱 소재의 얇은 실(필라멘트)을 노즐에서 녹여 한 층씩 쌓아 올리는 방식이다. SLA는 액체 광경화성수지, SLS는 분말 재료를 사용한다.

13 ③

운영체제(OS)는 컴퓨터의 하드웨어 자원(CPU, 메모리, 저장장치 등)을 효율적으로 관리하고, 사용자가 응용 소프트웨어를 실행할 수 있는 환경을 제공하는 가장 기본적인 시스템 소프트웨어이다.

14 ③

저급 언어(기계어, 어셈블리어)는 특정 컴퓨터의 하드웨어 구조에 밀접하게 연관되어 있어 기계 중심적이며, 이식성이 낮다. 고급 언어는 하드웨어로부터 독립적이며 사람 중심인 특징을 가진다.

오답분석

① 고급 언어에 대한 설명이다.
② C언어, JAVA는 고급 언어이다.
④ 기계어만이 번역 과정 없이 실행 가능하며, 어셈블리어는 어셈블러를 통한 번역이 필요하다.

15 ①

구독(Subscription) 방식은 소프트웨어를 소유하는 것이 아니라, 월간 또는 연간 구독료를 내고 서비스 형태로 이용하는 모델이다. 클라우드 기반의 SaaS가 대표적인 예이다.

16 ②

갭 분석(Gap Analysis)은 구매하려는 상용 소프트웨어 패키지가 제공하는 표준 기능과, 우리 회사의 고유한 업무 프로세스 또는 필수 요구사항 간의 차이(Gap)를 식별하고 분석하는 활동이다.

17 ②

프로토타입 모델은 사용자의 요구사항이 불명확하거나 변경 가능성이 높을 때 효과적이다. 개발 초기 단계에 시스템의 핵심 기능을 포함한 시제품을 만들어 사용자에게 직접 보여주고, 피드백을 통해 요구사항을 명확히 하고 시스템을 점진적으로 완성해 나간다.

> **오답분석**
> ① 폭포수 모델은 요구사항이 명확할 때 사용된다.
> ③ 나선형 모델은 위험 분석을 강조하며 대규모 프로젝트에 적합하다.
> ④ 애자일 모델은 반복적 개발을 통해 변화에 대응하는 철학 및 방법론을 총칭한다.

18 ③

폭포수 모델은 소프트웨어 개발 과정을 '계획 → 요구 분석 → 설계 → 구현 → 테스트 → 유지보수'의 순서로, 각 단계가 명확히 구분되어 순차적으로 진행되는 전통적인 개발 생명주기 모델이다.

19 ①

애자일 선언문의 4대 핵심 가치 중 하나는 '프로세스와 도구보다 개인과 상호작용'을 더 중시하는 것이다. 정해진 절차보다는 팀원 간의 원활한 소통과 협력이 더 중요하다고 본다.

> **오답분석**
> ②, ③, ④는 모두 애자일의 핵심 가치를 올바르게 설명하고 있다.

20 ③

데브옵스(DevOps)는 개발팀과 운영팀 간의 소통과 협업을 강조하고, CI/CD(지속적 통합/지속적 배포) 파이프라인을 통해 소프트웨어 개발부터 배포, 운영에 이르는 전체 생명주기를 자동화하여 더 빠르고 안정적인 서비스 제공을 목표로 한다.

21 ①

채찍 효과는 공급망에서 수요 정보가 상류로 갈수록 왜곡, 증폭되어 불필요한 재고 변동성을 야기하는 현상이다. SCM은 공급망 참여자 간의 정보 공유를 통해 이를 최소화하는 것을 주요 목표로 한다.

> **오답분석**
> ② 공급망 가시성은 채찍 효과를 해결하기 위한 수단이다.
> ③ 리드타임은 주문부터 수령까지 걸리는 시간이다.
> ④ 재고 최적화는 채찍 효과를 줄임으로써 달성되는 결과 중 하나이다.

22 ③

고객관계관리(CRM)는 고객 데이터를 기반으로 고객과의 관계를 강화하고, 이를 통해 한 명의 고객이 평생에 걸쳐 기업에 기여하는 총가치, 즉 평생 고객 가치(LTV)를 극대화하는 것을 목표로 한다.

> **오답분석**
> ① SCM은 공급망 효율화를 목표로 한다.
> ② ERP는 전사적 자원 통합 관리를 목표로 한다.
> ④ KMS는 조직 내 지식 공유 및 활용을 목표로 한다.

23 ②

업무 프로세스 재설계(BPR)는 ERP 시스템에 내장된 선진 사례(Best Practice)를 기반으로, 기존의 비효율적이거나 부서 이기주의적인 업무 방식을 전사적 관점에서 혁신하고 표준화하는 활동이다. ERP 성공의 핵심 요인이다.

> **오답분석**
> ① 갭 분석은 구매 방식에서 주로 사용되는 분석 기법이다.
> ③ 시스템 통합은 기술적 측면의 활동이다.
> ④ 변화 관리는 BPR 과정에서 발생하는 조직의 저항을 관리하는 활동을 포함하는 더 넓은 개념이다.

24 ②

표출화(Externalization)는 개인의 머릿속에만 있던 경험, 노하우, 아이디어와 같은 암묵지를 다른 사람이 이해하고 공유할 수 있도록 보고서, 매뉴얼, 도표 등 형식적인 형태로 구체화하는 과정이다.

오답분석
① 사회화는 암묵지가 암묵지로 전수되는 과정이다. 예 멘토링
③ 연결화는 형식지와 형식지를 결합하여 새로운 형식지를 만드는 과정이다.
④ 내재화는 형식지를 학습하여 개인의 암묵지로 체화하는 과정이다.

25 ④

What-if 분석은 의사결정지원시스템(DSS)의 핵심 기능으로, 특정 입력값이나 조건(예 광고 예산, 이자율)을 변경했을 때 결과(예 매출, 수익)가 어떻게 변하는지를 시뮬레이션하여 다양한 대안을 탐색할 수 있도록 지원한다.

26 ②

화상 회의는 참여자들이 서로 다른 공간(서울, 뉴욕)에 있지만, 동일한 시간에 실시간으로 소통하는 방식이므로 '동일 시간 / 다른 공간' 유형의 협업에 해당한다.

27 ①

전문가시스템은 특정 분야 전문가의 지식과 추론 과정을 컴퓨터 프로그램으로 구현한 것이다. 지식 베이스(규칙 집합)와 추론 엔진으로 구성되어 문제 해결 및 의사결정을 지원한다.

오답분석
② 인공신경망은 뇌의 뉴런 구조를 모방한 모델이다.
③ 유전자 알고리즘은 진화 과정을 모방한 최적화 알고리즘이다.
④ 지능형 에이전트는 자율적으로 판단하고 행동하는 소프트웨어이다.

28 ①

지도학습은 입력 데이터와 그에 해당하는 정답(Label 또는 Target)이 쌍으로 이루어진 데이터를 학습하여, 새로운 입력이 주어졌을 때 올바른 정답을 예측하는 모델을 만드는 기계학습 방식이다.

29 ④

트랜스포머는 '어텐션(Attention)' 메커니즘을 도입하여 문장 내 단어 간의 관계 중요도를 한 번에 계산함으로써, RNN의 순차적 처리 방식이 가진 한계를 극복하고 현대 자연어 처리(NLP) 분야의 혁신을 이끌었다.

30 ③

디지털 트윈은 현실의 물리적 객체나 시스템을 가상 공간에 똑같이 만들고, 현실에서 수집한 데이터를 실시간으로 연동하여 시뮬레이션, 분석, 예측 등을 수행하는 기술이다.

31 ②

토폴로지는 네트워크를 구성하는 노드(컴퓨터, 라우터 등)와 링크(케이블)가 어떻게 연결되어 있는지를 나타내는 배치 구조이다. 버스형, 스타형, 링형, 망형 등이 있다.

32 ②

전송 계층(Transport Layer, 4계층)은 송신자와 수신자, 즉 양 끝단(End-to-End) 간의 데이터 전송을 책임진다. TCP 프로토콜을 통해 신뢰성 있는 연결을 보장하고, 데이터의 분할/재조립, 흐름 제어, 오류 제어 등을 수행한다.

오답분석
① 네트워크 계층은 IP 주소를 이용한 경로 설정을 담당한다.
③ 세션 계층은 통신 세션의 설정 및 관리를 담당한다.
④ 데이터링크 계층은 인접 노드 간의 데이터 전송을 담당한다.

33 ③

패킷 교환 방식은 데이터를 패킷이라는 작은 단위로 나누어 각각에 목적지 주소를 붙여 전송하는 방식으로, 회선을 여러 사용자가 효율적으로 공유할 수 있어 오늘날 인터넷의 근간을 이룬다.

34 ④

LTE는 이동통신 기술 표준으로, 수 km에 달하는 넓은 서비스 범위를 제공하는 광역 통신망(WWAN)에 해당한다. Wi-Fi, 블루투스, NFC는 수 m ~ 수십 m 범위의 단거리 통신 기술이다.

35 ③

엣지 컴퓨팅은 데이터가 발생하는 물리적 위치나 그 근처에서 데이터를 즉시 처리하여 중앙 서버까지의 데이터 전송 지연을 최소화하는 기술이다. 실시간 반응이 중요한 자율주행, 스마트 팩토리 등에 필수적이다.

36 ④

도메인 네임은 192.168.0.1과 같은 IP 주소를 사람이 쉽게 기억하고 사용할 수 있도록 문자로 표현한 주소 체계이다.

> 오답분석

① URL은 프로토콜, 도메인 네임, 경로 등을 모두 포함하는 전체 자원 위치 주소이다. 'https://www.google.com/search?q=hacker.com'은 도메인 네임에 해당한다.

37 ④

웹 2.0은 소수의 공급자가 정보를 일방적으로 제공하던 웹 1.0과 달리, 사용자들이 직접 콘텐츠를 생산하고(참여), 다른 사람과 나누며(공유), API 등을 통해 서비스가 서로 연결되는(개방) 특징을 가진다. '통제'는 웹 2.0의 철학과 반대된다.

38 ③

C2C(Consumer-to-Consumer)는 개인 소비자 간에 온라인 플랫폼을 매개로 상품을 거래하는 모델이다. 중고거래 플랫폼(중고나라, 당근마켓)이 대표적인 예이다.

39 ④

정보보안의 3요소는 인가된 사용자만 정보에 접근(기밀성), 정보가 위변조되지 않음(무결성), 필요할 때 정보에 접근 가능(가용성)을 의미한다. 부인 방지는 3요소에 추가되는 중요한 보안 목표 중 하나이지만, 핵심 3요소에는 포함되지 않는다.

> 오답분석

부인 방지(Non-repudiation)는 거래나 메시지 전송 사실을 나중에 부인할 수 없도록 증명하는 보안 서비스로, 3요소와 함께 4대 목표 또는 5대 목표에 포함되기도 한다.

40 ③

피싱(Phishing)은 개인정보(Private data)와 낚시(Fishing)의 합성어로, 신뢰할 수 있는 출처를 사칭하여 사용자를 속여 민감한 정보를 탈취하는 대표적인 사회 공학적 공격 기법이다.

2회

p.272

01	02	03	04	05	06	07	08	09	10
②	①	④	③	②	③	②	③	④	③
11	12	13	14	15	16	17	18	19	20
③	③	①	④	④	①	②	④	③	③
21	22	23	24	25	26	27	28	29	30
③	④	①	②	①	②	②	④	②	①
31	32	33	34	35	36	37	38	39	40
④	①	②	④	②	④	②	④	②	③

01 ②

정보(Information)는 데이터를 사용자의 의사결정 목적에 맞게 분류, 요약, 가공하여 의미를 부여한 결과물이다.

오답분석

①은 '데이터(Data)'에 대한 설명이다.
③은 '지식(Knowledge)'에 대한 설명이다.
④는 '지혜(Wisdom)'에 대한 설명이다.

02 ①

비소멸성은 정보가 사용되어도 사라지지 않는 특성을, 병행성은 여러 사람이 동시에 같은 정보를 사용할 수 있는 특성을 의미한다.

03 ④

관리적 의사결정은 중간관리층에서 수행되며, 주로 내부 자원의 효율적 배분과 관련된 반구조적 문제를 다룬다. 완전히 비구조적인 문제는 주로 최고경영층의 전략적 의사결정에서 다룬다.

오답분석

①, ②, ③은 중간관리층의 '관리적 의사결정'에 대한 올바른 설명이다. 경영자의 경험이나 직관에 크게 의존하는 비구조적 문제 해결은 주로 최고경영층의 '전략적 의사결정'에 해당한다.

04 ③

시스템은 시간이 지남에 따라 자연스럽게 무질서도(엔트로피)가 증가하는 경향이 있으므로, 목표를 유지하기 위해 지속적인 통제와 관리가 필요하다.

오답분석

① 시스템의 핵심은 구성요소들이 '상호작용'하며 공동의 목표를 달성하는 것이다.
② 대부분의 경영정보시스템은 외부 환경과 상호작용하는 '개방적 시스템'이다.
④ 시스템은 더 작은 '하위 시스템'으로 분할될 수 있고, 다른 시스템과 결합하여 '상위 시스템'을 구성할 수 있다.

05 ②

개방적 시스템은 외부 환경과 물질, 정보, 에너지 등을 상호 교환하며 변화에 적응하는 시스템이다. 기업이나 생명체와 같은 대부분의 사회적, 물리적 시스템이 이에 해당한다.

06 ③

중역정보시스템(EIS)은 최고경영층의 비정형적이고 전략적인 의사결정을 지원하기 위해 내외부의 광범위한 정보를 요약, 시각화하여 제공한다.

오답분석

① TPS는 운영 계층의 정형화된 거래 데이터를 처리한다.
② DSS는 주로 중간관리층의 반구조적, 비구조적 의사결정을 지원한다.
④ IRS는 중간관리층에게 정형화된 보고서를 제공한다.

07 ②

전사적 정보시스템(ERP)은 조직 전체의 업무 프로세스와 데이터를 통합 관리하는 시스템으로 조직구조별 분류에 해당한다. 나머지는 마케팅, 생산 등 특정 기능 부서를 지원하는 기능별 정보시스템이다.

08 ③

시분할 시스템(TSS)은 하나의 CPU 처리 시간을 매우 짧은 단위로 쪼개어 여러 사용자에게 번갈아 할당함으로써, 동시에 여러 작업이 처리되는 것처럼 보이게 하고 CPU의 유휴 시간을 최소화하는 기술이다.

09 ④

클라우드 컴퓨팅의 3대 핵심 서비스 모델은 인프라를 제공하는 IaaS, 플랫폼을 제공하는 PaaS, 소프트웨어를 제공하는 SaaS이다. DaaS(Data as a Service)는 핵심 3대 모델에 포함되지 않는다.

10 ③

DRAM(Dynamic RAM)은 내부의 커패시터에 전하를 충전하는 방식으로 데이터를 저장하며, 시간이 지나면 전하가 방전되기 때문에 주기적인 재충전(Refresh) 동작이 필요하다.

11 ③

스캐너는 이미지나 문서를 컴퓨터가 처리할 수 있는 디지털 데이터 형태로 변환하여 시스템에 '입력'하는 장치이다.

> 오답분석

①, ②, ④는 모두 컴퓨터의 처리 결과를 사람이 인지할 수 있는 형태로 변환하여 내보내는 출력장치이다.

12 ③

어셈블러는 어셈블리어(기계어와 1:1 대응되는 기호 언어)를 기계어로 번역한다. 컴파일러나 인터프리터는 C, JAVA와 같은 고급 언어를 번역한다.

13 ①

C, 포트란, 코볼 등이 해당하는 3세대 프로그래밍 언어는 주로 문제 해결의 순서와 절차를 기술하는 절차지향 중심의 언어들이 개발된 시기이다.

14 ④

자체 개발 방식은 기업의 핵심 비즈니스 로직과 노하우를 시스템에 그대로 반영하여, 경쟁사가 쉽게 모방할 수 없는 차별화된 서비스를 통해 강력한 경쟁 우위를 확보할 수 있다.

15 ④

시험(테스트) 단계는 구현된 소프트웨어가 요구사항 명세서대로 정확히 작동하는지, 숨겨진 오류는 없는지 등을 검증하고 수정하는 활동이 집중적으로 이루어지는 단계이다.

16 ①

폭포수 모델은 이전 단계가 완전히 종료되어야 다음 단계로 진행되는 순차적 모델이므로, 개발 중간에 발생하는 요구사항 변경에 유연하게 대처하기 매우 어렵다는 것이 가장 큰 단점이다.

> 오답분석

②, ③, ④는 폭포수 모델의 특징을 올바르게 설명하고 있다. 요구사항 변경에 유연한 것은 애자일 모델의 특징이다.

17 ②

나선형 모델은 폭포수 모델의 체계적인 관리 방식과 프로토타입 모델의 반복적 개발 방식을 결합하고, 매 주기마다 프로젝트 수행에 방해가 될 수 있는 위험 요소를 식별하고 분석하는 '위험 분석' 단계를 추가한 모델이다.

18 ④

마이크로서비스 아키텍처(MSA)는 하나의 큰 애플리케이션을 작고 독립적으로 배포 가능한 서비스들의 조합으로 설계하는 방식으로, 변화에 유연하고 신속하게 대응해야 하는 애자일 환경에 적합하다.

19 ③

공급망관리 시스템은 크게 계획(SCP)과 실행(SCE)으로 나뉜다. SCP는 수요 예측, 생산 계획 등 '미래를 계획'하는 역할을 하며, SCE는 주문 처리, 운송 관리 등 '계획을 실행'하는 역할을 한다.

20 ③

분석 CRM은 데이터 웨어하우스나 데이터 마이닝과 같은 기술을 활용하여 고객 데이터를 심층적으로 분석하고, 고객 행동 예측, 우수 고객 식별, 캠페인 효과 측정 등 전략적 통찰력을 얻는 데 중점을 둔다.

오답분석

① 운영 CRM은 영업, 마케팅, 서비스 등 고객 접점 업무의 자동화 및 효율화에 초점을 맞춘다.
② 협업 CRM은 다양한 채널을 통합하여 일관된 고객 소통을 지원한다.

21 ③

ERP 시스템의 가장 핵심적인 특징은 모든 업무 모듈이 '단일 통합 데이터베이스'를 공유한다는 점이다. 이를 통해 데이터의 일관성을 유지하고, 전사적인 자원 현황을 실시간으로 파악할 수 있다.

오답분석

① ERP는 '통합' 데이터베이스를 통해 정보의 섬 현상을 해결하는 것이 목표이다.
② 최고 경영층의 비정형적 의사결정 지원에 특화된 시스템은 EIS이다.
④ 지식의 전환 및 공유는 KMS의 핵심 목표이다.

22 ④

KMS의 핵심은 '공유'에 있다. 각 부서별로 독립적인 데이터베이스를 구축하는 것은 정보의 단절(Information Silo)을 유발하여 지식 공유를 저해하므로 KMS의 목표와는 상반된다.

23 ①

드릴다운은 EIS의 핵심 기능으로, 경영진이 전체적인 현황(예 전국 총매출)을 보여주는 요약 지표에서 시작하여, 특정 항목(예 서울 지역 매출)을 선택하면 그에 대한 세부 데이터로 단계적으로 파고들어 갈 수 있게 하는 분석 기능이다.

24 ②

비즈니스 인텔리전스(BI)는 주로 과거와 현재의 데이터를 분석하여 현황을 파악하고 보고하는 데 중점을 둔다. 반면, 비즈니스 분석(BA)은 통계와 예측 모델을 사용하여 미래를 예측하는 데 더 큰 비중을 둔다.

25 ①

순방향 추론은 주어진 초기 조건(사실, 데이터)에서 출발하여, 지식 베이스의 규칙들을 순차적으로 적용해가면서 최종 결론에 도달하는 추론 방식이다.

26 ②

분류(Classification)는 데이터를 사전에 정의된 범주('스팸', '정상') 중 하나로 예측하는 지도학습 과제이다.

오답분석

①, ④는 연속적인 값을 예측하는 '회귀(Regression)' 과제이다.
③은 정답 없이 데이터의 구조를 파악하는 비지도학습의 '군집화(Clustering)' 과제이다.

27 ③

강화학습은 명시적인 정답 데이터 없이, 에이전트가 환경과 상호작용하며 자신의 행동(Action)에 대한 피드백인 보상(Reward)을 통해 학습하는 방식이다.

28 ④

자연어 처리(NLP)는 컴퓨터가 인간의 언어를 이해(NLU)하고 생성(NLG)하는 모든 기술을 포괄하는 인공지능의 한 분야이다.

29 ②

알고리즘 편향성은 AI 모델이 학습 데이터에 이미 존재하는 사회적 편견이나 불균형을 그대로 학습하여, 특정 집단에 불리한 예측 결과를 내놓는 문제를 말한다.

30 ①

설명가능 AI(XAI)는 AI의 판단이 '블랙박스'처럼 불투명하다는 문제를 해결하기 위해, AI의 결정 과정과 그 근거를 인간이 이해할 수 있는 형태로 제공하는 것을 목표로 한다.

31 ④

망형(Mesh) 토폴로지는 모든 노드가 다른 여러 노드와 직접 연결되어 다수의 경로를 확보하므로, 일부 링크에 장애가 발생해도 통신이 두절되지 않는 가장 높은 안정성을 제공한다.

오답분석
① 버스형: 중앙 케이블 장애 시 전체 마비
② 링형: 링의 일부 장애 시 전체 영향
③ 스타형: 중앙 허브 장애 시 전체 마비

32 ①

물리 계층은 OSI 7계층의 1계층으로, 네트워크 통신의 가장 기본적인 단계이다. 디지털 데이터(비트)를 케이블 종류에 맞는 전기 신호로 변환하여 전송하고, 수신된 신호를 다시 비트로 변환하는 역할을 한다.

33 ②

TCP는 신뢰할 수 없는 IP 위에서 동작하며, 3-way-handshake를 통한 연결 설정, 순서 번호 부여, 수신 확인 응답(ACK), 재전송 등을 통해 데이터의 신뢰성 있는 전송을 보장한다.

오답분석
① IP는 비신뢰성 경로 설정 프로토콜이다.
③ UDP는 속도를 중시하는 비신뢰성 전송 프로토콜이다.
④ HTTP는 웹 문서 전송을 위한 응용 계층 프로토콜이다.

34 ④

NFC는 RFID 기술의 일종으로, 10cm 이내의 초근접 거리에서만 통신이 가능하도록 설계되었다. 이 짧은 통신 거리가 도청을 어렵게 하여 높은 보안성을 제공하므로, 모바일 결제에 널리 사용된다.

35 ②

액추에이터는 IoT 시스템의 '팔다리'와 같은 역할을 하며, 플랫폼으로부터 받은 명령(제어 신호)에 따라 실제 물리적인 동작(밸브 잠금, 조명 켜기 등)을 수행하는 장치이다.

36 ④

HTTP는 웹 서버와 웹 브라우저(클라이언트)가 서로 통신하기 위해 사용하는 핵심 프로토콜로, 하이퍼텍스트 문서를 어떻게 주고받을지를 정의한다.

37 ②

인트라넷은 인터넷 기술(TCP/IP, 웹 브라우저 등)을 그대로 사용하지만, 방화벽 등을 이용해 허가된 내부 구성원만 접근할 수 있도록 만든 사설 네트워크이다.

38 ④

B2G(Business-to-Government)는 '기업'이 '정부'를 대상으로 상품이나 서비스를 판매하는 것이다. 선택지에 제시된 사례는 정부가 운영하는 플랫폼에서 기업이 구매하는 것이므로 B2G에 해당하지 않는다.

39 ②

무결성은 정보가 전송되거나 저장되는 과정에서 권한 없는 자에 의해 위조, 변조, 삭제되지 않고 정보의 정확성과 완전성이 보존되는 것을 의미한다.

40 ③

트로이 목마는 고대 그리스의 트로이 목마처럼, 겉보기에는 게임이나 유틸리티 등 정상적인 프로그램으로 위장하여 사용자가 직접 설치하게 만든 후, 숨겨진 악성 기능을 수행한다.

오답분석
① 바이러스는 다른 파일에 기생하여 자신을 복제한다.
② 웜은 네트워크를 통해 스스로 복제하고 전파된다.
④ 스파이웨어는 사용자 모르게 정보를 수집하여 전송한다.

3회

p.278

01	02	03	04	05	06	07	08	09	10
③	③	②	④	③	③	③	③	①	④
11	12	13	14	15	16	17	18	19	20
④	②	③	③	②	③	②	①	②	③
21	22	23	24	25	26	27	28	29	30
①	①	①	④	②	③	③	②	③	③
31	32	33	34	35	36	37	38	39	40
④	②	④	④	②	②	②	④	③	④

01 ③

지식(Knowledge)은 외부에서 받아들인 정보(Information)를 바탕으로, 개인이 주체적으로 내재화하고 체계화하여 문제 해결에 사용할 수 있는 실행력 있는 결과물을 의미한다.

오답분석

① 은 '정보(Information)'에 대한 설명이다.
② 는 '데이터(Data)'에 대한 설명이다.
④ 정보는 외부로부터 수동적으로 받아들이는 성격이 강하지만, 지식은 이를 능동적으로 가공한 것이다.

02 ③

관련성(Relevance)은 정보가 당면한 의사결정 문제와 직접적으로 연관되어 실질적인 도움을 주는 특성을 말한다.

03 ②

하위경영층의 운영적 의사결정은 주로 생산, 판매, 재고관리 등 일상적이고 반복적인 업무에 대한 것으로, 정형화된 절차와 규칙에 따라 이루어진다.

오답분석

①, ③, ④는 주로 최고경영층의 전략적 의사결정에 대한 특징이다. 하위경영층은 정해진 규칙에 따라 일상적이고 반복적인 업무를 처리한다.

04 ④

출력된 결과를 감지하여 목표와의 차이를 수정하도록 조절하는 행위는 '환류(Feedback)'이다. '통제(Control)'는 시스템이 목표를 달성하도록 처리 과정을 올바르게 유지하는 행위이다.

오답분석

①, ②, ③은 시스템의 기본 구성요소인 입력, 처리, 출력에 대한 올바른 설명이다. 통제는 목표 달성을 위해 전체 과정을 감독하고 유지하는 기능이며, 출력 결과의 평가는 환류의 역할에 더 가깝다.

05 ③

사회기술적 접근은 사회적 요소(사람, 조직문화 등)와 기술적 요소(하드웨어, 소프트웨어 등)가 서로 밀접하게 상호작용하며, 이 둘을 함께 최적화해야 조직 성과를 극대화할 수 있다고 보는 통합적 관점이다. 따라서 '분리하여 분석'한다는 설명은 잘못되었다.

06 ③

전사적 자원관리(ERP) 시스템은 회계, 생산, 인사 등 기업 내 모든 부서의 정보시스템을 하나의 체계로 통합하여 정보의 일관성을 확보하고 자원 활용을 극대화하는 전사적 정보시스템이다.

오답분석

① TPS는 일상적인 거래 데이터를 처리한다.
② DSS는 비정형적 의사결정을 지원한다.
④ SCM은 공급망 관리에 특화된 시스템이다.

07 ③

중역정보시스템은 조직 계층별 분류에 해당하며, 최고경영층의 전략적 의사결정을 지원한다. 나머지는 특정 기능 부서를 지원하는 기능별 정보시스템이다.

> **오답분석**
> ① 생산정보시스템, ② 회계정보시스템, ④ 마케팅정보시스템은 각각 생산, 회계, 마케팅이라는 특정 '기능' 부서를 지원하는 시스템이다. 반면 ③ 중역정보시스템(EIS)은 '조직 계층'을 기준으로 분류된다.

08 ③

3계층(3-Tier) 아키텍처는 사용자 인터페이스를 담당하는 표현 계층(클라이언트), 비즈니스 로직을 처리하는 애플리케이션 계층(미들웨어 서버), 데이터를 저장하고 관리하는 데이터 계층(DB 서버)으로 역할을 분리하여 시스템의 유연성, 확장성, 유지보수성을 높인 구조이다.

09 ①

가상화는 하나의 물리적 하드웨어 자원을 논리적으로 여러 개로 분할하여, 마치 여러 대의 독립된 컴퓨터처럼 사용할 수 있게 하는 기술이다. 이를 통해 서버 자원 활용률을 극대화하고 인프라 관리의 유연성을 높인다.

10 ④

보조기억장치(하드디스크, SSD 등)는 주기억장치(RAM)에 비해 속도는 느리지만, 전원이 꺼져도 데이터가 지워지지 않으며 대용량의 데이터를 영구적으로 보관하는 역할을 한다.

> **오답분석**
> ① CPU가 직접 접근하는 것은 주기억장치이다.
> ② 전원이 꺼지면 내용이 사라지는 것은 주기억장치(RAM)의 특징이다.
> ③ 보조기억장치는 주기억장치보다 접근 속도가 느리다.

11 ④

트랙 볼은 볼을 굴려 화면상의 커서 위치를 지정하는 입력장치이다. OMR, OCR, 바코드 판독기는 모두 빛을 이용하여 마크, 문자, 바코드 정보를 읽어 들이는 광학 입력 장치이다.

12 ②

응용 소프트웨어(애플리케이션)는 사용자가 특정 목적의 업무(문서 작성, 회계 처리 등)를 수행할 수 있도록 개발된 프로그램이다. 시스템 소프트웨어는 이러한 응용 소프트웨어가 실행될 수 있는 환경을 제공한다.

13 ③

저급 언어 중 어셈블리어는 기계어와 1:1로 대응되는 기호로 작성된 언어로, 컴퓨터가 직접 실행할 수 없으며 '어셈블러'라는 번역 프로그램을 통해 기계어로 변환되어야 한다. 기계어만이 유일하게 번역 과정이 필요 없다.

> **오답분석**
> ①, ②, ④는 저급/고급 언어에 대한 올바른 설명이다.

14 ③

개발(Development) 방식은 구독이나 구매 방식으로는 충족할 수 없는 기업 고유의 요구사항을 반영하고, 경쟁사와 차별화된 경쟁력을 확보하기 위해 시스템을 직접 설계하고 구축하는 방식이다.

15 ②

구축 단계는 정의 단계에서 분석, 설계된 내용을 바탕으로 실제 시스템을 만들어나가는 단계로, 프로그래밍(코딩), 절차 개발 등의 활동이 포함된다.

16 ③

폭포수 모델은 전통적인 순차적 개발 방법론으로, 변화에 대한 유연한 대응을 강조하는 애자일 철학과 대치되는 개념이다. 스크럼, 칸반, XP는 애자일 철학을 구현하는 대표적인 프레임워크이다.

> **오답분석**
> ① 스크럼, ② 칸반, ④ XP는 모두 변화에 유연하게 대응하고, 짧은 주기로 개발을 반복하는 애자일의 핵심 철학을 구현하기 위한 구체적인 방법론들이다.

17 ②

적응(Adaptive) 유지보수는 법률, 제도, 정책 등 외부 경영 환경의 변화나 새로운 하드웨어 및 운영체제 도입에 따라 소프트웨어를 수정하는 활동을 의미한다.

> 오답분석

① 수정 유지보수는 시스템의 오류를 수정하는 활동이다.
③ 기능 보강 유지보수는 새로운 기능을 추가하거나 성능을 개선하는 활동이다.
④ 예방 유지보수는 잠재적인 오류를 사전에 방지하기 위한 활동이다.

18 ①

마이크로서비스 아키텍처(MSA)는 시스템의 각 기능을 독립적인 서비스로 개발하고 배포하여, 변화에 빠르고 유연하게 대응할 수 있도록 하는 개발 방식이다.

19 ②

타겟 마케팅 성공률 증대는 고객 데이터를 분석하고 활용하는 고객관계관리(CRM)의 주된 도입 효과에 해당한다. SCM은 공급망 효율화에 초점을 맞춘다.

> 오답분석

①, ③, ④는 모두 공급망의 재고, 시간, 불확실성을 줄여 얻을 수 있는 SCM의 직접적인 효과이다.

20 ③

RFM 분석은 고객 가치를 평가하는 대표적인 데이터 분석 기법으로, 분석 CRM에서 고객을 세분화하고 우량 고객을 식별하여 차별화된 마케팅 전략을 수립하는 데 널리 활용된다.

21 ①

ERP 패키지에는 '선진 프로세스(Best Practice)'가 내장되어 있어, 기업들이 별도의 개발 없이 검증된 효율적인 업무 프로세스를 도입할 수 있도록 지원한다.

22 ①

사회화는 멘토링이나 도제식 교육처럼 직접적인 경험 공유를 통해 개인의 암묵지가 다른 개인의 암묵지로 이전되는 과정을 의미한다.

> 오답분석

② 표출화는 암묵지를 형식지로 변환하는 과정이다.
③ 연결화는 형식지와 형식지를 결합하는 과정이다.
④ 내재화는 형식지를 암묵지로 체화하는 과정이다.

23 ①

목표 탐색(Goal seeking)은 원하는 결과 값(목표)을 먼저 정한 뒤, 그 결과 값을 얻기 위해 필요한 입력 값이 무엇인지를 역으로 찾아내는 분석 방법이다.

24 ④

최근 협업시스템은 마이크로서비스 팀즈나 슬랙과 같이 다양한 협업 기능을 하나의 플랫폼에서 제공하는 '통합 협업 플랫폼' 또는 '디지털 워크플레이스' 형태로 발전하고 있다.

25 ②

역방향 추론은 특정 가설이나 목표를 먼저 설정하고, 그 가설이 참이 되기 위해 필요한 조건들을 역으로 추적하여 현재 사실과 부합하는지 확인하는 목표 주도적(Goal-driven) 추론 방식이다.

> 오답분석

① 순방향 추론은 주어진 사실에서 출발하여 결론을 도출하는 데이터 주도적 방식이다.

26 ③

군집화(Clustering)는 정답(Label)이 없는 데이터 내에서 비슷한 특성을 가진 데이터끼리 그룹으로 묶는 대표적인 비지도학습 과제이다. 고객 세분화가 대표적인 예이다.

> 오답분석

①, ②는 사전에 정의된 범주('이탈'/'유지', '고양이'/'개')로 예측하는 지도학습의 '분류' 과제이다.
④는 연속적인 값('가격')을 예측하는 지도학습의 '회귀' 과제이다.

27 ③

유전자 알고리즘은 다윈의 자연선택과 진화론에서 영감을 얻은 최적화 알고리즘으로, 해를 염색체로 표현하고 선택, 교차, 돌연변이 연산을 반복하여 최적의 해를 탐색한다.

28 ②

스마트 팩토리의 불량 검출 시스템은 이미지 데이터를 분석하는 '컴퓨터 비전(Computer Vision)' 기술의 주요 응용 분야이다.

> 오답분석

①, ③, ④는 모두 인간의 언어를 다루는 자연어 처리(NLP) 기술의 대표적인 응용 분야이다.

29 ③

블랙박스 문제는 딥러닝과 같이 복잡한 AI 모델의 내부 작동 원리가 불투명하여, 왜 그런 결정을 내렸는지 이해하기 어려운 문제를 지칭한다. XAI는 이러한 문제를 해결하여 투명성을 높이는 것을 목표로 한다.

30 ③

연합 학습은 개인의 민감한 원본 데이터를 중앙 서버로 보내지 않고, 각자의 기기에서 로컬로 모델을 학습시킨 결과(파라미터 업데이트 값)만을 취합하여 프라이버시를 보호하는 분산 학습 방법이다.

31 ④

WAN(Wide Area Network)은 도시, 국가, 대륙을 넘어 매우 넓은 지역에 분산된 LAN이나 MAN들을 상호 연결하는 거대 규모의 네트워크로, 인터넷이 대표적인 예이다.

32 ②

데이터링크 계층(2계층)은 물리 계층을 통해 직접 연결된, 즉 인접한 두 노드(장치) 사이의 데이터 전송을 담당한다. 물리적 주소인 MAC 주소를 사용하여 프레임 단위로 데이터를 전송하며, 오류 제어와 흐름 제어 기능을 수행한다.

> 오답분석

① 물리 계층은 비트 스트림을 전기 신호로 변환하여 전송한다.
③ 네트워크 계층은 IP 주소를 이용해 여러 네트워크를 거치는 경로를 설정한다.
④ 전송 계층은 최종 목적지까지의 종단 간 신뢰성 있는 데이터 전송을 담당한다.

33 ④

마이크로파는 무선 매체에 해당하며, 이동통신이나 위성통신과 같이 장거리 통신에 주로 사용된다. 나머지는 모두 물리적인 케이블이 존재하는 유선 매체이다.

34 ④

사물인터넷은 센서 기술로 데이터를 수집하고, 통신 기술로 데이터를 전송하며, 서비스 인터페이스 기술로 사용자에게 가치를 제공한다. 양자 컴퓨팅은 차세대 컴퓨팅 기술이지만 현재 IoT의 보편적인 핵심 구성 요소는 아니다.

35 ②

RFID는 전파를 이용하여 태그의 정보를 비접촉으로 읽는 기술로, 물류/재고 관리, 자산 관리, 교통카드 등에 널리 사용된다.

36 ②

웹 서핑은 사용자가 웹 브라우저를 통해 웹 페이지에 있는 하이퍼링크를 따라다니며 여러 웹 사이트를 연속적으로 방문하는 행위를 비유적으로 이르는 말이다.

37 ②

웹 1.0은 소수의 기업이나 개인이 만든 정적인 웹 페이지를 다수의 사용자가 일방적으로 소비하는 '읽기 전용'의 단방향 정보 전달 채널의 성격이 강했다.

> 오답분석

①은 웹 2.0에 대한 설명이다.
③은 웹 3.0(시맨틱 웹)에 대한 설명이다.
④는 웹 3.0(블록체인 기반)에 대한 설명이다.

38 ④

모바일 기기는 대부분 개인에게 귀속되어 사용되므로, 익명성이 보장되기보다는 오히려 개인화된 서비스 제공에 매우 유리하다. 익명성은 일반적인 PC 기반 인터넷 환경의 특징에 더 가깝다.

39 ③

서비스 거부(DoS) 또는 분산 서비스 거부(DDoS) 공격은 허가된 사용자가 정상적인 서비스를 이용하지 못하도록 방해하는 공격이므로, 정보보안 3요소 중 '가용성'을 직접적으로 침해한다.

오답분석
① 기밀성은 정보 유출과 관련된다.
② 무결성은 정보 위변조와 관련된다.
④ 인증성은 보안 3요소에 포함되지 않으며, 사용자의 신원을 확인하는 개념이다.

40 ④

잊힐 권리(Right to be Forgotten)는 온라인상에 존재하는 자신에 대한 정보가 더 이상 적절하지 않거나 유효하지 않을 때, 개인이 해당 정보의 삭제나 검색 결과 배제를 요구할 수 있는 권리를 말한다.

참고문헌

- 고응남, 2020, IT CookBook, 4차 산업혁명 시대의 정보통신개론, 한빛아카데미
- 김연희, 2019, IT CookBook, 데이터베이스 개론(2판) 기초 개념부터 빅데이터까지, 한빛아카데미
- 김치수, 2015, IT CookBook, 쉽게 배우는 소프트웨어 공학, 한빛아카데미
- 마이클 네그네빗스키, 2013, IT CookBook, 인공지능 개론, 한빛아카데미
- 양대일, 2018, IT CookBook, 정보 보안 개론 개정3판, 한빛아카데미
- 이동훈, 2015, IT CookBook, 전자상거래와 e-비즈니스(개정3판), 한빛아카데미
- 이동훈, 2017, 4차 산업혁명 시대의 경영정보시스템, 한빛아카데미
- 조성호, 2020, IT CookBook, 초연결 사회를 위한 컴퓨터 개론, 한빛아카데미
- 허원실, 2015, IT CookBook, 시스템 분석과 설계(개정판): 효과적인 비즈니스 정보시스템 개발, 한빛아카데미
- 한국정보통신자격협회 사이트(https://www.icqa.or.kr/cn/)
- 정보통신기술자격검정 사이트(https://www.ihd.or.kr/main.do)
- 대한상공회의소자격평가사업단 사이트(http://license.korcham.net/)

년도 전공기초과정 인정시험 답안지(객관식)

컴퓨터용 사인펜만 사용

★ 수험생은 수험번호와 응시과목 코드번호를 표기(마킹)한 후 일치여부를 반드시 확인할 것

무료 학습자료 제공 · 독학사 단기합격 **해커스독학사**
haksa2080.com

년도 전공기초과정 인정시험 답안지(객관식)

컴퓨터용 사인펜만 사용

★ 수험생은 수험번호와 응시과목 코드번호를 표기(마킹)한 후 일치여부를 반드시 확인할 것

무료 학습자료 제공·독학사 단기합격 **해커스독학사**
haksa2080.com

년도 전공기초과정 인정시험 답안지(객관식)

컴퓨터용 사인펜만 사용

★ 수험생은 수험번호와 응시과목 코드번호를 표기(마킹)한 후 일치여부를 반드시 확인할 것

전공분야	
성 명	

수험번호

과목코드

교시코드 ① ② ③ ④

응시과목

	①	②	③	④		①	②	③	④
1	①	②	③	④	21	①	②	③	④
2	①	②	③	④	22	①	②	③	④
3	①	②	③	④	23	①	②	③	④
4	①	②	③	④	24	①	②	③	④
5	①	②	③	④	25	①	②	③	④
6	①	②	③	④	26	①	②	③	④
7	①	②	③	④	27	①	②	③	④
8	①	②	③	④	28	①	②	③	④
9	①	②	③	④	29	①	②	③	④
10	①	②	③	④	30	①	②	③	④
11	①	②	③	④	31	①	②	③	④
12	①	②	③	④	32	①	②	③	④
13	①	②	③	④	33	①	②	③	④
14	①	②	③	④	34	①	②	③	④
15	①	②	③	④	35	①	②	③	④
16	①	②	③	④	36	①	②	③	④
17	①	②	③	④	37	①	②	③	④
18	①	②	③	④	38	①	②	③	④
19	①	②	③	④	39	①	②	③	④
20	①	②	③	④	40	①	②	③	④

감독관 확인란 (인)

관리번호

MEMO

2026 대비 최신개정판

한 달 합격
해커스독학사
경영학과
최신기출 이론+문제
2단계 | 경영정보론

개정 3판 1쇄 발행 2025년 9월 29일

지은이	최재웅
펴낸곳	(주)위더스교육
펴낸이	해커스독학사 출판팀
주소	서울특별시 서초구 서초대로73길 12 세계빌딩 7층 위더스교육
고객센터	1599-3081
교재 관련 문의	15993081@haksa2080.com
	해커스독학사 사이트(haksa2080.com) 교재 Q&A 게시판
	카카오톡 채널 [해커스독학사]
동영상강의	haksa2080.com
ISBN	979-11-6540-141-2 (13320)
Serial Number	03-01-01

저작권자 ⓒ 2025, 위더스교육
이 책의 모든 내용, 이미지, 디자인, 편집 형태는 저작권법에 의해 보호받고 있습니다.
서면에 의한 저자와 출판사의 허락 없이 내용의 일부 혹은 전부를 인용, 발췌하거나 복제, 배포할 수 없습니다.

독학사 교육 1위,
해커스독학사 haksa2080.com
해커스독학사

- 독학사 전문 교수님의 **본 교재 인강**(교재 내 할인쿠폰 수록)
- 2단계 단기 합격을 위한 **기출문제 무료 특강**
- **독학학위제 합격비법서, 독학사 기출·필수 영단어장** 등 다양한 무료 학습 콘텐츠

한경비즈니스 선정 2020 한국품질만족도 교육(온·오프라인 독학사) 부문 1위

기출문제 해설특강 무료 제공

독학사 시험에 출제되었던 기출문제 해설특강을
해커스독학사 모든 수강생분들에게 무료로 제공합니다.

**독학사 과목별
기출문제 해설특강!**

무료 특강 바로가기 ▶

" 기출문제풀이가 중요한 이유 "

1. 다음 시험 출제경향과 문제 유형 파악
2. 과목별 평가영역과 시험 성격, 난이도 확인
3. 구체적인 학습 목표와 효율적인 학습 방향 설정

독학사(독학학위제) 시험은 평가영역 안에서 출제됩니다.
한 번에 합격하기 위해서는 기출문제와 해설강의로
다음 시험의 출제경향을 예측해야 합니다.

상담 및 문의전화 1599-3081   해커스독학사 **haksa2080.com**